품질경영 캡스톤디자인

문제해결 프로젝트 수행을 위한 가이드와 워크북

최도영

Guide and Workbook for Problem-Solving Project

머리말

품질경영의 여러 분야 중 품질문제 해결 및 프로세스 개선을 위한 방법론의 학습을 위해 본 교재를 개발하였다. 품질 및 프로세스 개선의 방법론은 공학적 문제해결방법론, 식스시그마 DMAIC 방법론, 작업현장 개선방법론 등 다양한 관점에서 다양한 이름으로 발전되어 왔으나, 기본적인 논리의 구조는 일맥상통하다. 이러한 방법론들과 현장에서의 적용 노력이 기업의 품질 및 프로세스 수준 향상에 지대한 공헌을 해 온 것이 사실이지만, 세부 방법론의 구성이 다소 복잡하고 계량적·통계적 분석 내용이 많아 대학과정에서의 학습이나 중소기업 현장에서의 적용성 측면에서는 애로가 많은 것 또한 사실이다. 본 교재에서는 기존의 프로세스 개선방법론이 가지고 있는 계량적·통계적 도구들을 최소화하여 학부수준의 학생들도 쉽게 학습할 수 있게 하였다. 나아가 중소기업 현장에서도 Quick Start할 수 있는 수준으로 방법론을 재구성하였다. 따라서 본 교재를 통해 품질개선의 방법론을 수월하게 학습하고 현장에서의 적용력 또한 높일 수 있을 것이다. 본 교재는 대학 학부과정에서 캡스톤디자인 등 산학연계형 교과목의 품질개선 프로젝트 수행 시 활용하는 것을 주요 목적으로 하였으나, 최근 몇 년 전부터 활발히 수행되고 있는 사회문제해결형 프로젝트 수행 시 가이드북으로도 활용할 수 있도록 개발하였다. 그동안 대학교육에서는 산학연계형 교과목의 중요성이 강조되어 왔으나, 공학교육을 제외하고 사회계열에서의 캡스톤디자인 수행에 참조할 만한 가이드북이 부족한 실정이었다. 이러한 교과목에 본 교재가 가이드북 및 워크북으로서의 기능을 수행할 수 있었으면 하는 바람이다. 이러한 목적을 달성할 수 있도록 본 교재에서는 실무 프로젝트 수행을 전제로 이론과 기법을 설명하였으며, 프로젝트 수행 시 사용할 수 있는 워크북과 수년간 저자의 캡스톤디자인 수업에서 학생들이 수행한 산출물의 예시를 수록하였다. 모쪼록 본 교재를 통하여 품질경영의 이론과 기법이 얼마나 실생활에 유용한 것인지를 알고 현장에서 쉽게 실행하는 데 도움이 되기를 바라 마지않는다.

2022년 9월

저자 최도영

차 례

Ⅲ 품질개선방법론 상세

부 록

I

품질의 기초 개념

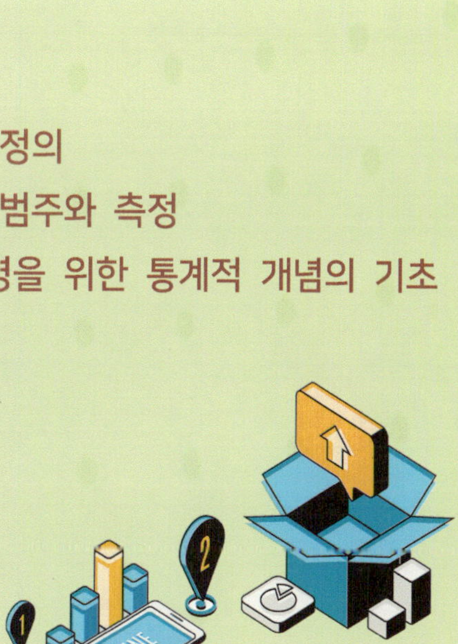

1.1 품질의 정의

1.1.1 품질의 정의

우리는 '품질이 좋다'라거나 '질이 좋다'라는 말을 자주 사용한다. 그런데 우리가 자주 사용하는 품질이라는 것은 정확히 무엇이며, 또 어떠한 경우를 두고 우리는 제품(혹은 서비스)에 대한 품질의 좋고 나쁨을 판단하는 것일까? 이에 대한 생각을 알아보기 위해 저자는 매 학기 품질경영론 첫 수업시간에 학생들을 대상으로 품질이 무엇이라고 생각하는지 질문해 보고 선뜻 대답이 나오지 않으면 제품이나 서비스가 어떠할 때 품질이 좋다고 판단하는지를 다시 질문해 본다. 질문을 하면 한동안 학생들은 고개를 갸웃거리다가 대답을 시작하는데, 학생들이 대답한 내용의 키워드를 아래 [그림 1-1]에 정리해 보았다.

[그림 1-1] '품질이 좋다'라는 것이 의미하는 것

위 그림에서 나열한 키워드들이 무엇을 의미하는 것이라 생각하는가? 위에 열거된 키워드들은 우리가 품질을 평가하고자 할 때 대상이 되는 제품이나 서비스의 특성 혹은 속성을 구체적으로 표현해 낸 것이라 할 수 있다. 학생들에게 품질이 무엇이냐고 질문했을 때 선뜻 대답을 하지 못하고 고개를 갸웃거린 이유가 바로 여기에 있는데, 품질이라는 개념 자체가 사실은 추상적이고 여러 가지 특성이 반영된 총체적 개념이기 때문이다.1)

다음으로 앞의 키워드들—제품이나 서비스의 구체적 특성 혹은 속성들—이 궁극적으로 지향하는 바는 무엇일까? 즉 제품이나 서비스의 구체적 특성들은 궁극적으로 무엇을 달성하고자 하는 것일까? 이 질문에 대한 답을 위해서는 고객의 입장에서 바라볼 필요가 있는데, 고객은 무엇인가 자신의 필요(니즈)를 충족시키기 위해서 제품이나 서비스를 사용하며, 이것이 충족되었을 때 고객은 만족한다. 즉, 제품이나 서비스가 제공하는 구체적인 특성들은 결국 고객만족을 위해서 설계되고 관리되는 것이라 할 수 있다. 이상의 논의를 바탕으로 우리는 제품이나 서비스의 구체적 특성과 그 특성들이 지향하는 바를 [그림 1-2]로 나타냄으로써 품질의 개념을 도식화시킬 수 있다. 즉, 품질이라는 것은 제품이나 서비스의 특성 혹은 속성들에 대한 추상적이고 총체적인 개념이며, 이러한 품질의 구체적 특성들은 궁극적으로 고객만족을 달성하는 수단이 된다.

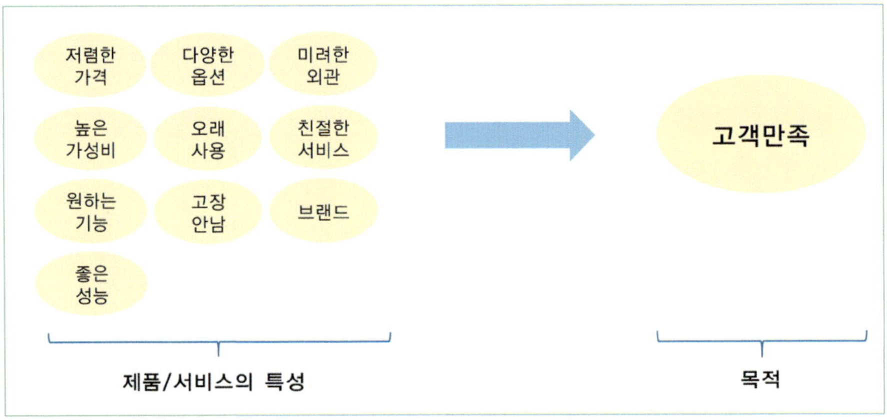

[그림 1-2] 품질의 개념

이상의 논의를 정리하여 품질의 정의를 내리면 다음과 같다.

1) 물론 매 학기마다 같은 대답이 돌아오는 것은 아니지만 몇 년간 시행해 본 결과 공통적으로 대답하는 키워드들이 있었다. 이러한 공통적 키워드들이 추상적 개념인 품질에 대한 구체적 속성(dimension)으로 범주화되고, 품질의 속성이 다시 구체적인 제품이나 서비스에 대해 측정 및 관리 가능한 수치변수—혹은 품질지표—로 변환되는 것이다.

품질은 고객만족(customer satisfaction)의 정도를 나타내는 제품이나 서비스의 총체적 특성이다.[2)]

이 정의에서 기억해야 할 중요한 사항은 첫째 고객만족이라는 용어이다. 즉, 품질은 고객만족을 위한 최소한의 요건이며, 품질에 대한 최종평가는 고객에게 달려 있는 것이므로 항상 고객의 입장에서 품질의 문제를 바라보아야 한다는 것이다.[3)] 다음으로 기억해야 할 중요한 사항은 품질은 총체적 특징이라는 것이다. 즉, 품질은 총체적이고 추상적인 개념이기 때문에 관리할 수 있는 수준으로 구체화시켜야 하며, 이를 위해 우리가 대상으로 하는 제품이나 서비스의 구체적 속성과 측정 가능한 수치변수로 반드시 전환해야 한다는 것이다. 이후의 장에서 이러한 방법에 대해서 구체적으로 다룰 것이다.

우리는 본 교재에서 품질을 위와 같이 정의했지만 품질경영의 대가(guru)들의 견해와 국내·외 표준화기구에서 정의하고 있는 내용도 아울러 알아둘 필요가 있다. 〈표 1-1〉에 각각의 정의들을 설명해 놓았으므로 참고하기 바란다.

〈표 1-1〉 품질의 정의

품질학자 및 표준화기구	품질의 정의
쥬란(J.M. Juran)	사용상의 적합성(fitness for use)
크로스비(P.B. Crosby)	요구한 조건과의 일치성
파이겐바움(A.V. Feigenbaum)	사용되는 제품이 고객의 기대를 어느 정도 충족시켜 주는지 나타내는 생산된 제품의 복합적인 특성
데밍(W.E. Deming)	현재와 미래의 고객 요구조건과의 충족도
다구치(Taguchi)	제품이 출하된 시점에서부터 성능특성치의 변동과 부작용 등으로 인하여 사회에 끼친 손실
ISO 8402	명시된 요구사항을 어느 정도 만족시켜 주는가를 나타내는 제품이나 서비스 성능의 총체적 성능
KS A 3001	제품 또는 서비스가 명시적 또는 묵시적 요구를 만족시키는 능력이 있는 특징 또는 특성의 총체
KS Q 9000	고유 특성의 집합이 요구사항을 충족시키는 정도

2) 박성현·박영현(2013), p.10

3) 품질경영에서의 고객(customer)은 흔히 우리가 떠올리는 최종사용자(end user)만을 의미하지 않는다. 향후 구체적으로 다루겠지만 품질경영에서는 고객을 내부고객(internal customer)과 외부고객(external customer)으로 구분한다.

1.1.2 품질의 관점과 품질경영의 범위

(가) 품질에 대한 관점

앞서 품질이란 무엇인지를 학생들에게 질문했을 때 선뜻 대답하기를 망설였던 점을 다시 떠올려 보자. 학생들이 품질이란 무엇인지를 설명하는 데 어려움을 느꼈던 이유는 사실 품질을 바라보는 관점이 다수 존재하기 때문이다. 다시 말해서 사용자의 관점에 서 있느냐, 영업하는 사람의 관점(혹은 마케팅의 관점이라 해도 좋다)에 서 있느냐, 혹은 생산자의 관점에 서 있느냐에 따라 품질을 정의하고 판단하는 기준을 다르게 바라볼 수 있기 때문이다. 더군다나 시대가 변함에 따라 품질을 바라보는 관점의 중심이 변화되어 왔기 때문에,[4] 우리는 품질의 의미를 완전히 이해하기 위해서 이러한 다양한 관점에서 품질을 어떻게 바라보는지 알아둘 필요가 있다. 이것을 품질의 관점(Quality Perspective)이라고 하며, 탁월성 관점, 제품 관점, 사용자 관점, 가치 관점, 제조 관점, 고객 관점의 여섯 가지로 나눌 수 있다.[5] 이러한 관점은 기업의 가치사슬(value chain)상에서의 역할을 기준으로 나눈 것으로 [그림 1-3]과 같이 도식화할 수 있다.

- 탁월성 관점(transcendent perspective): 제품이나 서비스의 탁월성이 절대적이어야만 좋은 품질이라 할 수 있다는 의미이다. 즉, 그 탁월성이 보편적으로 받아들여지는 경우를 품질이 확보되었다고 보는 것이다.
- 제품 관점(product perspective): 제품의 속성이나 기능의 양적인 측면을 강조하는 관점이다. 즉 제품의 기능이나 특징이 많을수록 품질이 좋은 제품으로 바라보는 관점이다.
- 사용자 관점(user perspective): 제품의 기능이 사용자의 요구를 얼마나

4) 예를 들어 기업경영 철학의 중심은 생산 중심에서 제품 중심, 판매 중심, 마케팅 중심, 사회적 마케팅 중심으로 점차적으로 진화 및 발전해 왔다는 설명이 보편적이다(Kotler & Armstrong, 2001). 이러한 설명을 바탕으로 할 때 품질에 대한 관점 또한 그 시대의 중심적 경영철학에 따라 달라질 수 있을 것이다.

5) 품질의 관점에 대한 대표적인 접근으로 David Garvin(1984)을 들 수 있으며, Garvin은 탁월성 관점, 제품 관점, 사용자 관점, 가치 관점, 제조 관점의 다섯 가지를 제시하였다. Evans & Lindsay (2017)는 가치사슬 구조상에서의 품질관점을 제시하면서 고객 관점을 추가하여 여섯 가지 관점을 제시하였다. 본서에서는 Evans & Lindsay의 관점을 따랐다.

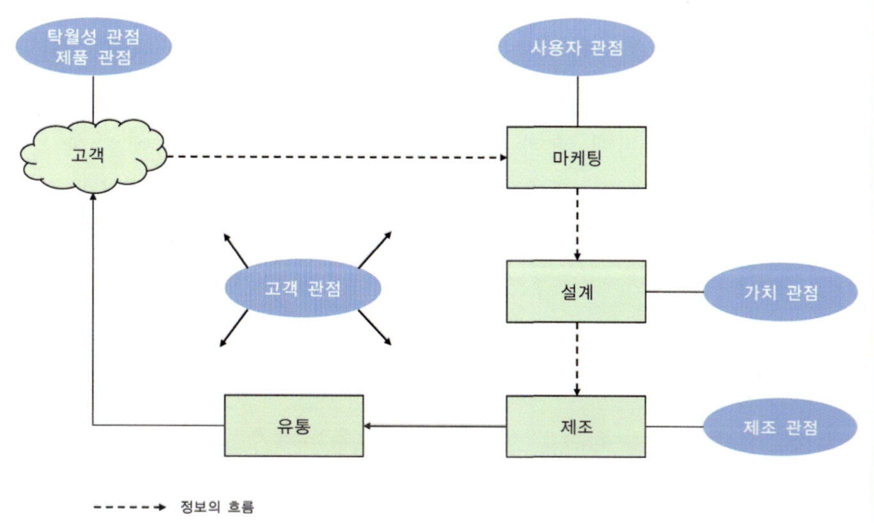

(출처 : Evans & Lindsay(2017), p.10)

[그림 1-3] 가치사슬상에서의 품질 관점

잘 충족시켜 주는지를 기준으로 판단하는 관점이다.

- 가치 관점(value perspective) : 가격 대비 혜택을 기준으로 품질을 판단하는 관점이다.
- 제조 관점(manufacturing perspective) : 설계 사양(specification)이나 표준을 얼마나 잘 준수하였는지를 기준으로 판단하는 관점이다.
- 고객 관점(customer perspective) : 고객의 요구를 만족시키는 총체적인 특성을 품질로 바라보는 관점이다.

(나) 품질경영의 범위

다음으로 품질경영이 기업 활동에서 다루는 범위를 알아보자. '품질관리' 하면 일반적으로 맨 먼저 떠올리는 것이 설계한 사양대로 정확히 만들어졌는지 검사한다거나, 제조과정 중이나 사용과정 중에서 불량 혹은 고장을 발생시키지 않도록 하는 것 등이 떠오를 것이다. 품질경영의 역사를 돌이켜 볼 때도 이러한 내용의 품질관리가 제일 먼저 시작되었다고 볼 수 있는데,[6] 사

6) 품질경영의 발전과정에 대해 예를 들어 김태웅(2015)은 작업자에 의한 품질관리 → 직장(職長)에 의한 품질관리 → 검사중심의 품질관리 → 통계적 품질관리 → 종합적 품질경영(TQM) → 식스시

실 이것은 품질경영이 다루어야 할 전체 범위 중에서 일부분이라고 할 수 있다. 앞서 품질에 대한 관점에서 살펴본 바와 같이 사실상 품질경영은 기업의 부가가치 창출 활동 전체 과정을 포괄하는 개념으로서 제품의 설계부터 조달, 제조, 판매, 판매 후 서비스, 폐기까지의 전 과정에 대한 활동을 포함해야 한다. 따라서 품질경영이 다루는 범위를 우리는 기업의 부가가치 창출 프로세스 관점에서 [그림 1-4]와 같이 도식화할 수 있을 것이다.

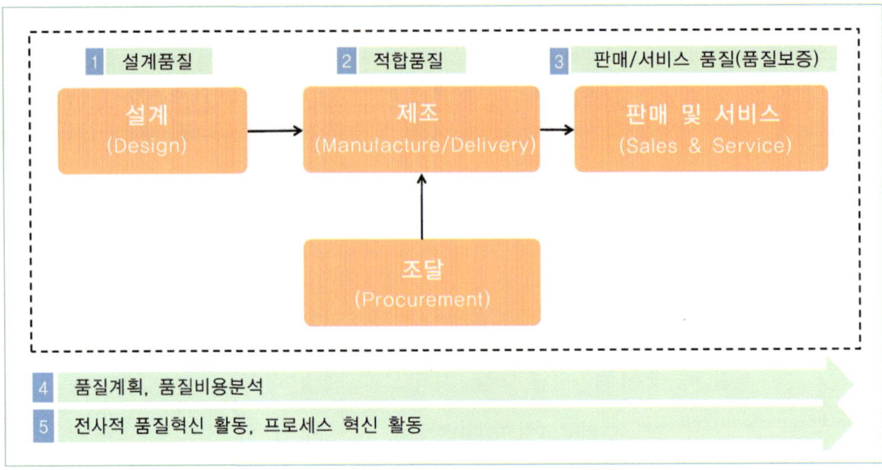

[그림 1-4] 품질경영의 범위

[그림 1-4]에서는 기업의 부가가치 창출 프로세스를 가장 단순화하여 설계→(조달)→제조→판매 및 서비스의 세 단계로 구분하였다.7) 이 각각의 프로세스별로 품질을 확보하기 위한 품질경영 활동들이 필요하며, 이를 설계품질(design quality), 적합품질(conformance quality), 판매 및 서비스 품질(quality assurance)이라 한다.8)

그마 순으로 설명하고 있으며, 박영택(1994)은 품질시스템이라는 관점에서 검사 위주의 품질시대→통계적 품질관리의 시대→품질보증시대→품질경영시대 순으로 4단계로 구분하여 설명하고 있다. 어느 견해이든 품질관리의 조직차원에서의 시작은 제조되는 부품 혹은 완제품에 대한 검사에서 시작하였다고 보는 것이 적절하다.

7) 기업의 부가가치 창출 프로세스를 설명할 때 설계를 직접적인 부가가치 창출 활동으로 고려하지 않고 지원활동으로 간주하는 견해가 일반적이며(Porter, 1984; Simchi-Levi et al., 2007), 이러한 견해를 따를 때에는 조달→제조→판매 및 서비스로 부가가치 창출 프로세스를 구분한다. 품질경영의 범위를 구분하는 세 가지 큰 기준은 설계, 제조, 판매 후 보증의 문제로서 저자는 이러한 품질경영의 범위를 고려하여 기업의 부가가치 창출 활동의 순서를 설계→(조달)→제조→판매 및 서비스의 세 단계로 도식화하는 견해를 제시하였다.

먼저 설계품질(design quality)에 대해서 알아보자. 설계품질이라 함은 궁극적으로 제품의 개발과 설계를 어떻게 하면 잘할 것인지를 고민하는 품질경영의 영역이라 할 수 있다. 설계라는 기업 활동의 결과는 결국 제품이나 서비스의 기능(function)과 사양(specification), 그리고 구조와 형상을 정의해 놓은 여러 문서들일 텐데, 여기서 제품 개발 혹은 설계를 잘한다는 것은 무엇을 의미하는 것일까? 이것을 달리 표현하면 설계 시 고려해야 할 주요 요소는 무엇인가라고 할 수 있을 텐데, 크게 아래의 세 가지 사항이 달성되었을 때 우리는 설계를 잘했다고 볼 수 있다.

- 제품 설계 시 소비자의 욕구와 필요가 잘 반영되었는가?
- 원가가 적게 들 수 있도록 설계가 되었는가?
- 제조과정 중에 혹은 사용과정 중에 불량의 발생가능성을 낮추도록 설계되었는가?

위의 세 가지 사항이 달성되었을 때 우리는 설계품질이 확보되었다고 하며, 이러한 설계품질을 확보하기 위한 다양한 설계기법과 이론들이 발전되어 왔다. 대표적인 방법들로 철저히 소비자의 니즈를 기반으로 제품을 설계하기 위한 품질기능전개(QFD : Quality Function Deployment), 제조 프로세스의 간소화와 제조 용이성을 확보하기 위한 제조가능설계(DFM : Design for Manufacturability),[9] 소비자의 요구사항을 선택적 옵션 사양으로 반영하여 소비자의 요구사항에 유연하게 대응함과 동시에 부품의 활용성을 높여 원가를 절감하고자 하는 모듈러 디자인(Modular Design), 소비자의 요구사항에 유연하게 대응하고자 하는 선택사양지연설계(Delayed Differentiation), 원가를 낮추기 위한 가치공학(Value Engineering) 등을 들 수 있다. 또한 통계적 방법론의 적용을 통해 불량률을 최소화시키는 등의 설계품질을 확보하고자 하

---

8) 제조품질은 적합품질이라고도 하며, 판매 및 서비스 품질은 품질보증이라고도 한다.

9) 제조가능설계(DFM)의 본래적 개념은 설계 이후 제조 프로세스상에서의 제조 용이성과 불량감소 및 원가절감을 목적으로 시행하는 설계기법이었으나, 이제는 제조 이후의 판매 및 서비스, 유통, 폐기, 재활용 등 모든 부가가치 창출 활동을 기업이 고려해야 하는 경영환경으로 변화되었다. 따라서 제조 이후의 모든 활동을 고려하여 제품 설계 시 반영해야 한다. 유통·물류를 고려한 설계(DFL : Design for Logistics), 공급망고려설계(DFSCM : Design for Supply Chain Management), 재활용고려설계(DFR : Design for Recycling) 등이 제조고려설계(DFM)의 확장된 개념의 예이다. 이러한 제조고려설계(DFM)의 개념적 확장을 반영하여 이제는 DFM이라는 용어보다 DFx(Design for X)라는 용어가 더 많이 사용되는 추세이다.

는 대표적인 방법들로는 고장모드효과분석 및 고장나무분석(FMEA/FTA : Failure Mode Effect Analysis/Fault Tree Analysis), 신뢰성공학(Reliability Engineering), 강건설계(Robust Design) 등을 들 수 있다.

다음으로 적합품질(conformance quality)은 제조품질이라고도 하며, 설계 단계에서 정의한 규격과 사양 혹은 품질기준에 맞게끔 실제로 제조되는지를 보장하는 품질경영의 영역이다. 즉, 설계된 품질 사양대로 실제 제조되었는지를 검사(inspection)하고, 제조과정상에서 문제가 발생하지 않는지 모니터링(monitoring)하여 사전 예방(prevention)하는 등의 활동이 적합품질의 확보를 위해 필요한 품질경영 활동이다. 전통적으로 품질경영은 적합품질의 확보를 위한 활동에 많은 초점을 맞추어 왔는데, 대표적인 기법들로 생산 로트(lot)의 불량 적합 여부를 통계적으로 판정하기 위한 샘플링검사(sampling method), 프로세스의 이상 유무를 모니터링하고 이상 발생 시 원인을 규명하기 위한 관리도(control chart) 기법을 들 수 있다. 이러한 적합품질의 영역은 오랫동안 정착되어 온 관계로 그 중요성이 자칫 간과되는 경우가 있으나, 생산수율을 확보하기 위한 품질경영의 기반임을 명심해야 할 뿐만 아니라, 공정기술(process technology)의 자동화에 따른 대규모 설비투자가 이루어지는 점을 감안할 때 가장 철저하게 관리되어야 할 품질경영의 영역이기도 하다. 또한 최근에는 스마트팩토리 도입에 따라 데이터 분석 기술을 기반으로 하는 제조데이터분석기법(manufacturing data analysis)과 엔지니어링데이터분석기법(engineering data analysis)이 적합품질의 영역에서 적극적으로 활용되고 있다.

다음으로 판매 및 서비스 품질(quality assurance)은 제조 후 사용자의 관점에서 인지하는 품질을 일컫는다. 즉, 구매하기가 얼마나 용이한지, 사용과정상에서 얼마나 문제없이 사용할 수 있으며, 만약 문제가 발생했을 경우에는 얼마나 쉽게 서비스를 받을 수 있는지 등 구매와 사용 과정에서의 만족과 관련된 품질경영의 영역이다. 이 과정에서 사용자는 요구하거나 기대했던 수준의 품질을 보장받기를 원할 것이다. 따라서 판매 및 서비스 품질은 이러한 사용자의 기대와 요구에 대한 보증의 문제를 포함하게 된다.

마지막으로 [그림 1-4]의 네 번째와 다섯 번째 품질경영의 범위를 살펴보자. 네 번째와 다섯 번째로 도식화되어 있는 품질경영 활동이 부가가치 창출과정상에서의 특정 영역에 위치하지 않고 설계-제조-판매 및 서비스 전 영역에 걸치는 것으로 표기해 놓은 이유는 이 활동들은 부가가치 창출 전 과정에 개입하거나 영향을 미치는 품질경영 활동이기 때문이다. 네 번째 범위로 제시된 품질계획은 앞서 설명한 설계품질, 적합품질, 판매 및 서비스 품질의 각 영역에 대한 품질경영 활동을 가장 효율적으로 수행할 수 있는 전반적인 계획을 수립하는 활동이다. 즉 품질계획은 품질경영의 어떤 영역에 중점을 두고 활동할 것인지, 또 어떤 부분을 중점적으로 개선해야 할 것인지를 기획하고 필요한 자원을 투입하여 그 결과를 평가하는 전반적인 관리 활동을 포괄하는 것이기 때문이다. 또한 품질계획을 수립할 때 사용하는 중요한 분석방법으로 품질비용분석을 포함시켰다.

또한 전사적 품질혁신 활동 혹은 프로세스 혁신 활동을 품질경영의 다섯 번째 범위로 포함하였다. 과거 품질개선 활동들은 각 영역별로 진행되는 것이 일반적이었으나 지금의 기업들은 품질의 문제를 기업 경쟁력의 원천으로 인식하고 있으며, 따라서 전사의 모든 활동을 품질개선의 대상으로 삼고 그러한 활동의 궁극적인 목표를 고객만족으로 정렬시키고 있다. 이러한 활동들이 전사적 품질관리(TQM : Total Quality Management) 혹은 식스 시그마 경영(Six-sigma Management) 등의 경영혁신 프로그램으로 나타나고 있으며, 이러한 품질혁신 혹은 경영혁신 활동은 기업 활동의 특정 영역에서만 일어나는 것이 아니라 전사적 관점에서 관리되어야 할 사항이므로 품질경영의 별도의 범위로 간주하는 것이 적절하다고 판단된다.

본 교재에서는 위에서 제시한 품질경영의 범위 중 특히 마지막에 제시된 전사적 품질혁신 활동 혹은 프로세스 혁신 활동을 수행하기 위한 방법론을 구체적으로 학습하고자 한다. 이후의 장에서 이에 대한 상세한 내용과 도구, 그리고 사례들을 학습하게 될 것이다.

1.2 품질의 범주와 측정

1.2.1 품질의 범주

앞 절에서 우리는 품질을 '고객만족의 정도를 나타내는 제품이나 서비스의 총체적 특성'이라고 정의하였다. 이렇게 정의해 놓고 우리가 사용하는 제품이나 서비스의 품질수준이 어떠한지를 평가하고자 한다거나 혹은 우리 기업이 제공하는 제품이나 서비스에서 품질을 개선하고자 한다면 무엇을 구체적으로 해야 할 것인지 쉽게 떠오르지가 않을 것이다. 그 이유는 품질이라는 개념 자체는 여전히 추상적이기 때문이다. 이러한 추상적이고 총체적 개념인 품질을 관리 가능한 수준으로 전환하기 위해서는 품질을 구성하는 요소를 좀 더 구체적으로 나눌 필요가 있다. 이것을 품질의 범주(dimension)라 한다.[10]

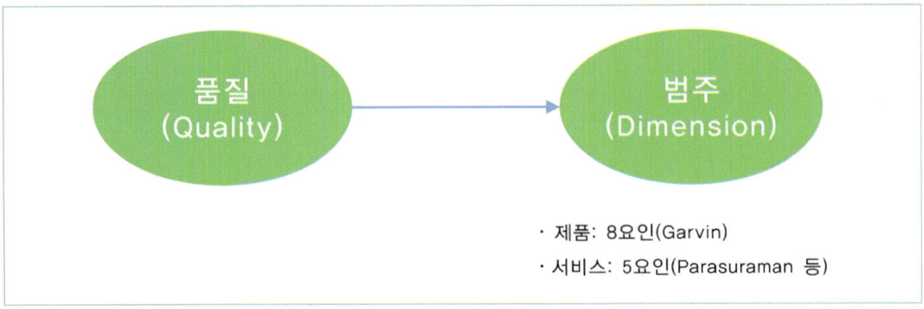

[그림 1-5] 품질의 범주(차원)

[그림 1-5]와 같이 추상적이고 총체적 개념인 품질을 관리 수준으로 세분화시킨 품질의 범주는 제품과 서비스에 대해 다르게 개발되었다. 제품에 대한 품질의 범주는 Garvin이 제시한 8가지 범주가 대표적이다. 또한 서비스는 제품과 달리 Parasuraman 등이 제시한 5가지 요인으로 구성된다고 보는 것이 대표적이다. 이렇게 제품과 서비스에 대해 품질 범주가 다르

10) 범주라는 단어는 영단어 dimension에 대한 한글 번역인데, dimension은 범주, 차원, 속성 등 여러 가지로 국내 교과서와 문헌에서 번역하고 있다. 모두 동일한 의미로 이해하면 될 것이다.

게 개발된 이유는 제품과 서비스가 가지는 본질적인 특성이 다르기 때문이다. 즉 서비스는 제품과는 달리 무형적 특성을 가지고 있을 뿐만 아니라, 생산의 과정에 고객이 직접 참여하여 서비스 제공자와 고객 간의 상호작용을 통해서 서비스가 완성되는 생산과 소비의 동시성을 가지고 있다. 또한 서비스 제공과정에 고객이 적극적으로 참여하는 등 고객의 관여도(involvement)가 높을 수밖에 없다. 이런 특성들로 인하여 제품과는 그 품질의 속성이 다르게 개발되었다.

Garvin(1987)이 제시한 제품 품질의 8가지 범주는 다음과 같다.[11)]

① 성능(Performance) : 제품의 가장 기본적이고 중요한 특성을 말한다. 즉 고객의 요구사항을 충족시키기 위한 가장 중요한 기능을 의미한다. 예를 들면 자동차는 이동을 위한 기능이 가장 기본적이고 중요한 기능이다. 따라서 자동차의 가속기능, 조향기능, 안전기능 등이 이러한 성능 범주에 포함되는 것이라 할 수 있다.

② 특징(Feature) : 반드시 있어야 할 기능은 아니지만 성능 범주를 보완하고 강화하는 기능을 의미한다. 주로 제품에서 옵션 기능으로 채택되는 것들이다. 자동차의 측면 에어백 같은 옵션들을 예로 들 수 있다. 한 가지 기억해 두어야 할 것은 특징으로 구분되는 품질 요소들이 시간이 지나면서 당연한 기능으로 채택되어 성능 범주로 변할 수 있다는 것이다.[12)]

③ 신뢰성(Reliability) : 제품이 정해진 기간 동안 고장 나지 않을 가능성을 의미한다. 보통 확률적으로 표현한다.

④ 적합성(Conformance) : 제품 설계 시 결정한 규격(specification)에 얼마

---

11) Garvin(1987)은 당초 경쟁 전략적 측면에서의 품질을 설명하기 위해 품질의 8가지 측면을 제시하였다. 즉, 결함(불량)을 제거하기 위한 소극적 측면의 품질이 아니라, 경쟁에서 승리하기 위한 전략적 수단으로서 품질을 다루기 위해 품질의 8가지 측면을 제시한 것으로 생각해 볼 수 있다. 경쟁우위의 원천과 확보 방법이 산업계나 학계에서 주요한 관심분야이었던 1980년대의 시대적 상황에서 제시된 개념이며, 품질의 8가지 측면 중 경쟁우위를 창출하기 위한 전략적 선택의 문제로서 품질속성을 다루었다고 볼 수 있을 것이다.

12) 이러한 품질의 진부화를 설명하는 대표적인 이론으로 카노(KANO) 모형(1984)이 있다. 카노는 품질의 요소를 매력적 품질요소(attractive quality element), 일원적 품질요소(one-dimensional quality element), 당연적 품질요소(must-be quality element), 무관심 품질요소(indifferent quality element), 역품질요소(reverse quality element)의 다섯 가지로 구분하여 품질속성의 우선순위와 진부화를 결정하는 요소로 제시하였다.

나 부합하느냐, 혹은 이미 설정되어 있는 표준에 적합한지 여부를 의미한다.

⑤ 내구성(Durability) : 제품이 고장 날 때까지의 사용기간을 의미한다.

⑥ 서비스 능력(Serviceability) : 제품은 설치, 사용 중 문의, 고장 시 해결, 폐기 처리 등의 서비스가 당연히 수반된다. 이러한 서비스의 처리속도, 서비스 직원의 정중함과 업무처리 능력, 서비스 시설의 접근 용이성 등과 관련한 서비스 수행 능력을 의미한다.

⑦ 심미감(Aesthetics) : 제품에 대해 느끼는 심리적 판단을 의미한다. 즉 제품의 사용을 통해 인간의 오감인 시각, 청각, 촉각, 미각, 후각 등을 통해 느끼는 심리적 상태를 말한다.

⑧ 지각품질(Perceived Quality) : 제품에 대한 이미지, 브랜드에 대한 이미지, 평판, 광고 등에 대해 인지적으로 판단하는 품질수준을 의미한다.

한편 Parasuraman 등(1988)이 제시한 서비스 품질의 5가지 범주는 다음과 같다.[13]

① 신뢰성(Reliability) : 서비스 제공자가 수행하기로 되어 있는 서비스를 정확하게 수행해 낼 수 있는 능력을 말한다. 예를 들어 택배서비스의 경우 배달 약속된 시간 내 정확히 배달을 해 주는 것, A/S 센터에서 제품을 약속한 시간 내에 제대로 고치는 것 등을 들 수 있다.

② 대응성(Responsiveness) : 서비스를 받는 고객을 돕고, 신속하게 서비스를 제공하려는 자세 또는 의지를 말한다. 예를 들어 문의사항에 대해 친절하고 신속하게 답변을 해 주는 것, 인터넷쇼핑몰에서 반품과 환불이 신속하게 이루어지는 것 등을 들 수 있다.

---

13) 서비스의 품질 범주에 대해서는 모든 서비스 영역에 공통으로 적용되기는 어렵다고 볼 수 있다. 따라서 서비스는 각각의 서비스 산업별로 별도의 서비스 범주와 측정도구들이 많이 사용되고 있다. 그러나 이러한 서비스 범주와 측정도구들도 대부분의 경우 Parasuraman 등(1988)이 제시한 5요인을 기반으로 다른 요인들이 추가되는 경향이 많으므로 서비스 품질의 범주를 나누는 기준은 Parasuraman 등의 5요인을 바탕으로 한다고 이해해도 무방할 것이다. Parasuraman 등이 제시한 서비스 범주 5가지를 기반으로 한 측정도구를 SERVQUAL이라 하며, 이후의 장에서 상세 설명될 것이다.

③ 확신성(Assurance) : 서비스 제공에 확신을 주는 직원의 능력, 태도, 예의바른 근무자세 등을 말한다. 예를 들어 A/S센터 수리기사의 서비스 수행 능력, 고객에 대한 예의바른 응대 태도 등을 들 수 있다.

④ 공감성(Empathy) : 고객을 이해하고 배려하며, 고객 개개인별로 개별적인 관심을 보이는 능력과 태도 등을 말한다. 예를 들어 고객의 불평을 끝까지 들어주는 것, 고객의 특별한 요구사항을 들어주는 것, 고객의 이해도에 맞추어 설명하는 것 등을 들 수 있다.

⑤ 유형성(Tangibles) : 서비스를 수행하기 위해서는 시설, 장비, 장소 등의 물리적 환경이 필요하다. 서비스를 수행하기 위한 물리적 시설, 장비, 장소, 인력 등 물리적 환경을 말한다. 예를 들어 설비의 최신성, 직원의 용모, 설비의 청결도 등을 들 수 있다.

1.2.2 품질의 측정

우리는 품질의 범주화를 통해 추상적이고 총체적 개념인 품질을 세분화하기는 하였으나 여전히 손에 잡힐 정도로 구체적이지는 않다. 이는 품질의 범주 혹은 품질의 차원이라는 것조차도 여전히 개념적인 수준이기 때문이다. 경영의 대가들이 한 말 중 '측정할 수 없으면 관리할 수 없고, 관리할 수 없으면 개선할 수 없다'라는 말을 떠올리지 않더라도 품질을 평가하고 관리하기 위해서는 측정 가능한(measurable) 수준으로 더 구체화시켜야 한다. 추상적 개념을 측정 가능한 항목으로 전환시키는 것을 개념을 조작화(operationalization)한다고 하는데, 앞서 구분한 품질의 범주에 대해 구체적인 측정항목으로 전환시키는 이 조작화 과정을 거쳐야만 비로소 관리 가능한 수준으로 정의할 수 있다. [그림 1-6]에 이러한 품질 범주의 조작화 과정을 도식화하였다. 결국 8가지 요인으로 구성된 제품 범주이든 5가지 요인으로 구성된 서비스 범주이든 우리는 각 범주에 해당하는 구체적인 측정항목(Metric)으로 반드시 전환을 해야만 품질에 대한 평가와 개선 등의 품질관리 체계를 수행할 수 있는 것이다.

그런데 아쉽게도 품질의 각각의 범주에 대해 구체적인 측정항목으로 변환시키는 일반적인 규칙은 존재하지 않는다. 즉, 해당 산업이나 해당 제품에 맞게끔 변환시키는 과정은 해당 산업과 제품의 담당자들이 실무적으

[그림 1-6] 품질 범주의 조작화

로 적용해야 하는 것이다. 물론 내구성이나 신뢰성을 측정하는 항목인 MTTF(Mean Time To Failure),[14] MTBF(Mean Time Between Failure),[15] MTTR (Mean Time To Repair)[16] 등과 같은 공통적인 품질 측정요소들이 있기는 하다. 하지만 기능이나 특징 등 대부분의 품질 범주에 대한 구체적인 측정항목들은 제품에 따라 다를 수밖에 없기 때문에 기업은 해당 제품의 구체적인 품질 측정항목을 자신들의 상황에 맞게끔 도출해 내어야 하는 것이다. 이러한 품질 측정항목을 설정하기 위해서는 고객 요구사항, 산업표준, 제도적 요구사항뿐만 아니라 해당 제품에 대한 전략적 포지션 등 여러 가지를 고려해야 한다. 간단한 예로 [그림 1-7]에 자동차의 품질 측정항목을 도출하는 과정을 예시하였다. 이 예시를 보면 품질 측정항목의 조작화 과정에 대한 지금까지의 설명을 명확히 이해할 수 있을 것이다. 예를 들어, 자동차의 품질 범주 중 성능에 대한 측정항목을 도출한다고 가정해 보자. 자동차의 성능 품질에서 중요한 것은 무엇이겠는가? 아마도 고객의 입장에서 볼 때 이 성능 범주와 연계하여 속도와 유지비용에 대한 관심이 가장 높다고 판단된다면 성능이라는 품질 범주에 포함해야 할 품질항목으로 가속시간과 연비를 포함시킬 수 있을 것이다. 또 내구성과 관련하여서는 자동차가 고장 나지 않고 운행할 수 있는 시간인 MTTF(Mean Time To Failure)를 포함시킬 수 있을 것이다.

그런데 여기서 다시 한 번 생각해 보면 모든 자동차의 성능 품질의 측

14) 제품의 신뢰도를 측정하는 지표로, 수리해서 사용하지 않는(non-repairable) 제품이나 시스템의 경우 평균수명을 MTTF(Mean Time To Failure)라 한다.

15) 고장과 수리가 반복되는 제품이나 시스템에서는 고장과 고장 사이의 시간 간격의 평균이 평균수명이 된다. 이를 MTBF(Mean Time Between Failure)라 한다.

16) 고장 날 경우 수리해서 사용하는 제품이나 시스템의 경우 평균수리시간을 MTTR(Mean Time To Repair)이라 한다.

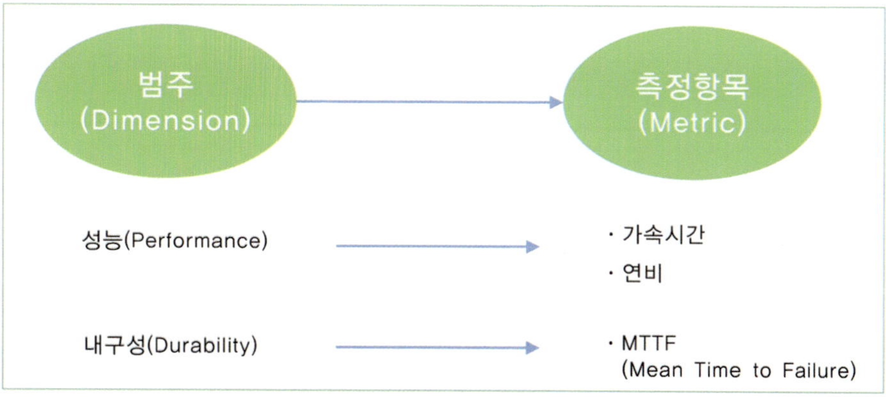

[그림 1-7] 품질 측정항목의 예시

정항목이 가속시간과 연비로 동일하겠는가? 다시 말해 젊은 소비자를 주요 타깃으로 하는 자동차의 성능 품질항목과 노년층을 주요 타깃으로 하는 자동차의 성능 품질항목이 동일하겠는가? 결국 품질 측정항목을 결정하는 것은 타깃 고객이 누구인가와 그 고객들이 요구하는 것이 무엇인가에 의해 제품마다 혹은 산업마다 달라질 수밖에 없다는 것이다. 따라서 기업의 품질 담당자이든 마케팅 담당자이든 혹은 제품개발 담당자이든 품질의 구체적 항목을 정의하기 위해서는 반드시 시장과 타깃 고객을 기준으로 해야 하며, 품질의 범주를 품질항목으로 조작화하는 과정에 상당한 노력을 들여야 하는 것이다.[17]

17) 타깃 고객의 요구사항을 기반으로 제품 요구품질을 도출하고 기능 품질을 정의하는 기법으로 앞서 설계품질에서 설명한 QFD(Quality Function Deployment : 품질기능전개)가 대표적이다.

1.3 품질경영을 위한 통계적 개념의 기초

품질경영을 실행하기 위해서는 정확한 데이터를 기반으로 해야 하며, 이를 위해 통계적 분석에 대한 이해가 필수적이다. 본절에서는 품질경영 및 품질개선 프로젝트 수행에 가장 기본이 되는 통계적 개념에 대한 몇 가지 사항을 살펴보고자 한다. 가설검정이나 표본추출 등과 같은 통계기법들은 해당 장에서 상세히 설명할 것이다. 또한 본서에서 사용하는 데이터 분석도구는 오피스 도구로서 활용성이 가장 높은 마이크로소프트 엑셀(MS Excel)을 활용하고자 한다. 따라서 본절에서는 데이터 분석을 위한 도구를 준비하기 위해 MS Excel의 〈데이터 분석〉 패키지 설치와 MS Excel 기반 〈KESS(Korean Educational Statistical Software)〉 통계분석 패키지의 설치도 아울러 알아볼 것이다.

1.3.1 기술통계 기초: 데이터의 수치적 표현

기술통계란 어떤 현상에 대해 수집된 자료를 정리 및 요약하는 방법을 의미한다. 기술통계를 수행하는 방법으로 도수분포표나 히스토그램 등 도식적(시각적) 방법으로 요약하는 방법과 대표성을 수치로 표현한 통계량으로 요약하는 방법이 있다. 여기서는 수치로 나타내는 통계량에 대해서 먼저 살펴보고자 한다. 관심의 대상이 되는 집단의 특성을 나타내는 값을 대푯값이라 하며, 대푯값으로는 중심성향과 산포경향을 가지고 표현하는 것이 일반적이다.

(가) 중심성향

중심성향이란 수집된 데이터 집합을 하나의 중심값으로 표현해 내는 통계량이다. 가장 많이 사용하는 중심성향 통계치는 평균(mean), 중앙값(median), 최빈값(mode)이다.

① 평균(mean)

평균은 데이터의 중심성을 나타내기 위해 가장 많이 활용되는 통계량이다. 평균은 산술평균, 가중평균, 기하평균, 조화평균 등이 있으나 우리가 흔히 말하는 평균은 산술평균을 말한다.

- 산술평균(arithmetic mean) : 데이터 값을 모두 더한 합계를 더한 값들의 수로 나눈 값이다. 모집단에 대한 평균과 표본에 대한 평균은 각각 아래와 같은 산식으로 계산할 수 있다.

$$\mu = \frac{1}{N}(x_1 + x_2 + \cdots + x_N) = \frac{1}{N}\sum x_i$$

여기서, μ는 모집단의 평균, N은 모집단의 수

$$\bar{x} = \frac{1}{n}(x_1 + x_2 + \cdots + x_n) = \frac{1}{n}\sum x_i$$

여기서, $\bar{x}$는 표본의 평균, n은 표본의 수

산술평균 계산 예시

아래 데이터는 지난 1년간 A작업장의 월별 설비가동 중단시간이다. A작업장은 평균적으로 한 달에 몇 시간 설비가동이 중단되는가?

(단위 : 시간)

월	1월	2월	3월	4월	5월	6월	7월	8월	9월	10월	11월	12월
중단시간	12.5	10.0	8.5	11.0	15.5	21.0	16.5	12.5	10.5	9.0	11.0	14.0

풀이

$$산술평균(\bar{x}) = \frac{1}{12}(12.5+10.0+8.5+11.0+15.5+21.0+16.5+12.5+10.5+9.0+11.0+14.0)$$
$$= 12.7$$

MS Excel을 이용하여 산술평균을 계산할 경우 아래 그림과 같이 @AVERAGE함수를 이용하여 간단하게 구할 수 있다. 즉, 데이터를 Excel의 각 셀에 입력한 후 @AVERAGE(number 1, number 2, ...)을 입력하면 산술평균을 바로 구할 수 있다.

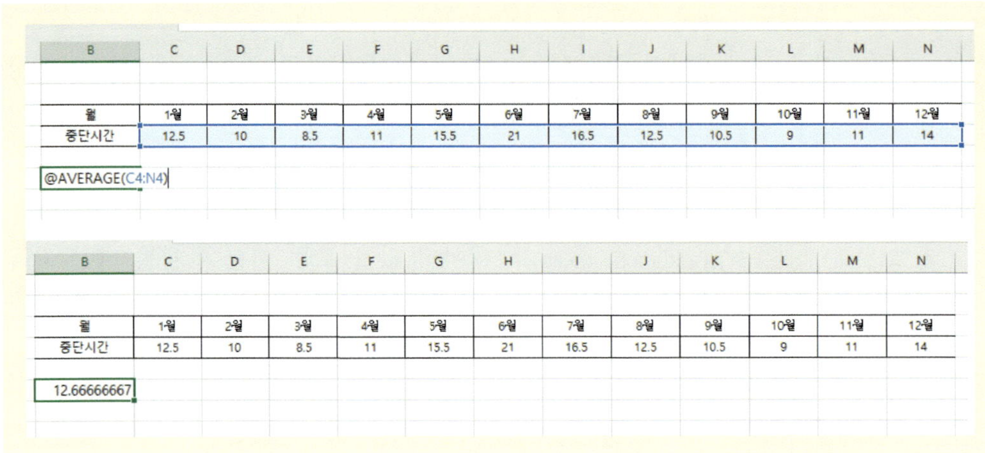

B	C	D	E	F	G	H	I	J	K	L	M	N
월	1월	2월	3월	4월	5월	6월	7월	8월	9월	10월	11월	12월
중단시간	12.5	10	8.5	11	15.5	21	16.5	12.5	10.5	9	11	14

@AVERAGE(C4:N4)

B	C	D	E	F	G	H	I	J	K	L	M	N
월	1월	2월	3월	4월	5월	6월	7월	8월	9월	10월	11월	12월
중단시간	12.5	10	8.5	11	15.5	21	16.5	12.5	10.5	9	11	14

12.66666667

• 가중평균(weighted mean) : 데이터 값의 가중치(혹은 중요도)를 고려하여 계산한 평균값을 의미한다. 가중평균의 산식은 다음과 같다.

$$\text{가중평균} = \frac{(n_1x_1 + n_2x_2 + \cdots + n_kx_k)}{(n_1 + n_2 + \cdots + n_k)} = \frac{\sum_{i=1}^{k} n_i x_i}{\sum_{i=1}^{k} n_i}$$

여기서, $x_1, x_2, \dots, x_k$는 관측치이고, $n_1, n_2, \dots, n_k$는 가중치

가중평균 계산 예시

위 산술평균 예제에서 A작업장이 생산하는 제품은 주로 여름에 판매되는 계절성 제품이어서 1년 중 여름이 가장 중요하다고 가정하면, A작업장은 여름의 설비가동 중단시간의 중요성이 타 계절에 비해 월등히 높을 것이다. 이러한 중요도를 가중치로 간주하여 제시한 표가 아래와 같다고 하자. 월별 가중치는 10점을 기준으로 평가되었다(1점＝중요도 낮음, 10점＝중요도 아주 높음). 이 경우의 가중평균을 구해보자.

(단위 : 시간, 점수)

월	1월	2월	3월	4월	5월	6월	7월	8월	9월	10월	11월	12월
중단시간	12.5	10.0	8.5	11.0	15.5	21.0	16.5	12.5	10.5	9.0	11.0	14.0
가중치	1	1	5	5	5	10	10	10	5	5	5	1

풀이

$$\text{가중평균} = \frac{\begin{pmatrix} 1\times12.5+1\times10.0+5\times8.5+5\times11.0+5\times15.5+10\times21.0+ \\ 10\times16.5+10\times12.5+5\times10.5+5\times9.0+5\times11.0+1\times14.0 \end{pmatrix}}{(1+1+5+5+5+10+10+10+5+5+5+1)}$$

$$=13.7$$

MS Excel을 이용하여 가중평균을 계산할 경우 아래 그림과 같이 @SUM함수와 @SUMPRODUCT함수를 이용하여 간단하게 구할 수 있다. 즉, 아래 그림과 같이 분모는 가중치가 입력된 셀에 대해 @SUM함수로 계산하고, 분자는 중단시간과 가중치가 입력된 셀에 대해 @SUMPRODUCT함수로 계산하면 된다.

① @SUM함수를 이용하여 분모 계산

B	C	D	E	F	G	H	I	J	K	L	M	N
월	1월	2월	3월	4월	5월	6월	7월	8월	9월	10월	11월	12월
중단시간	12.5	10	8.5	11	15.5	21	16.5	12.5	10.5	9	11	14
가중치	1	1	5	5	5	10	10	10	5	5	5	1
@SUM(C5:N5)												

B	C	D	E	F	G	H	I	J	K	L	M	N
월	1월	2월	3월	4월	5월	6월	7월	8월	9월	10월	11월	12월
중단시간	12.5	10	8.5	11	15.5	21	16.5	12.5	10.5	9	11	14
가중치	1	1	5	5	5	10	10	10	5	5	5	1
63												

② @SUMPRODUCT함수를 이용하여 분자 계산

B	C	D	E	F	G	H	I	J	K	L	M	N
월	1월	2월	3월	4월	5월	6월	7월	8월	9월	10월	11월	12월
중단시간	12.5	10	8.5	11	15.5	21	16.5	12.5	10.5	9	11	14
가중치	1	1	5	5	5	10	10	10	5	5	5	1
=SUMPRODUCT(C4:N4,C5:N5)												

B	C	D	E	F	G	H	I	J	K	L	M	N
월	1월	2월	3월	4월	5월	6월	7월	8월	9월	10월	11월	12월
중단시간	12.5	10	8.5	11	15.5	21	16.5	12.5	10.5	9	11	14
가중치	1	1	5	5	5	10	10	10	5	5	5	1
864												

③ 가중평균 계산

B	C	D	E	F	G	H	I	J	K	L	M	N
월	1월	2월	3월	4월	5월	6월	7월	8월	9월	10월	11월	12월
중단시간	12.5	10	8.5	11	15.5	21	16.5	12.5	10.5	9	11	14
가중치	1	1	5	5	5	10	10	10	5	5	5	1
864												
63												
=B7/B8												

B	C	D	E	F	G	H	I	J	K	L	M	N
월	1월	2월	3월	4월	5월	6월	7월	8월	9월	10월	11월	12월
중단시간	12.5	10	8.5	11	15.5	21	16.5	12.5	10.5	9	11	14
가중치	1	1	5	5	5	10	10	10	5	5	5	1
864												
63												
13.71428571												

- 기하평균(geometric mean) : 시간의 흐름에 따라 변하는 데이터의 비율에 대해 계산하는 평균값을 의미한다(예 : 인구증가율, 물가변동률, 성장률 CAGR 등).

$$\text{기하평균} = \sqrt[n]{x_1 \times x_2 \times x_3 \times \cdots \times x_n} = \sqrt[n]{\prod_{i=1}^{n} x_i}$$

여기서, x_1, x_2, …, x_n은 증가하는 배수값

기하평균 계산 예시 ①

A작업장의 생산량은 재작년에 생산을 시작할 때 1,000톤이었다. 생산량이 계속 증가하여 작년에는 재작년의 2배인 2,000톤으로 증가하였고, 올해는 작년의 8배인 16,000톤으로 증가하였다. 이런 경우 1년에 평균 몇 배로 생산량이 늘었다고 할 수 있는가?

풀이

$\text{산술평균} = \dfrac{2\text{배} + 8\text{배}}{2\text{년}} = 5\text{배}$로 계산된다. 하지만 이는 잘못된 계산이며, 이 경우는 기하평균으로 계산해야 한다.

따라서 $\text{기하평균} = \sqrt{2\text{배} \times 8\text{배}} = 4\text{배}$로 계산된다.

MS Excel을 이용하여 기하평균을 계산할 경우 @GEOMEAN함수를 이용하여 간단하게 구할 수 있다. 즉, @GEOMEAN(number 1, number 2, ...)을 입력하면 기하평균이 바로 계산된다.

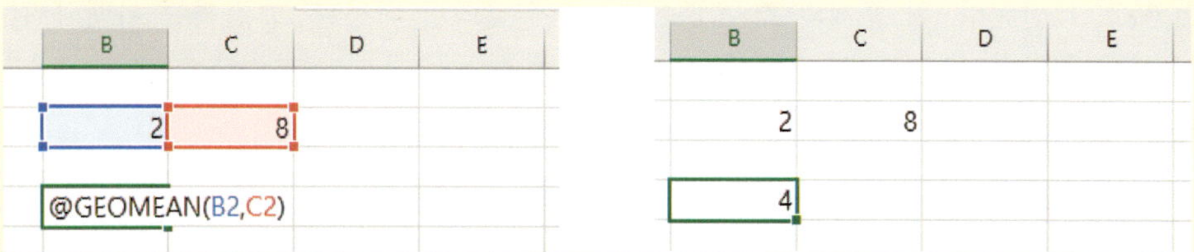

기하평균 계산 예시 ②

아래 데이터는 지난 5년간 A社의 매년도 연간 매출액이다. A社의 지난 5년간 매출액 추이를 볼 때 매년 평균적으로 몇 퍼센트 성장하였는가?

(단위 : 백만원)

연도	2016년	2017년	2018년	2019년	2020년	2021년
매출액	500	600	700	800	900	1,000

풀이

위의 매출액 데이터에 연간 매출성장률을 계산하여 표시하면 아래 표와 같다.

(단위 : 백만원)

연도	2016년	2017년	2018년	2019년	2020년	2021년
매출액	500	600	700	800	900	1,000
매출성장률		0.2(20%)	0.17(17%)	0.14(14%)	0.13(13%)	0.11(11%)

매출성장률의 평균을 산술평균을 이용하여 $\frac{(0.2+0.17+0.14+0.13+0.11)}{5}=0.15$로 계산하여 연간 평균성장률이 15%라고 계산하면 안 된다. 매출성장률은 전년 대비 성장이므로 기하평균을 이용하여 계산해야 한다. 기하평균을 계산하기 위해 전년 대비 성장배수를 표에 기입하면 아래와 같다.

(단위 : 백만원)

연도	2016년	2017년	2018년	2019년	2020년	2021년
매출액	500	600	700	800	900	1,000
매출성장률		0.2(20%)	0.17(17%)	0.14(14%)	0.13(13%)	0.11(11%)
전년 대비 성장배수		1.2	1.17	1.14	1.13	1.11

기하평균을 계산하면,

기하평균$=\sqrt[5]{1.20\times1.17\times1.14\times1.13\times1.11}=1.149$가 된다.

따라서 2016년부터 2021년까지의 연평균 매출성장률은 14.9%이다.

MS Excel을 이용하여 위 문제의 연평균 매출성장률을 계산할 경우 @GEOMEAN함수를 이용하여 간단하게 구할 수 있다. 즉, @GEOMEAN(배수1, 배수2, ...)을 입력하면 바로 계산된다. 위 문제의 경우 Excel의 셀에 입력한 내용과 그 결과는 아래와 같이 나타난다.

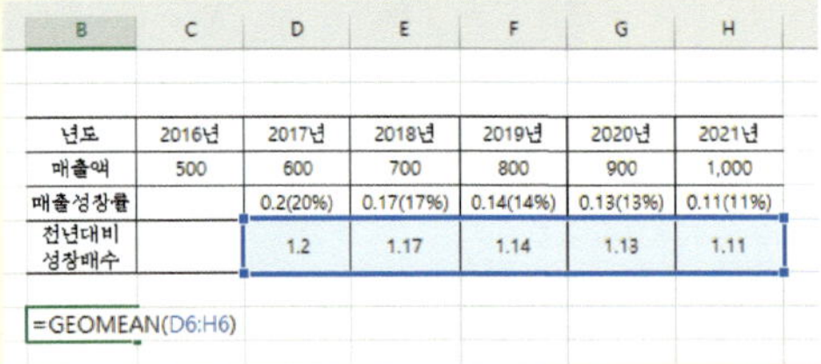

B	C	D	E	F	G	H
년도	2016년	2017년	2018년	2019년	2020년	2021년
매출액	500	600	700	800	900	1,000
매출성장률		0.2(20%)	0.17(17%)	0.14(14%)	0.13(13%)	0.11(11%)
전년대비 성장배수		1.2	1.17	1.14	1.13	1.11
=GEOMEAN(D6:H6)						

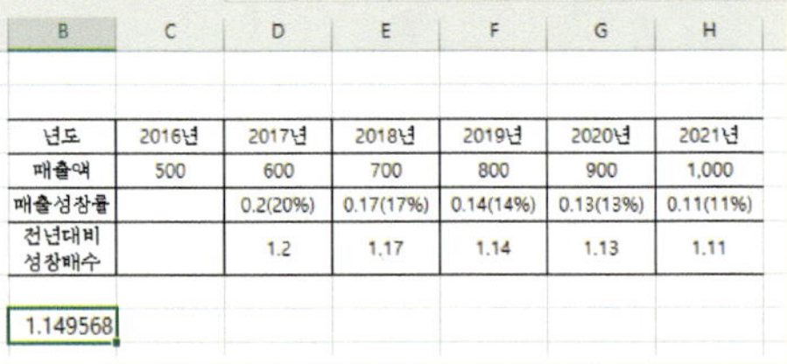

B	C	D	E	F	G	H
년도	2016년	2017년	2018년	2019년	2020년	2021년
매출액	500	600	700	800	900	1,000
매출성장률		0.2(20%)	0.17(17%)	0.14(14%)	0.13(13%)	0.11(11%)
전년대비 성장배수		1.2	1.17	1.14	1.13	1.11
1.149568						

기하평균 계산 예시 ③

위의 계산 예제와 같이 여러 해 동안 각 연도별로는 서로 다른 성장률을 나타내더라도, 시작 연도와 마지막 연도까지의 매년 평균성장률이 얼마인지로 나타내는 경우가 많다. 이를 CAGR(Compound Annual Growth Rate)이라고 하며, CAGR은 위 예제에서 살펴본 바와 같은 기하평균의 개념이다. 위 예제와 동일한 상황에서 CAGR을 구해보자.

풀이

위의 매출액 데이터에 연간 매출성장률을 계산하면 아래 표와 같다.

(단위 : 백만원)

연도	2016년	2017년	2018년	2019년	2020년	2021년
매출액	500	600	700	800	900	1,000
매출성장률		0.2(20%)	0.17(17%)	0.14(14%)	0.13(13%)	0.11(11%)

위 표에서와 같이 매년 매출성장률은 해마다 다르다. 예를 들어, 2017년도의 연간 매출성장률은 20%이고, 2018년도의 연간 매출성장률은 17%이다. 이럴 경우 2016년에서 2021년까지의 연간 매출성장률을 구하기 위해 매년도의 매출성장률을 산술평균하여 (20%+17%+14%+13%+11%)/5=15%로 계산하면 안 된다.

이러한 경우와 같이 시간의 흐름에 따라 변하는 데이터의 비율에 대해서는 기하평균을 계산해야 정확한 평균을 알 수 있다. CAGR은 위 문제와 같이 매년 연간성장률이 다른 경우, 일정 기간 동안의 총성장에 대해 매년 동일한 비율의 성장률을 계산하는 개념으로 기하평균을 적용하여 계산한 것이다.

2016년도의 매출액 500(백만원)이 2021년도의 매출액 1,000(백만원)으로 성장한 데이터를 연간 매출성장률로 계산하면 다음과 같다.

$$500 \times (1+0.20) \times (1+0.17) \times (1+0.14) \times (1+0.13) \times (1+0.11) = 1,000$$

CAGR은 위 식에서 매년도의 매출성장률이 동일하다는 의미이므로 아래와 같이 식을 다시 쓸 수 있다.

$500 \times (1 + CAGR) \times (1 + CAGR) \times (1 + CAGR) \times (1 + CAGR) \times (1 + CAGR)$
$= 1{,}000$

식을 정리하여 아래와 같이 기하평균을 구하면 CAGR은 14.9%이다.

$$500 \times (1 + CAGR)^4 = 1{,}000$$

$$(1 + CAGR)^4 = \frac{1{,}000}{500}$$

$$\sqrt[4]{(1 + CAGR)^4} = \sqrt[4]{\frac{1{,}000}{500}}$$

$$(1 + CAGR) = \sqrt[4]{\frac{1{,}000}{500}}$$

$$CAGR = \sqrt[4]{\frac{1{,}000}{500}} - 1 = 0.149(14.9\%)$$

다음으로 CAGR을 구하는 식을 일반화하면 다음과 같다.

$$CAGR = \left(\frac{\text{마지막 시점의 값}}{\text{시작 시점의 값}}\right)^{\frac{1}{\text{기간}}} - 1,\quad \text{여기서 기간}=(\text{마지막 시점}-\text{시작 시점})$$

CAGR은 위 예제에서 제시한 매출성장률 계산뿐만 아니라, 기업에서 시간 흐름에 따른 비율분석에서 가장 흔히 사용되는 개념이므로 반드시 이해해 두기 바란다.

MS Excel을 이용하여 CAGR을 계산할 경우 @RATE함수를 이용하여 간단하게 구할 수 있다. 즉, @RATE(기간, 0, -시작 연도 매출액, 마지막 연도 매출액)을 입력하면 CAGR이 바로 계산된다. 위 문제의 경우 Excel의 셀에 입력한 내용과 그 결과는 아래와 같이 나타난다.

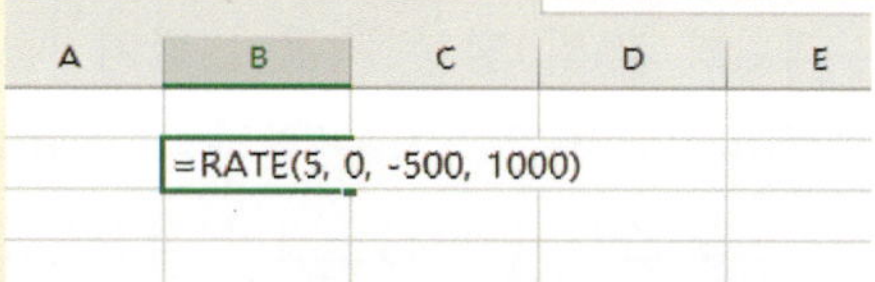

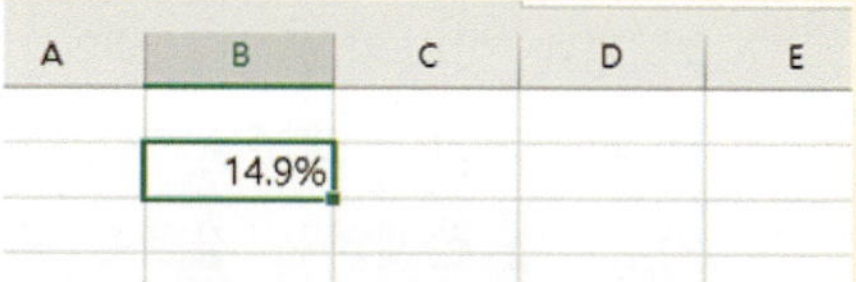

- 조화평균(harmonic mean) : 시간의 흐름에 따라 변하는 데이터의 평균값을 의미한다(예 : 가격, 물가, 속도 등).

$$\text{조화평균} = \frac{1}{\frac{1}{n}\sum_{i=1}^{n}\frac{1}{x_i}} = \frac{1}{\frac{1}{n}\left(\frac{1}{x_1} + \frac{1}{x_2} + \dots + \frac{1}{x_n}\right)}$$

여기서, x_i는 i번째 관측값, n은 전체 관측값

조화평균 계산 예시

A지점에서 B지점을 왕복하는 경우, A지점에서 B지점으로 이동할 때에는 평균속력이 $6km/h$였고, B지점에서 A지점으로 이동할 때에는 평균속력이 $12km/h$였다. A지점과 B지점을 왕복하는 동안의 평균속력을 구해보자.

풀이

$$\text{조화평균} = \frac{1}{\frac{1}{2}\left(\frac{1}{6\,km/h} + \frac{1}{12\,km/h}\right)} = 8\,km/h$$

MS Excel을 이용하여 조화평균을 계산할 경우 @HARMEAN함수를 이용하여 간단하게 구할 수 있다. 즉, @HARMEAN(number 1, number 2, ...)을 입력하면 조화평균이 바로 계산된다.

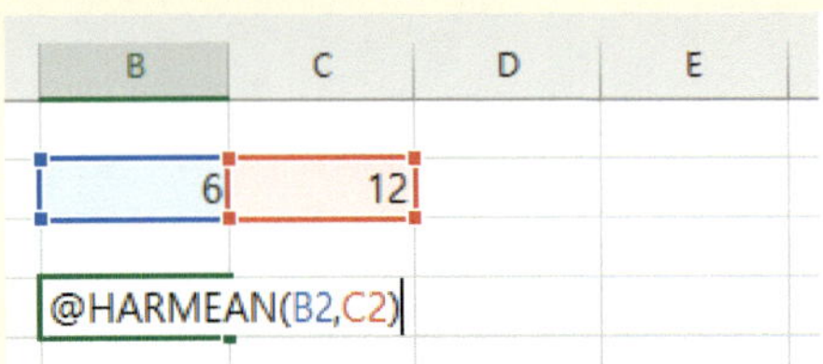

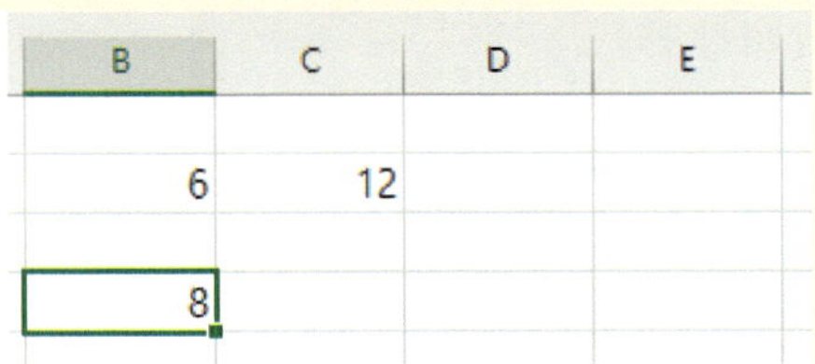

② 중앙값(median)

중앙값은 측정된 전체 값을 크기 순서대로 나열했을 때(오름차순이나 내림차순이든) 중앙에 위치하는 값을 말한다. 즉, (중앙값보다 큰 데이터의 개수)=(중앙값보다 작은 데이터의 개수)를 만족시키는 값이다. 산술평균의 경우 이상치(한쪽에 치우친 값 또는 극단적 값)의 영향을 많이 받기 때문에 이상치가 존재하는 경우 평균을 대푯값으로 사용하기 곤란하다. 이렇게 이상치가 존재하는 경우는 중앙값을 대푯값으로 사용하는 것이 적절할 수 있다.

$$M_d = \begin{cases} x_{\frac{n+1}{2}} & (n\text{이 홀수일 때}) \\ \frac{1}{2}\left(x_{\frac{n}{2}} + x_{\frac{n}{2}+1}\right) & (n\text{이 짝수일 때}) \end{cases}$$

여기서, M_d는 중앙값, x_i는 순서대로 나열했을 때 i번째 값,
n은 전체 데이터의 수

중앙값 계산 예시

5, 7, 7, 6, 8의 중앙값은 무엇인가?

풀이

데이터의 개수가 홀수 개인 5개이므로, $\frac{(n+1)}{2}$=3번째 데이터인 7이 중앙값이 된다.

5, 7, 7, 9, 13, 13의 중앙값은 무엇인가?

풀이

데이터의 개수가 짝수 개인 6개이므로, $\frac{n}{2} = 3$ 번째 수인 7과 $\frac{n}{2}+1 = 4$번째 수인 9의 산술평균이 중앙값이 된다. 즉, $\frac{(7+9)}{2} = 8$이 중앙값이 된다.

MS Excel을 이용하여 중앙값을 계산할 경우 @MEDIAN함수를 이용하여 간단하게 구할 수 있다. 즉, @MEDIAN(number 1, number 2, ...)을 입력하면 중앙값이 바로 계산된다.

③ 최빈값(mode)

측정된 값들 중 출현 빈도가 가장 많은 값을 최빈값이라 한다. 다시 말해 측정된 값들의 빈도수(frequency)를 구하여, 그 빈도수가 가장 높은 값을 말한다. 최빈값 역시 이상치의 영향을 덜 받고 데이터가 대칭으로 구성된 경우 대표성이 높은 값이다. 최빈값은 주로 이산형 데이터를 표현할 때 사용하는 값이며, 연속형 데이터의 경우 이산화(discretization)를 한 후 사용하는 것이 일반적이다.

최빈값 계산 예시

아래 데이터에서 최빈값을 구해보자.

10, 10, 20, 20, 20, 30, 30, 30, 30, 30, 40, 40, 50, 50, 50, 50, 60

풀이

각 데이터에 대한 빈도수를 구해 보면 30이 가장 많이 나타나므로 최빈값은 30이다.
MS Excel을 이용하여 최빈값을 계산할 경우 @MODE함수를 이용하여 간단하게 구할 수 있다. 즉, @MODE(number 1, number 2, ...)을 입력하면 최빈값이 바로 계산된다.

④ 사분위수(Quartile)

측정된 값 전체를 오름차순으로 나열하였을 때, 사분위에 위치하는 값들을 말한다. 따라서 사분위수에는 1사분위수(Q1), 2사분위수(Q2), 3사분위수(Q3)가 있으며, 2사분위수(Q2)는 앞서 살펴본 중앙값과 동일한 값이다. 사분위수는 중앙값이 주는 정보를 보다 세분화한 값이라 할 수 있다. 즉, 전체 데이터를 중앙값을 기준으로 두 개의 집단으로 나눈다고 하면, 작은 집단의 중앙값이 1사분위수(Q1)가 되고 큰 집단의 중앙값이 3사분위수(Q3)가 된다.

사분위수 계산 예시

아래 데이터에서 사분위수를 구해보자.

1, 3, 3, 5, 7, 8, 8, 10, 11, 13, 15, 17, 19

풀이

우선 중앙값(Q2)을 구한다. 전체 데이터의 개수는 13개이므로 $\frac{n+1}{2} = \frac{14}{2} = 7$번째 값이 중앙값(Q2)이다. 즉, 8이 중앙값(Q2)이 된다.

이 중앙값(Q2)을 기준으로 작은 집단과 큰 집단의 중앙값을 각각 구하면 Q1과 Q3를 구할 수 있다. 작은 집단의 중앙값(Q1)은 5가 되고, 큰 집단의 중앙값(Q3)은 13이 된다. 따라서 이 데이터의 1사분위수(Q1)는 5, 2사분위수(Q2)는 8, 3사분위수(Q3)는 13이다.

MS Excel을 이용하여 사분위수를 계산할 경우 @QUARTILE함수를 이용하여 간단하게 구할 수 있다. 즉, @QUARTILE(number 1, number 2, ..., [사분위수 옵션])을 입력하면 각각의 사분위수가 바로 계산된다. [사분위수 옵션]에 1을 입력하면 1사분위수, 2를 입력하면 2사분위수, 3을 입력하면 3사분위수가 계산된다. 위 데이터에 대해 1사분위수를 계산하면 아래 그림과 같다.

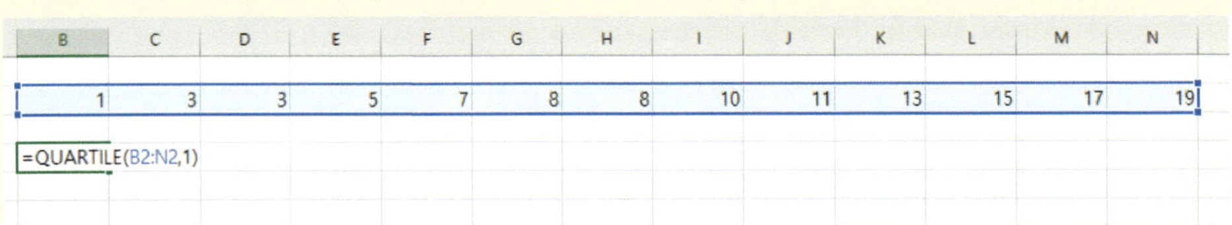

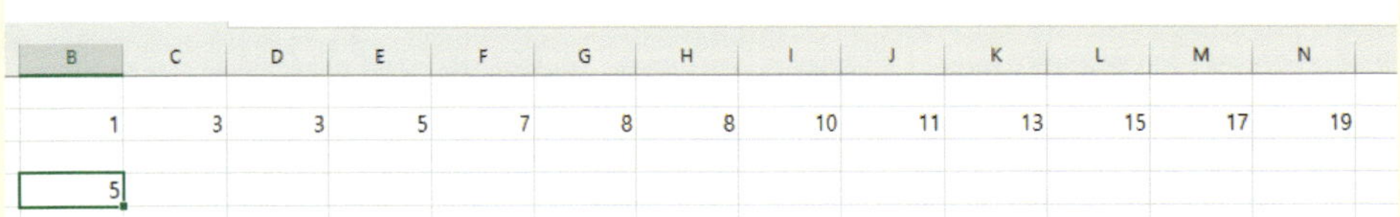

(나) 산포경향

데이터들의 분포가 얼마나 밀집되어 있는가 혹은 분산되어 있는가를 나타내는 통계량을 산포경향(variability)이라 한다. 산포경향을 나타내는 통계량으로 범위, 분산, 표준편차, 변동계수 등이 있다.

① 범위(range)

주어진 데이터에서 가장 큰 값과 가장 작은 값의 차이를 의미한다. 아래와 같은 산식으로 구할 수 있다.

$$R = x_{\max} - x_{\min}$$

범위 계산 예시

아래 데이터에서 범위를 구해보자.

1, 3, 3, 5, 7, 8, 8, 10, 11, 13, 15, 17, 19

풀이

데이터에서 최솟값은 1이고 최댓값은 19이다. 따라서 범위=19−1=18이다.

MS Excel에서 범위를 구하기 위해서는 최댓값과 최솟값을 각각 구하여 계산해야 한다. Excel에서 최댓값은 @MAX함수, 최솟값은 @MIN함수를 이용하여 구할 수 있다. 위 데이터에 대해 Excel을 이용하여 최댓값과 최솟값을 구하면 아래 그림과 같다.

② 분산(variance)

평균으로부터 각 데이터들이 떨어져 있는 차이를 제곱한 합을 모두 더한 후 데이터의 수로 나눈 값으로, 이것이 클수록 데이터들이 평균으로부터 많이 떨어져 있다는 것을 의미한다. 즉 데이터의 흩어짐의 정도가 크다고 볼 수 있다. 아래와 같은 산식으로 구할 수 있다.

$$\text{모분산}:\ \sigma^2 = \frac{\sum(x_i-\mu)^2}{N}$$

$$\text{표본분산}:\ s^2 = \frac{\sum(x_i-\overline{x})^2}{n-1}$$

분산 계산 예시

아래 표본 데이터에서 분산을 구해보자.

1, 3, 3, 5, 7, 8, 8, 10, 11, 13, 15, 17, 19

풀이

평균은 $\overline{x} = \frac{1}{n}(x_1+x_2+\cdots+x_n) = \frac{1}{n}\sum x_i$이므로,

$\overline{x} = \frac{1}{13}(1+3+3+5+7+8+8+10+11+13+15+17+19) = 9.23$이다.

분산은 $s^2 = \frac{\sum(x_i-\overline{x})^2}{n-1} = \frac{1}{12}\{(1-9.23)^2+(3-9.23)^2+(5-9.23)^2+(7-9.23)^2+(8-9.23)^2+(8-9.23)^2+(10-9.23)^2+(13-9.23)^2+(13-9.23)^2+(15-9.23)^2+(17-9.23)^2+(19-0.23)^2\}=31.526$이다.

MS Excel에서 분산을 구하려면 @VAR함수를 이용하면 된다(모집단에 대한 분산은 @VAR.P함수를 사용하고 표본에 대한 분산은 @VAR.S함수를 이용한다). 위 문제에 대해 Excel로 표본분산을 계산하면 아래 그림과 같다.

B	C	D	E	F	G	H	I	J	K	L	M	N
1	3	3	5	7	8	8	10	11	13	15	17	19
=VAR.S(B2:N2)												

B	C	D	E	F	G	H	I	J	K	L	M	N
1	3	3	5	7	8	8	10	11	13	15	17	19
31.52564												

③ 표준편차(standard deviation)

표준편차는 분산과 같이 데이터들의 흩어짐의 정도를 표현하는 내용은 같으나 산식이 분산의 제곱근을 취한다. 산식은 아래와 같다.

$$\text{모표준편차} : \sigma = \sqrt{\sigma^2} = \sqrt{\frac{\sum(x_i - \mu)^2}{N}}$$

$$\text{표본표준편차} : s = \sqrt{s^2} = \sqrt{\frac{\sum(x_i - \bar{x})^2}{n-1}}$$

표준편차 계산 예시

아래 표본 데이터에서 표준편차를 구해보자.

1, 3, 3, 5, 7, 8, 8, 10, 11, 13, 15, 17, 19

풀이

위 데이터는 앞서 분산을 구하는 예제 데이터와 동일하다.

표본표준편차 $s = \sqrt{s^2} = \sqrt{\frac{\sum(x_i - \bar{x})^2}{n-1}} = \sqrt{31.526} = 5.615$이다.

MS Excel에서 표준편차를 구하려면 @STDEV함수를 이용하면 된다(모집단에 대한 표준편차는 @STDEV.P함수를 사용하고 표본에 대한 표준편차는 @STDEV.S함수를 이용한다). 위 문제에 대해 Excel로 표본표준편차를 계산하면 아래 그림과 같다.

B	C	D	E	F	G	H	I	J	K	L	M	N
1	3	3	5	7	8	8	10	11	13	15	17	19
@STDEV.S(B2:N2)												

B	C	D	E	F	G	H	I	J	K	L	M	N
1	3	3	5	7	8	8	10	11	13	15	17	19
5.61477												

④ 변동계수(CV : coefficient of variation)

서로 다른 단위를 가진 데이터 간에는 데이터의 산포경향을 표준편차 그 자체만으로 직접 비교하기가 어렵다. 또한 같은 단위라 하더라도 평균값이 클 경우 표준편차도 커지는 경향을 가지기 때문에 두 데이터 집단 간에 산포경향을 표준편차 자체만을 이용하여 직접 비교하기가 어려울 수 있다. 따라서 이러한 경우에 서로 다른 데이터 간의 산포경향을 비교하기 위해 변동계수를 사용한다. 변동계수는 아래와 같이 단위를 보정하여 사용한다.

$$CV = \frac{s}{x} \text{ 또는 } \frac{s}{x} \times 100\%$$

MS Excel을 활용한 데이터의 수치적 표현

데이터에 대한 중심경향과 산포성향에 대한 예제 설명 시 각각의 값들을 MS Excel함수를 사용하여 계산하는 방법과 예시를 설명하였다. MS Excel에 내장된 통계분석 도구인 [데이터 분석] 메뉴를 사용하면 기술통계량을 한꺼번에 확인할 수 있다. MS Excel의 통계분석 도구를 활용하여 중심경향과 산포성향을 모두 포함하여 기술통계량을 확인하는 방법을 아래 예제를 통하여 알아보자.18)

〈기술통계량 예제〉

아래 데이터는 1부터 100까지의 임의의 정수를 난수로 생성한 결과이다. 이 데이터를 이용하여 기술통계량을 MS Excel로 확인해 보자.19)

100	74	73	32	42	30	98	94	86	52
89	45	72	14	74	27	15	91	46	92
25	13	82	20	6	55	74	83	98	5
28	69	7	15	87	24	46	36	4	32
56	9	54	96	61	50	42	75	28	58

- 위 데이터를 MS Excel에 입력한 후 메뉴의 [데이터]→[데이터 분석]을 선택한다. 아래 그림과 같이 [통계 데이터 분석] 창이 뜰 것이다.

18) MS Excel의 통계분석 도구인 [데이터 분석] 메뉴는 MS Excel 최초 설치 시에 메뉴에 나타나지 않는다. MS Excel에 내장되어 있어 활성화를 시켜 주어야만 메뉴에 나타난다. 활성화 방법에 대해서는 이 장의 마지막에 설명되어 있으니 아직 MS Excel 통계분석 도구를 사용하고 있지 않은 경우에는 활성화한 후 사용하면 된다.

19) 1에서 100까지의 정수를 MS Excel에서 난수로 생성하려면 "@RANDBETWEEN(1, 100)"을 사용하면 된다.

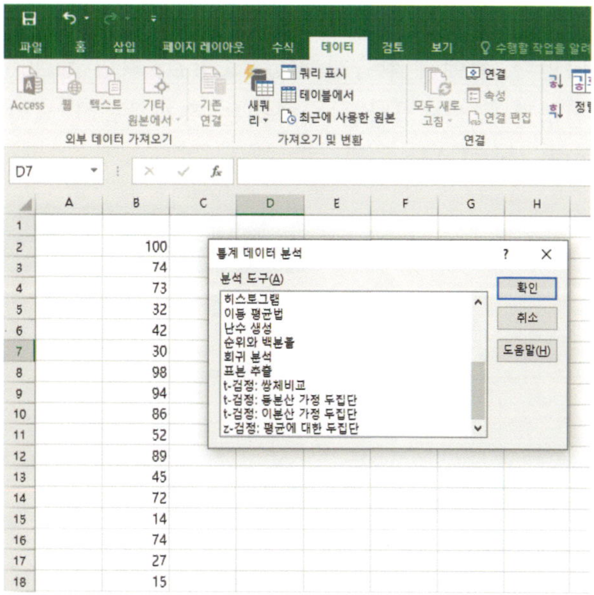

• [기술통계법]을 선택하고 [확인]을 클릭한다.

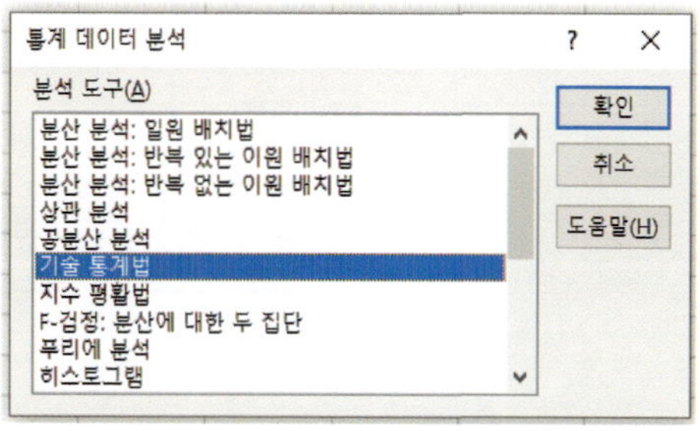

• [입력 범위]에 데이터가 입력된 셀의 범위를 지정해 주고, 출력옵션에서 요약통계량을 선택한 후 [확인]을 클릭한다.

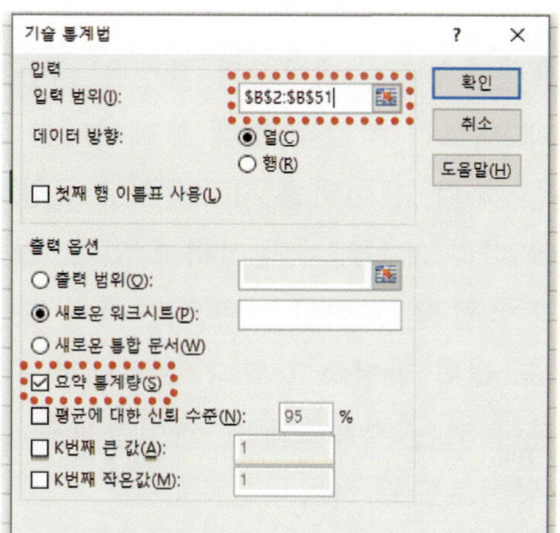

• 새로운 시트가 생성되면서 기술통계량 요약값들이 아래 그림과 같이 나타난다. 위에서 학습한 평균, 중앙값, 최빈값, 표준편차, 분산, 범위 등 중심경향과 산포성향을 나타내는 통계값들이 요약되어 나타나는 것을 확인할 수 있다.

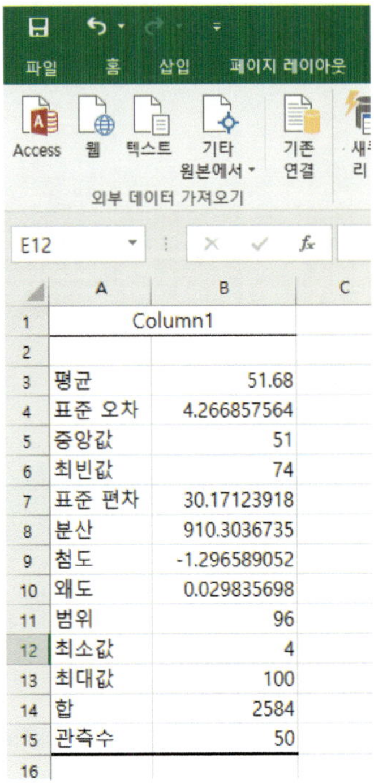

	Column1
평균	51.68
표준 오차	4.266857564
중앙값	51
최빈값	74
표준 편차	30.17123918
분산	910.3036735
첨도	-1.296589052
왜도	0.029835698
범위	96
최소값	4
최대값	100
합	2584
관측수	50

1.3.2 기술통계 기초 : 데이터의 시각적 표현

수치적 표현만으로는 데이터의 특성을 직관적으로 파악하기가 어려울 수 있다. 그래프 또는 시각적 형태로 데이터를 표현할 경우 직관적으로 파악하기가 용이하다. 데이터를 시각적으로 표현하는 기법은 다양할 뿐만 아니라 목적에 따라 계속해서 발전하고 있다. 최근에는 정보기술의 발전과 사용자 환경이 웹 및 모바일 기반으로 자리 잡음에 따라 동적 형태의 시각적 표현기법도 많이 발전하고 있다. 본절에서는 데이터의 시각적 표현기법 중 가장 기본이 되는 막대그래프, 파이그래프, 히스토그램, 상자그림, 산점도에 대해 알아보도록 하자.

① 막대그래프(Bar Plot)

막대그래프는 각 범주에 해당하는 빈도수의 크기를 막대 형태로 나타내어 비교하는 가장 기본적인 그래프이다. 범주형 자료를 표현하는 그래프이므로 연속형 자료일 경우에는 이산화(discretization)를 수행하여 연속형 자료를 범주화한 후 작성해야 한다. 각 범주에 대해 상대빈도수를 표현하여 상대적 비중을 비교하는 형태로 작성하는 것도 일반적인 방법이다.

MS Excel로 막대그래프 그리기

어떤 학기의 품질경영 교과목 수강생 60명의 성적 분포가 아래와 같다고 하자. 이 데이터를 막대그래프로 표현해 보자.

등급	A+	A0	B+	B0	C+	C0	D	F
인원수	2	6	16	20	8	4	2	2

- MS Excel 시트에 데이터를 입력한 후, 데이터가 입력된 범위 전체를 선택한다.

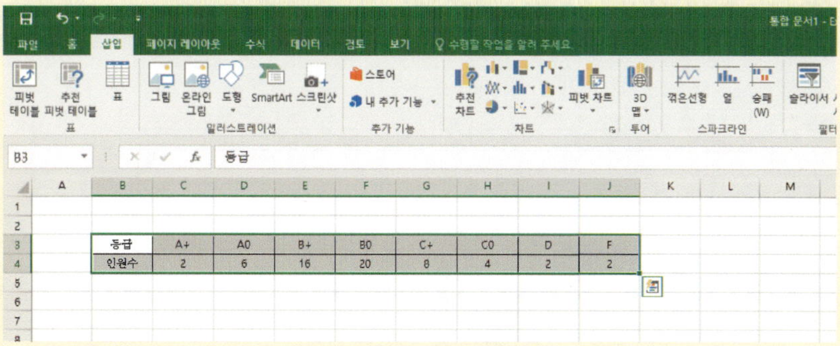

- 메뉴의 [삽입] → [차트] → [세로 또는 가로 막대형 차트 삽입]을 선택하면 표현 가능한 막대그래프가 나타난다. 이 중에서 원하는 형태를 선택한다.[20]

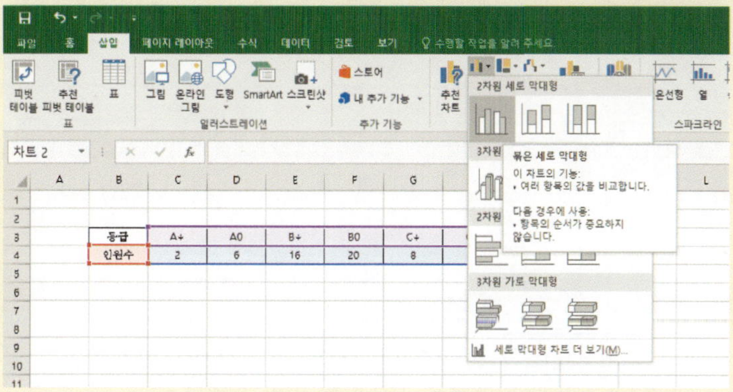

• [묶은 세로 막대형]을 선택하면 아래 그림과 같이 막대그래프를 표현해 준다.

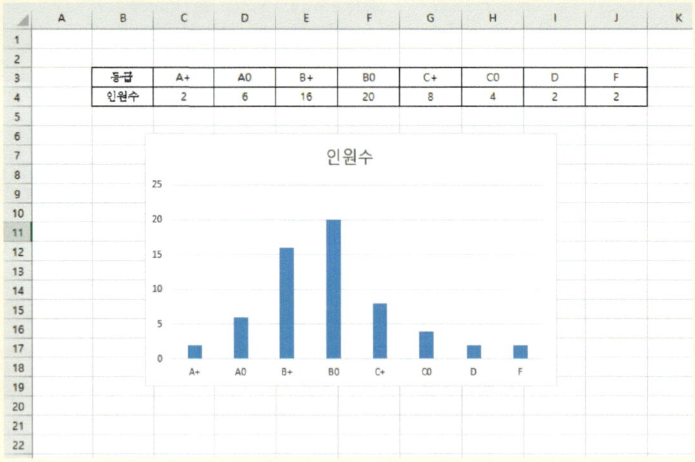

• 아래 그림과 같이 그래프 우측상단을 클릭하면 차트요소와 차트스타일을 변경할 수 있다. 즉 그래프에서 제목, 축이름, 데이터 표현, 그래프 형태 변경 등 그래프를 정교하게 만들 수 있는 메뉴들이 나타난다.

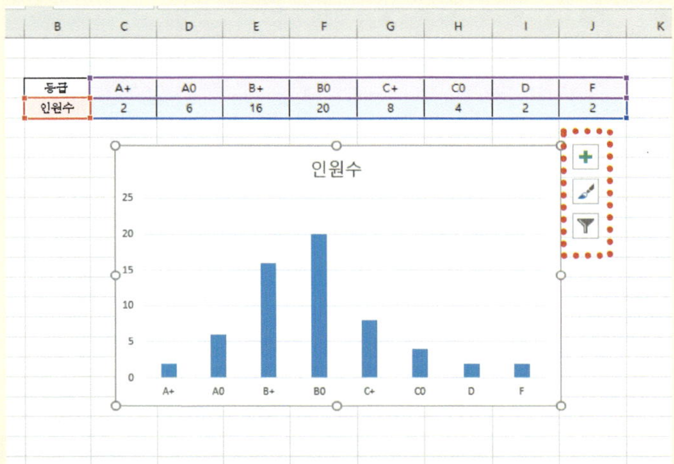

20) [삽입] → [차트] → [추천차트]를 선택하면 막대그래프를 포함하여 가장 활용도가 높은 차트들이 나타나므로 [추천차트] 메뉴를 사용하여 선택하는 방법도 좋다.

• 본인이 원하는 형태로 그래프를 정리한다. 아래 그림에서는 그래프 제목, 축제목, 각 막대마다 빈도수를 표현하도록 조정한 후 막대그래프 작성을 완료하였다.

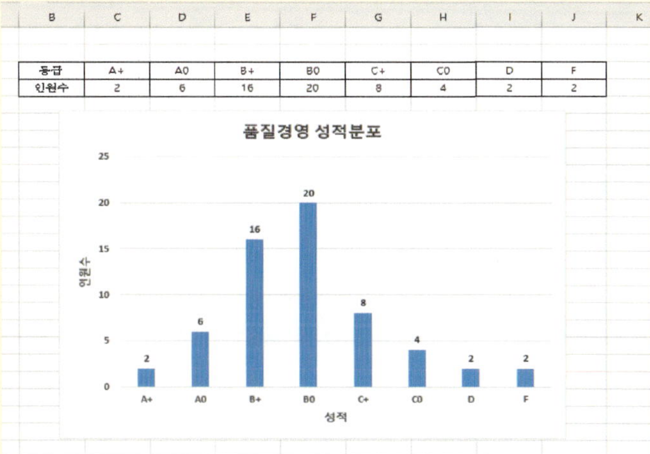

② 파이그래프(Pie Plot)

파이그래프는 원을 그린 후, 각 범주에 해당하는 빈도수의 비중을 각도에 비례하도록 분할하여 표현한 그래프이다. 따라서 각 항목의 각도는 상대빈도수$\times 360^{\circ}$가 된다. 각 범주의 비율을 비교하는 측면에서 표현력이 우수한 방법이다.

MS Excel로 파이그래프 그리기

위의 막대그래프 그리기 예제를 파이그래프로 표현해 보자.

• 다른 방법은 동일하고 차트 선택을 파이차트로 하는 것만 차이가 난다. 즉, 메뉴의 [삽입]→[차트]→[원형 또는 도넛형 차트 삽입]을 선택하면 표현 가능한 파이그래프가 나타난다. 이 중에서 원하는 형태를 선택한다.

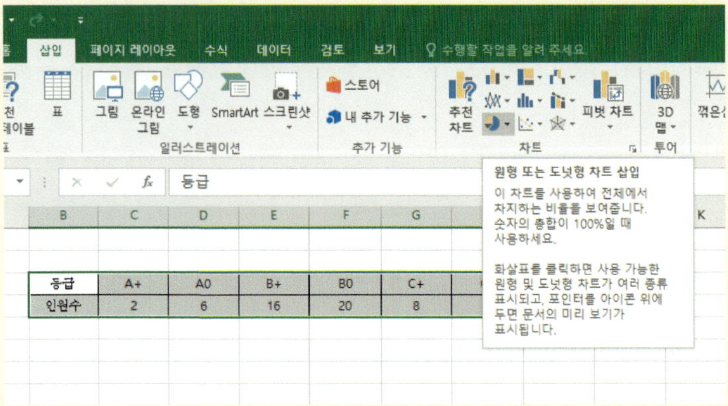

• [2차원 원형]을 선택하면 아래 그림과 같은 파이그래프를 표현해 준다.

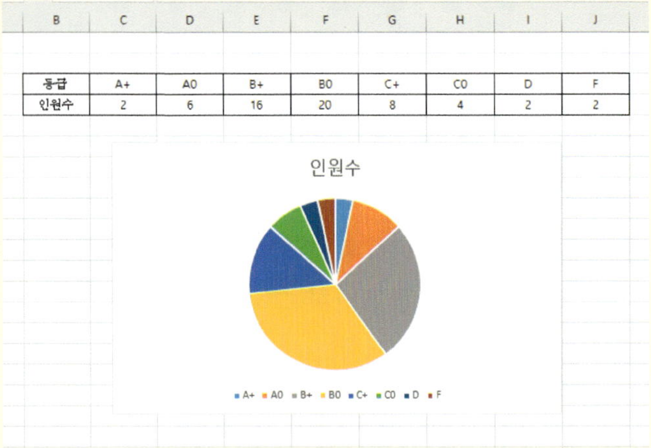

• 그래프 우측상단의 차트요소, 차트스타일을 클릭하여 그래프를 본인이 원하는 형태로 편집하여 완성시킨다.

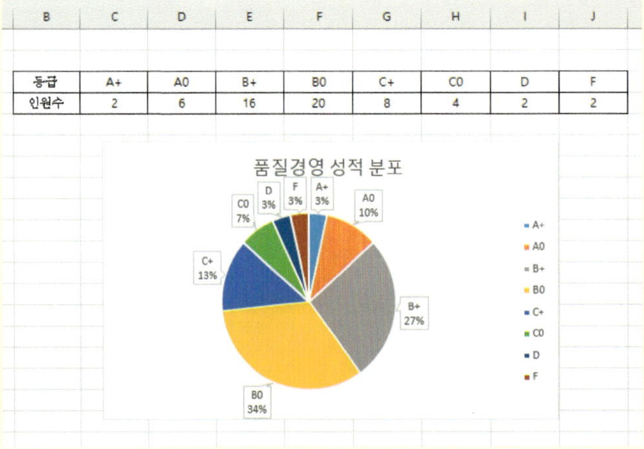

③ 히스토그램(Histogram)

연속형 데이터에 대해 구간(계급)을 나누어 각 구간(계급)에 해당하는 빈도수를 계산하여 막대 형태로 나타낸 그래프를 히스토그램이라 한다. 히스토그램을 통해 연속형 데이터에 대한 분포의 형태를 개략적으로 판단할 수 있다. 히스토그램을 그릴 때에는 구간의 개수(구간의 범위)를 어떻게 설정하느냐에 따라 그 형태가 달라질 수 있으므로 구간의 개수에 유의해야 한다. 구간 개수를 설정하는 통계적 이론으로 스터게스(sturges) 공식(계급수 $=1+3.3\times\log(n)$)을 사용할 수 있으나, 구간을 여러 가지로 조정해 가면서 히스토그램 분포의 형태가 어떻게 변화되는지를 탐색적으로 확인해 보는 방법이 좋다.

MS Excel로 히스토그램 그리기

30명의 학생에 대해 키를 측정한 데이터가 아래와 같이 주어졌다고 해 보자. 이 데이터를 이용하여 히스토그램을 그려보자.

- 30명의 키 측정 데이터를 Excel 시트에 입력한 후 데이터가 입력된 셀의 범위를 설정한다.

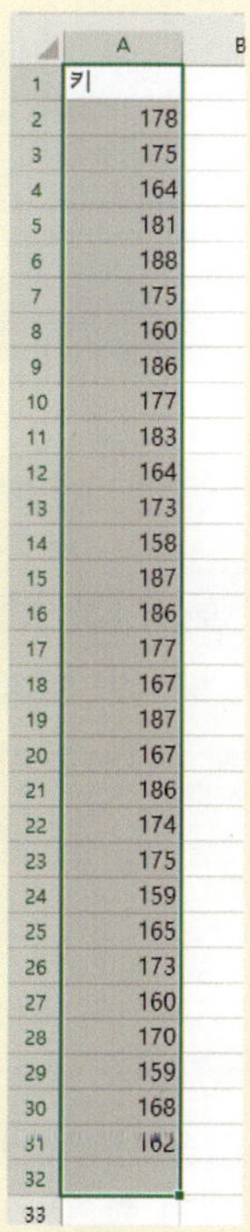

	A	B
1	키	
2	178	
3	175	
4	164	
5	181	
6	188	
7	175	
8	160	
9	186	
10	177	
11	183	
12	164	
13	173	
14	158	
15	187	
16	186	
17	177	
18	167	
19	187	
20	167	
21	186	
22	174	
23	175	
24	159	
25	165	
26	173	
27	160	
28	170	
29	159	
30	168	
31	162	
32		
33		

• [메뉴] → [삽입] → [차트] → [통계 차트 삽입]을 선택한 후 히스토그램을 선택하면, 아래 그림과 같이 히스토그램이 생성된다.[21)]

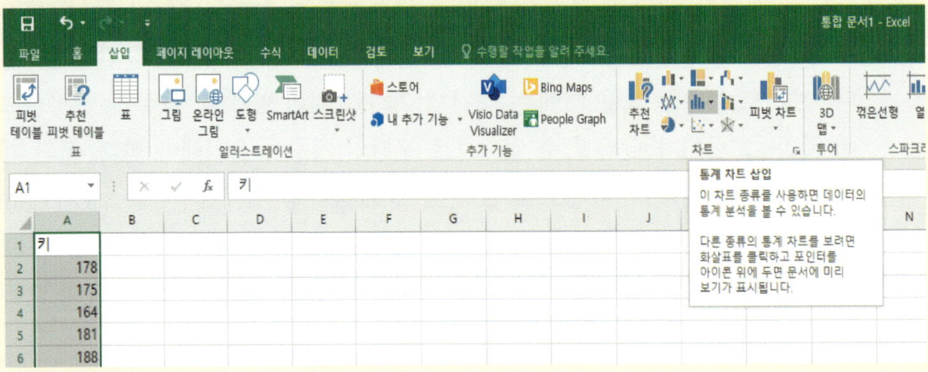

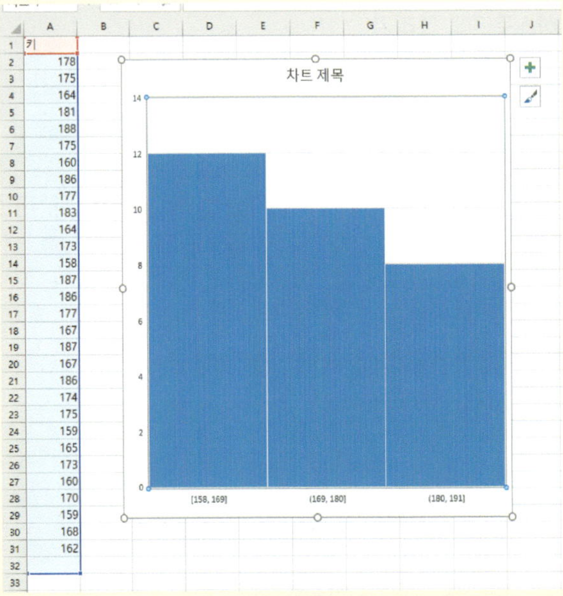

• 그래프 우측상단의 차트요소에서 축서식을 선택하면 아래 그림과 같이 계급구간의 너비와 계급구간의 수를 조정할 수 있다. 계급구간의 수에 따라 히스토그램 분포의 형태가 달라질 수 있기 때문에 여러 가지 구간으로 조정하면서 분포를 탐색해 본다.

---

21) 앞서 사용했던 [데이터] → [데이터 분석]을 선택하면 나타나는 [통계 데이터 분석] 패키지에도 히스토그램 작성 메뉴가 있다. [통계 데이터 분석] 패키지에서 제공하는 메뉴가 차트 그리기보다 더 정교한 히스토그램을 제공한다.

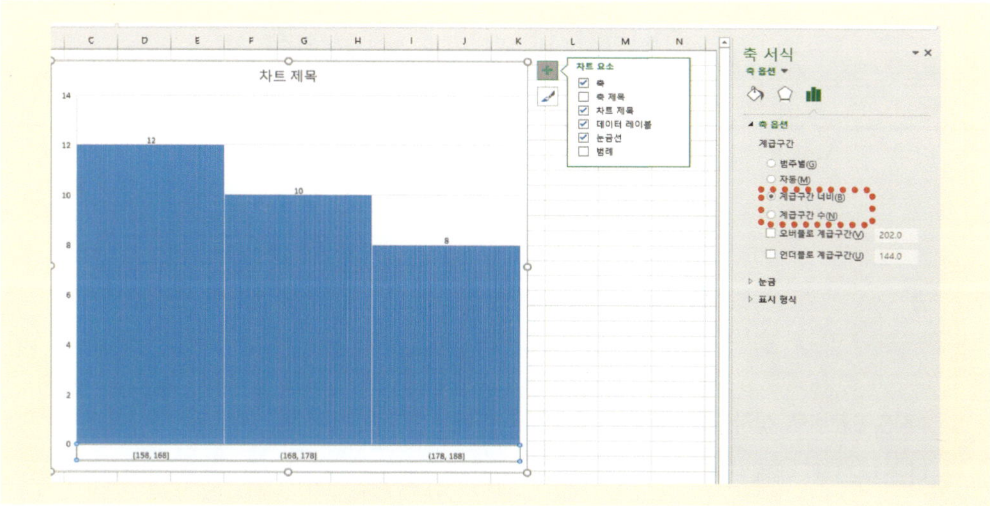

④ 상자그림(Box Plot)

상자그림은 앞서 학습했던 사분위수(Q1, Q2, Q3)와 최댓값, 최솟값 등 다섯 가지 데이터 요약 수치를 하나의 그림에 모두 표현한 시각화 자료이다. 이 상자그림을 통해 여러 가지 기초 기술통계량을 한꺼번에 파악하고 자료의 분포를 한눈에 파악할 수 있을 뿐만 아니라, 이상치(outlier)를 파악하기에 적합하여 활용도가 높은 시각화 도구이다.

상자그림은 [그림 1-8]과 같이 표현되며, 다음의 순서로 그린다.

- 중앙값, 사분위수, 사분위범위(IQR : Inter-Quartile Range)[22]를 계산한다.
- 사분위범위를 이용하여 최댓값, 최솟값을 계산한다. $Q_3 + IQR \times 1.5$ 범위 안에서 가장 큰 데이터 값이 최댓값이 되고, $Q_1 - IQR \times 1.5$ 범위 안에서 가장 작은 데이터 값이 최솟값이 된다. 그 범위를 벗어난 값들은 이상치(outlier)로 간주한다.
- 상자와 수염을 이용하여 자료를 표현한다. 상자의 맨 아래는 1사분위수(Q1)가 되고, 상자의 맨 위는 3사분위수(Q3)가 된다.

---

22) 사분위범위는 3사분위수(Q3)에서 1사분위수(Q1)를 뺀 값이다. 즉, $IQR = Q_3 - Q_1$이다. 사분위범위는 이상치(outlier)의 영향을 거의 받지 않는 값의 범위로 간주된다.

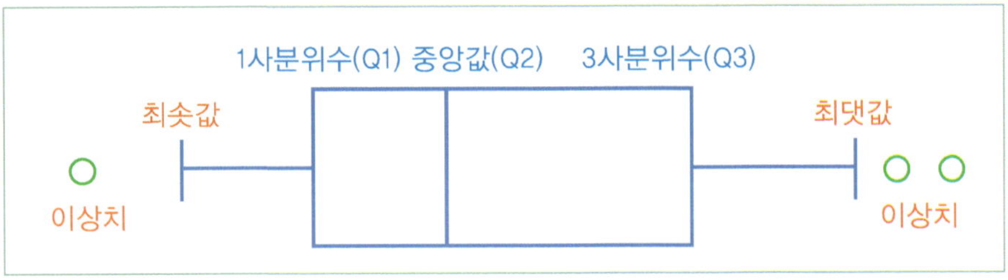

[그림 1-8] 상자그림

MS Excel로 상자그림 그리기

위 히스토그램 예제에서 사용한 30명의 학생에 대한 키 측정 데이터를 이용하여 상자그림을 그려보자.

- 30명의 키 측정 데이터가 입력된 셀의 범위를 선택한 후, [메뉴]→[삽입]→[차트]→[통계 차트 삽입]을 선택한 후, 상자수염그림을 선택한다. 아래 그림과 같이 상자그림이 생성된다.

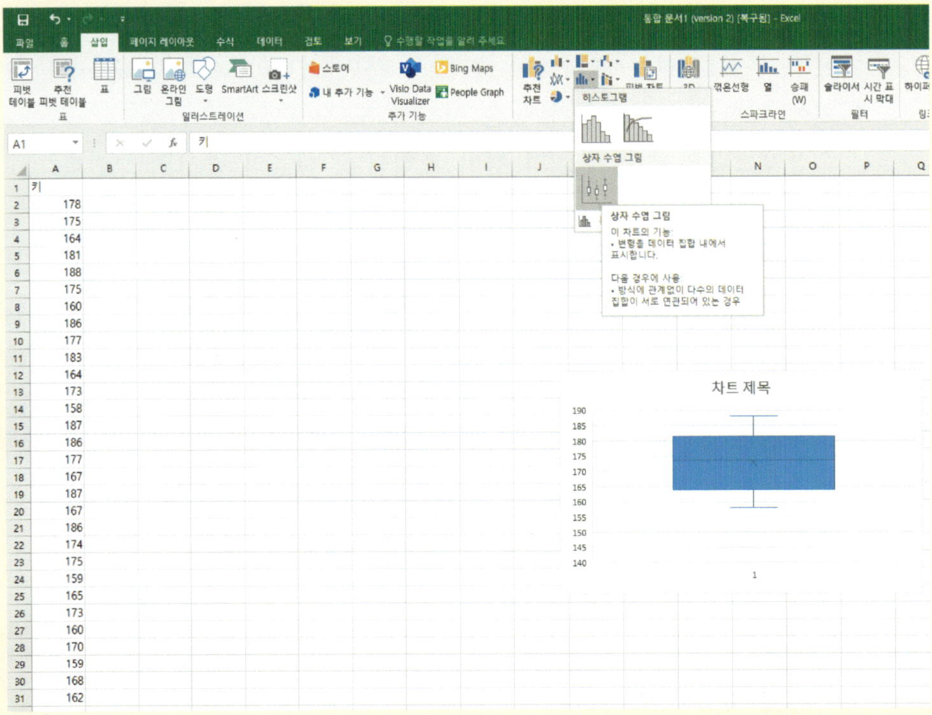

• 그래프 우측상단의 차트요소에 나타나는 항목들을 조정하여 본인이 원하는 형태로 그래프를 수정한다.

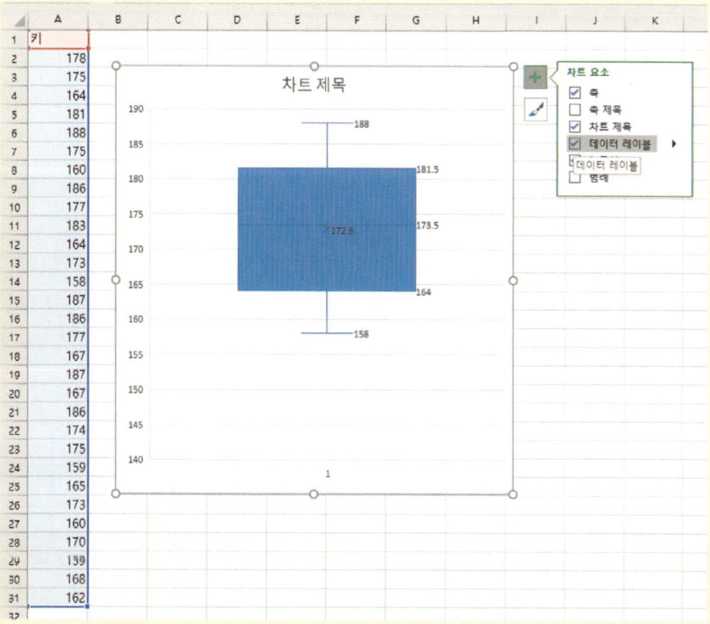

• 최종적으로 표현된 상자그림은 아래와 같다. 그림을 보면 1사분위수(Q1)는 164, 중앙값(Q2)은 173.5, 3사분위수(Q3)는 181.5임을 알 수 있다. 또한, 평균값은 x로 표기되어 있으며 172.8이다. 마지막으로 최댓값은 188, 최솟값은 158임이 표현되어 있다. 이 데이터의 경우 이상치는 없으므로 최댓값과 최솟값을 벗어나 점으로 표시된 데이터는 없는 것을 알 수 있다.

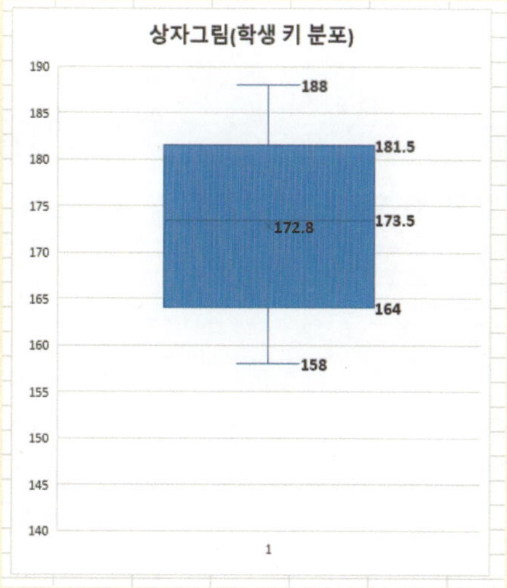

⑤ 산점도(Scatter Plot)

산점도는 관측되는 개체들이 두 개 이상의 연속형 변수를 가질 때, 각 변수 간의 관계를 시각적으로 표현하여 그 관계를 살펴보는 시각화 도구이다. 즉, 산점도는 두 연속형 변수의 대응 데이터를 평면 좌표에 점으로 찍어봄으로써 두 변수 간에 상관성을 확인할 수 있다.

MS Excel로 산점도 그리기

제품 A에 대한 광고비 지출이 판매액과 관계가 있는지를 알아보기 위해, 지난 10개월간 매월 지출한 광고비와 판매액을 조사하여 아래와 같이 정리하였다. 광고비와 매출액에 대한 산점도를 그려서 두 변수 간에 관계가 있는지를 탐색해 보자.

(단위 : 천만원, 억원)

월	1월	2월	3월	4월	5월	6월	7월	8월	9월	10월
광고비	2	2	3	4	5	5	6	7	7	8
판매액	16	8	20	14	22	30	38	32	46	40

• MS Excel 시트에 월별 광고비와 판매액 데이터를 입력한다.

	A	B
1	광고비	판매액
2	2	16
3	2	8
4	3	20
5	4	14
6	5	22
7	5	30
8	6	38
9	7	32
10	7	46
11	8	40
12		

• [삽입]→[차트]→[분산형(X, Y) 또는 거품형 차트 삽입]을 선택한 후, [분산형]을 선택한다.

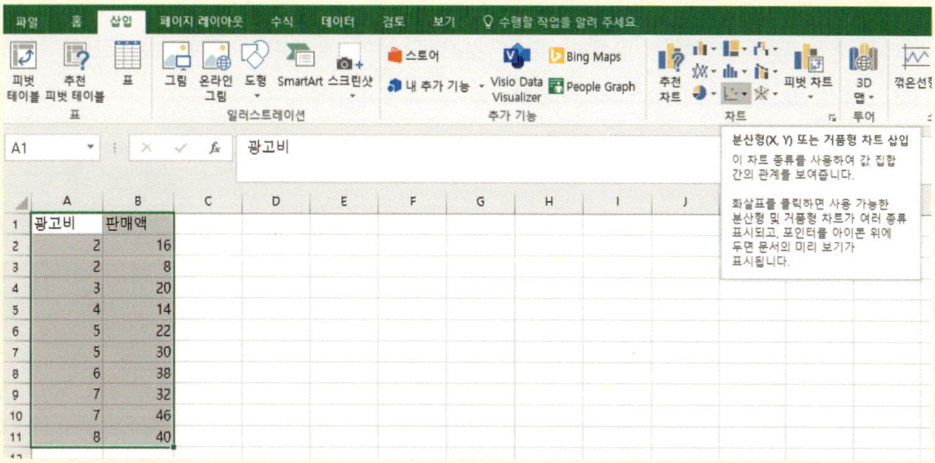

• 그래프 우측상단의 차트요소, 차트스타일을 클릭하여 그래프를 본인이 원하는 형태로 편집하여 완성시킨다.

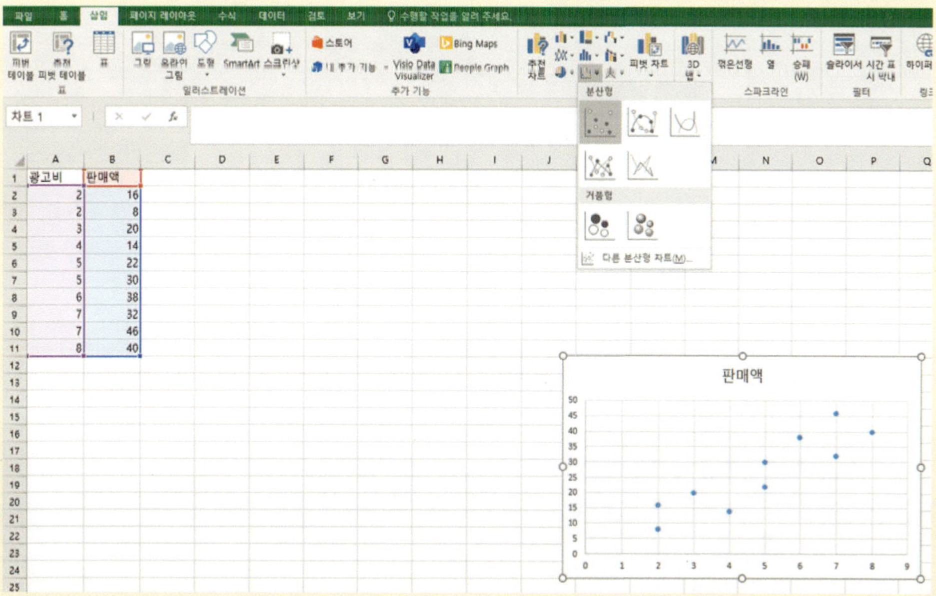

• 완성된 산점도를 보면 광고비와 판매액은 관계가 있는 것으로 판단되며, 특히 점들의 분포가 우상향하는 경향이 있는 것으로 보아 광고비와 판매액은 정(+)의 상관관계가 있음을 시각적으로 확인할 수 있다.

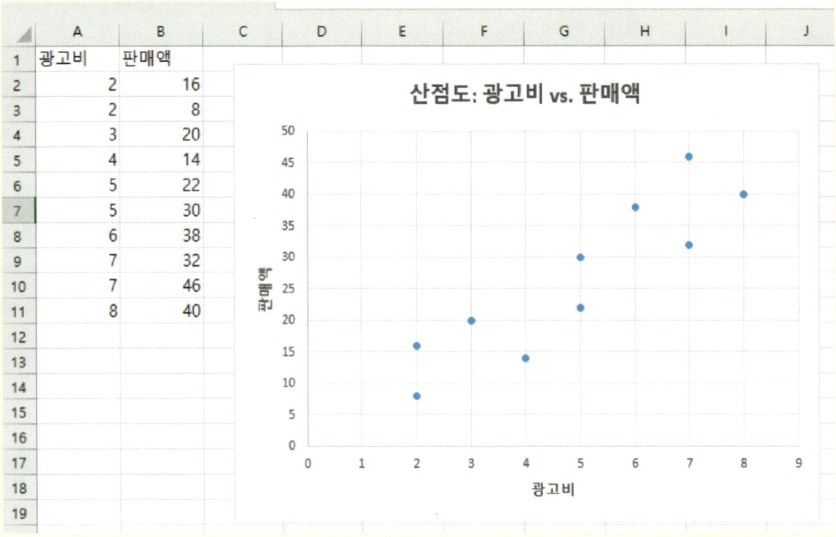

1.3.3 확률과 확률변수

통계학 중 추정 및 가설검정을 위주로 하는 추론통계학(inference statistics)은 기본적으로 확률이론을 기본으로 하고 있다. 따라서 이번 절에서는 확률의 기본적인 개념에 대해서 살펴보고자 한다.

(가) 확률의 정의와 성질

확률(probability)이란 어떠한 사건이나 결과가 발생할 가능성을 나타내는 수치적 표현을 말한다. 예를 들어 "우리가 주사위를 한 번 던졌을 때 1의 눈이 나올 확률은 얼마인가?"라고 물었을 때, 이 의미는 주사위를 던졌을 때 나올 수 있는 사건인 1, 2, 3, 4, 5, 6 중 1의 눈이 나올 가능성이 얼마인지에 대해 수치로 답변할 것을 요구하는 물음인 것이다. 여기서 사건이 발생할 수 있는 전체 집합인 {0, 1, 2, 3, 4, 5, 6}을 표본공간(sample space)이라

하고 1의 눈이 나오는 일을 사건(event)이라고 한다. 표본공간을 구성하는 각 원소들의 발생가능성이 동일하다면 1의 눈이 나오는 사건이 발생할 확률은 전체 표본공간에서 1의 눈이 나오는 사건이 차지하는 비율이 된다. 이러한 확률을 수학적 확률이라 한다.[23]

수학적 확률의 정의

표본공간 Ω가 n개의 원소로 이루어져 있고 각 원소들의 발생가능성은 동일하다고 하자. 사건 A가 m개의 원소로 이루어져 있다면, 사건 A가 일어날 확률 $P(A)$는 다음과 같이 정의된다.

$$P(A) = \frac{A\text{에 속하는 원소의 개수}}{\Omega\text{에 속하는 원소의 개수}} = \frac{m}{n}$$

이러한 수학적 확률은 사전에 표본공간을 정의할 수 있고 표본공간의 모든 원소의 발생가능성이 동일하다는 가정하에 있으므로 실제 발생하는 모든 현상을 이와 같은 규칙을 기반으로 정의하기는 곤란하다. 이러한 경우에는 실제 발생한 빈도를 기준으로 발생가능성인 확률을 계산하는데, 대상이 되는 어떤 현상을 발생시키는 실험을 무한히 반복한다고 가정하고 수렴하는 값을 통계적 확률 혹은 경험적 확률이라 한다.

통계적 확률의 정의

동일한 실험을 n번 반복할 때, 사건 A가 발생하는 횟수를 $n(A)$라고 하면, 사건 A의 상대도수는 $\frac{n(A)}{n}$가 된다. 실험 횟수 n이 증가함에 따라 상대도수 $\frac{n(A)}{n}$가 일정한 값에 수렴하면 이를 통계적 확률 $P(A)$라 하고 아래와 같이 정의된다.

$$P(A) = \lim_{n \to \infty} \frac{n(A)}{n}$$

이후 이론적 엄밀성을 위해 Kolmogrov가 확률의 정의를 위한 공리를 정리하였으며, 아래의 성질을 만족시키는 것을 확률로 정의한다.

23) 이러한 수학적 확률의 개념은 17세기 파스칼과 페르마 등이 도박과 관련한 문제를 해결하는 과정에서 정립된 것으로, 고전적 확률이라고도 한다.

• 표본공간 $O_1, O_2, \ldots, O_n$에서 O_i를 i번째 사건이라고 하면 다음이 성립한다.

$$0 \leq P(O_i) \leq 1$$
$$P(O_1) + P(O_2) + \ldots + P(O_n) = 1$$

• 표본공간상에서 어떤 사건을 A라고 한다면 표본공간상에서 사건 A를 제외한 나머지 사건을 A의 여사건이라 하고 A^c로 표기한다. 또한 두 사건이 공통의 결과를 가지지 않으면 상호 배타적(mutually exclusive)이라고 하며 다음이 성립한다.

$$P(A^c) = 1 - P(A)$$

사건 A와 사건 B가 상호 배타적이라면

$$P(A \text{ or } B) = P(A) + P(B)$$

사건 A와 사건 B가 상호 배타적이 아니라면

$$P(A \text{ or } B) = P(A) + P(B) - P(A \text{ and } B)$$

(나) 확률변수

우리는 어떤 사건의 발생결과에 대해 수치를 부여할 수 있다. 앞서 예로 든 주사위를 한 번 던지는 경우 발생하는 사건은 1의 눈이 나오는 경우, 2의 눈이 나오는 경우, 3의 눈이 나오는 경우, 4의 눈이 나오는 경우, 5의 눈이 나오는 경우, 6의 눈이 나오는 경우 등 총 여섯 가지의 사건이 발생하게 된다. 이 각각의 사건이 발생하는 경우에 우리는 1, 2, 3, 4, 5, 6이라는 숫자를 부여할 수 있을 것이다. 또 이것을 변수화하여 사건이 발생하는 변수를 X라 칭하면 이 X는 1, 2, 3, 4, 5, 6이라는 숫자를 임의적으로 가질 수 있다. 이 변수 X를 우리는 확률변수(random variable)라고 한다. 다시 말하면 확률변수란 표본공간상에 나타나는 모든 표본들을 수치화시키는 규칙이라 할 수 있다. 예를 들어 하나의 주사위를 던져 나온 주사위 눈을 확인한다고 했을 때 짝수가 나오는 경우와 홀수가 나오는 경우를 구분하고 싶다고 하자. 이러한 경우에 사건은 짝수가 나오는 경우(2, 4, 6의 눈이 나오는 경우)와 홀수가 나오는 경우(1, 3, 5의 눈이 나오는 경우) 두 가지만 있게 된다. 우리가 이 사건에 대해 확률변수를 X라고 한다면 이 X는 두 가지의 확률변숫값을 가지게 된다는 의미이다. 우리가 임의로 짝수가 나오는 경우의 X값을 0이라고 하고, 홀수가 나오는 경우의 X값을 1이라 하기로 정했다고 하자. 이 경우에 확률변수 X가 가질 수 있는 값은 0 또는 1이 된다. 만약 우리가 관심을 가지는 사건이 짝수가 나오느냐 혹은 홀수가 나오느냐가 아니라 주사위를 한 번 던졌을 때 나오는 눈의 수 그 자체가 관심인 사건이고 이것을 확률변수 X라고 한다면 이 경우에는 확률변수 X는 1, 2, 3, 4, 5, 6의 숫자를 가질 수 있게 된다. 이와 같이 확률변수란 발생하는 사건들에 대해 임의로 수치를 부여하는 규칙이라는 것이 어떤 의미인지를 이해할 수 있을 것이다.

이러한 확률변수는 두 가지 종류로 구분할 수 있는데, 이산확률변수와 연속확률변수가 그것이다.

- 이산확률변수(discrete probability variable) : 이산확률변수는 앞서 예로 든 주사위 눈의 경우와 같이 구분할 수 있는 명확한 값을 변숫값으로 가진다. 즉 확률변수가 가질 수 있는 값을 명확히 셀 수 있는 변수를 말한다.
- 연속확률변수(continuous probability variable) : 키나 몸무게, 시간 등 변숫값이 정수와 같이 명확하게 나누어 표기하기가 어려운 경우들이 있는데, 이렇게 확률변수가 연속적인 실수형의 수치로 표기되어 가능한 변숫값의 개수를 명확히 구분하여 셀 수 없는 변수를 연속확률변수라 한다.

1.3.4 확률분포

확률변수는 표본공간상에서 발생하는 관심 있는 사건에 대해 수치를 부여한 것이기 때문에 기본적으로 그에 대응하는 확률값을 가지게 된다. 이러한 확률변수가 가질 수 있는 값과 그에 대응하는 확률을 표현한 것을 확률분포(probability distribution)라고 한다. 우리가 흔히 보듯이 〈표 1-2〉는 주사위를 한 번 던졌을 때 나타날 수 있는 눈의 수와 그 확률을 표현한 표이다. 이 표를 통해 확률변수가 가질 수 있는 값이 1, 2, 3, 4, 5, 6이고 그 각각의

〈표 1-2〉 확률분포표 예시(주사위를 한 번 던질 때 나타나는 눈의 수)

X	1	2	3	4	5	6
P(X)	1/6	1/6	1/6	1/6	1/6	1/6

사건에 대응하는 확률이 모두 1/6로 동일함을 알 수 있다. 이것이 전형적인 확률분포의 형태이며, 이렇게 표로 나타낸 것을 확률분포표라고 한다.

그러나 이렇게 표로 나타내면 매우 번거롭기도 하거니와 일반화하기에 어려운 경우가 많다. 이러한 확률변수와 그 확률을 수학적 함수로 표현해낼 수 있다면 간결하게 표현해낼 수 있을 뿐만 아니라 일반화시키기에도 용이할 것이다. 그래서 여러 수학자들이 자연현상이나 사회현상에서 발생할 수 있는 사건들에 대한 확률분포를 수학적 함수로 표현해내었고, 이렇게 확률분포를 함수로 나타낸 것을 확률함수(probability function) 혹은 확률분포함수(probability distribution function)라고 한다. 또 확률변수 X가 이산확률변수의 형태를 따르는 경우 확률분포함수는 P(X)로 표시하며, 이를 확률질량함수(p.m.f : probability mass function)라고 한다. 그리고 확률변수 X가 연속확률변수의 형태를 따르는 경우 확률분포함수를 f(x)로 표시하며, 이를 확률밀도함수(p.d.f : probability density function)라고 한다. 사용되고 있는 확률분포함수가 많이 있으나, 본서에서는 이항분포, 포아송분포, 지수분포, 정규분포에 대해 살펴보고자 한다.

① 이항분포(Binomial Distribution)

이항분포는 n번의 동일한 베르누이 시행이 반복될 경우 x번 성공할 확률을 구하는 분포이다. 이항분포의 확률질량함수는 아래와 같이 표현된다.

$$f(x) = {}_nC_x p^x (1-p)^{n-x}$$

이항분포의 평균과 분산은 다음과 같다.

$$X \sim B(n,p)$$
$$E(X) = np$$
$$V(X) = npq = np(1-p)$$

$$\sigma(X) = \sqrt{npq} = \sqrt{np(1-p)}$$

② 포아송분포(Poisson Distribution)

포아송분포는 일정한 범위—시간, 공간, 구간 등—에서 발생하는 사건 중 매 순간 발생이 가능하지만 그 발생 확률이 극히 낮은 경우에 적합한 확률분포이다. 단위 범위—시간, 공간, 구간—내에서 사건 x의 평균적인 발생횟수를 λ라 하면, 확률변수 X의 확률은 다음과 같다.

$$P(X=x) = \frac{\lambda^x}{x!}e^{-\lambda}$$

또한 포아송분포의 평균과 분산은 모두 λ이다.

③ 지수분포(Exponential Distribution)

지수분포는 독립적인 두 사건에 대해 한 사건과 다음 사건이 일어날 때까지 걸리는 시간의 분포를 설명하기에 적합한 확률분포이다. 지수분포의 확률밀도함수 $f(x)$는 아래와 같다.

$$f(x) = \begin{cases} \lambda e^{-\lambda x} & (x \geq 0) \\ 0 & (x < 0) \end{cases}$$

또한 지수분포의 평균과 표준편차는 모두 $1/\lambda$이다.

④ 정규분포(Normal Distribution)

정규분포는 연속확률분포 중에 가장 대표적인 분포이다. 정규분포함수의 그래프를 그려보면 종모양으로 좌우대칭인 분포로 나타난다. 평균(μ)과 분산(σ^2)에 따라 구체적인 분포의 위치와 모양이 결정되며, 정규분포의 확률밀도함수는 아래와 같다.

$$f(x) = \frac{1}{\sqrt{2\pi\sigma^2}}e^{-\frac{1}{2}\left(\frac{x-\mu}{\sigma}\right)^2}$$

또한, 정규분포는 아래의 특징을 가진다.

정규분포의 특징

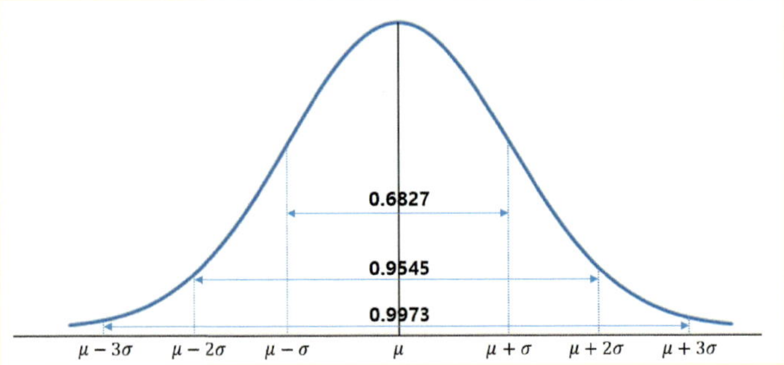

- 평균을 중심으로 $\pm\sigma$ 내에 68.27%가 존재한다.
  즉, $P[\mu-\sigma \le X \le \mu+\sigma]=0.6827$
- 평균을 중심으로 $\pm 2\sigma$ 내에 95.45%가 존재한다.
  즉, $P[\mu-2\sigma \le X \le \mu+2\sigma]=0.9545$
- 평균을 중심으로 $\pm 3\sigma$ 내에 99.73%가 존재한다.
  즉, $P[\mu-3\sigma \le X \le \mu+3\sigma]=0.9973$

한편 단위가 다른 두 정규분포의 경우 직접적 비교가 어렵기 때문에 표준화가 필요하다. 위와 같은 확률밀도함수에서 표준화하여 평균이 0이고 표준편차가 1인 정규분포를 표준정규분포라 한다. 표준정규분포를 따르는 확률변수를 Z로 표시하고 Z-분포라고 하기도 한다.[24)]

24) 확률변수 $X \sim N(\mu, \sigma^2)$의 표준화는 $Z=\dfrac{X-\mu}{\sigma}$로 하며, 이때 확률변수 $Z \sim N(0, 1^2)$을 따른다.

MS Excel을 활용한 정규분포의 특징 알아보기

정규분포는 여러 확률분포함수 중 가장 중요한 함수이므로 여기서 그 특징에 대해 상세히 설명하고자 한다.

MS Excel을 이용하여 두 개의 확률변수(x1, x2) 각각에 대한 정규분포 함수를 그려서 그 특징을 알아보도록 하자(실습을 위해 제공되는 예제파일 "정규분포곡선_그리기_실습.xls"를 이용하여 따라해 보기 바란다).

- MS Excel에 아래 그림과 같이 두 개의 확률변수 x1과 x2 각각의 평균과 표준편차를 기입할 수 있는 표를 그린다(데이터의 평균과 표준편차는 주어졌다고 가정하고 이것을 변경하면서 정규분포함수의 특징을 살펴볼 것이다). 일단 x1, x2 각각의 확률변수의 평균과 분산은 0과 1로 기입한다.

	평균	표준편차
x1	0	1
x2	0	1

- 다음으로 정규분포함수 그래프를 그리기 위해 아래 그림과 같이 x, f(x1), f(x2)가 표현될 수 있는 표를 그린다. 여기서는 정규분포함수의 특징을 알아보기 위한 것이므로 임의로 x의 범위를 −4.0에서 4.0까지만 설정하였다. 독자들은 범위를 더 넓혀 잡아도 상관없으니 편한 대로 설정한다.

	평균	표준편차
x1	0	1
x2	0	1

x	f(x1)	f(x2)
-4.0		
-3.8		
-3.6		
-3.4		
-3.2		
-3.0		
-2.8		
-2.6		
-2.4		
-2.2		

- 이제 f(x1)과 f(x2)에 정규분포함수를 기입하여 각각의 확률값을 계산해야 한다. 본서에 나와 있는 복잡한 계산식을 MS Excel에 기입할 필요 없

이 MS Excel에 이미 정규분포값을 계산하는 함수가 있으니 이것을 이용하도록 한다. MS Excel에서 정규분포 확률값을 계산하는 함수는 @NORM.DIST(확률변수, 평균, 표준편차, 누적여부)이다. 아래 그림의 C8 셀에 나와 있는 바와 같이 NORM.DIST함수에 필요한 인수값들을 부여한다. 여기서 주의할 점은 마지막 인수인 누적여부를 묻는 값에는 False라고 적어야 한다는 것이다. 만약 True라고 적게 되면 누적확률값이 나오므로 실수하지 않도록 한다.

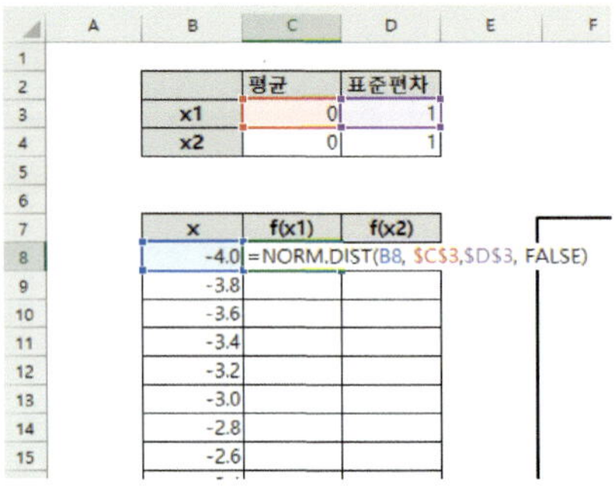

	평균	표준편차
x1	0	1
x2	0	1

x	f(x1)	f(x2)
-4.0	=NORM.DIST(B8, C3,D3, FALSE)	
-3.8		
-3.6		
-3.4		
-3.2		
-3.0		
-2.8		
-2.6		

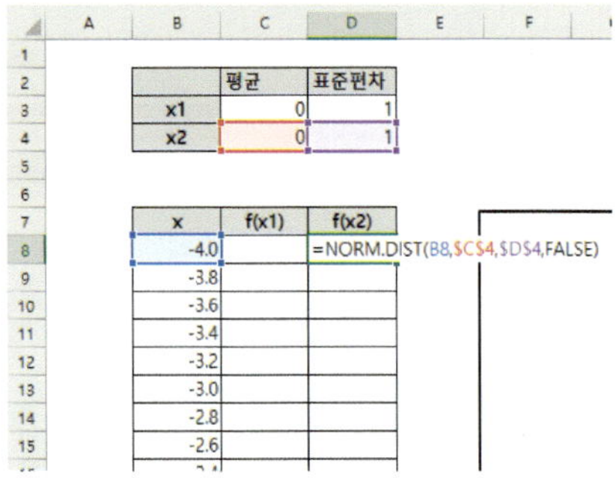

	평균	표준편차
x1	0	1
x2	0	1

x	f(x1)	f(x2)
-4.0		=NORM.DIST(B8,C4,D4,FALSE)
-3.8		
-3.6		
-3.4		
-3.2		
-3.0		
-2.8		
-2.6		

• 미리 설정해 놓은 확률변수 x의 범위 전체에 함수를 복사한다. 복사를 실시하면 아래 그림과 같이 각각의 확률변수에 대응하는 확률값들이 표현될 것이다(x1과 x2의 평균과 표준편차가 기입된 셀은 절대참조로 복사한다).

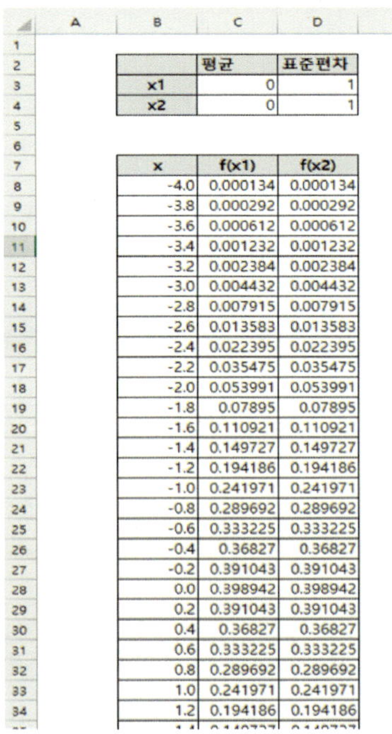

	평균	표준편차
x1	0	1
x2	0	1

x	f(x1)	f(x2)
-4.0	0.000134	0.000134
-3.8	0.000292	0.000292
-3.6	0.000612	0.000612
-3.4	0.001232	0.001232
-3.2	0.002384	0.002384
-3.0	0.004432	0.004432
-2.8	0.007915	0.007915
-2.6	0.013583	0.013583
-2.4	0.022395	0.022395
-2.2	0.035475	0.035475
-2.0	0.053991	0.053991
-1.8	0.07895	0.07895
-1.6	0.110921	0.110921
-1.4	0.149727	0.149727
-1.2	0.194186	0.194186
-1.0	0.241971	0.241971
-0.8	0.289692	0.289692
-0.6	0.333225	0.333225
-0.4	0.36827	0.36827
-0.2	0.391043	0.391043
0.0	0.398942	0.398942
0.2	0.391043	0.391043
0.4	0.36827	0.36827
0.6	0.333225	0.333225
0.8	0.289692	0.289692
1.0	0.241971	0.241971
1.2	0.194186	0.194186

- 이제 이 확률변수와 각각의 확률값에 대한 그래프를 그려 보자. 아래 그림과 같이 x, f(x1), f(x2) 전체 데이터 범위를 설정한 후 메뉴의 [삽입] → [분산형 차트]를 선택한다. 아래 그림처럼 f(x1), f(x2)에 대한 그래프가 나타날 것이다. 우리가 x1과 x2 모두 평균과 표준편차를 0과 1로 기입했기 때문에 똑같은 그래프가 겹쳐 나타난다. 그래서 그래프가 1개인 것처럼 보이나 사실은 2개의 그래프가 겹쳐 있는 것이다.

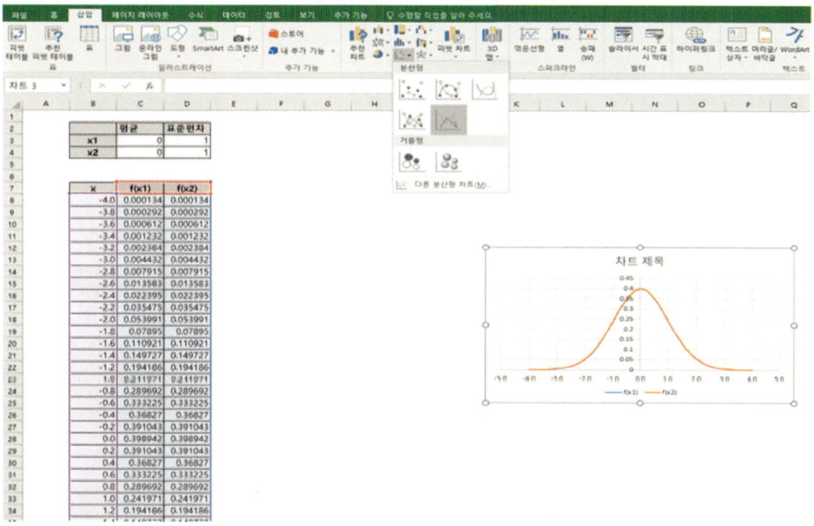

- 그래프 옵션을 이용하여 적당히 수정하면 최종적으로 아래 그림과 같은 정규분포곡선을 구할 수 있다. 앞서 설명한 것처럼 정규분포곡선은 평균을 중심으로 종모양으로 좌우대칭인 것을 확인할 수 있다.

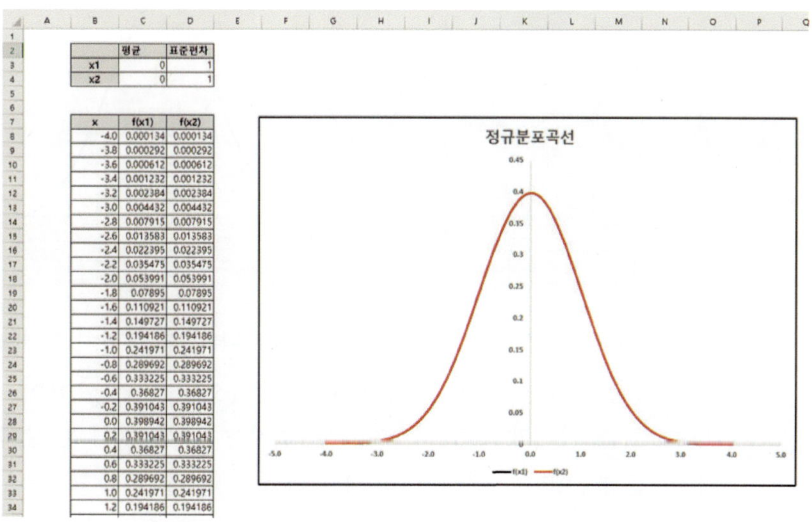

• 이제 정규분포곡선의 특징을 몇 가지 살펴보도록 하자. 우선 정규분포곡선의 위치는 평균이 결정한다고 했다. 이것을 확인하기 위해 x2의 평균을 0에서 2로 바꾸어 보자. 아래 그림과 같이 f(x2)의 그래프가 오른쪽으로 이동한 것을 확인할 수 있을 것이다. 또한 x2의 평균을 −2로 변경하면 아래 그림과 같이 f(x2)의 그래프가 왼쪽으로 이동하는 것을 확인할 수 있을 것이다.

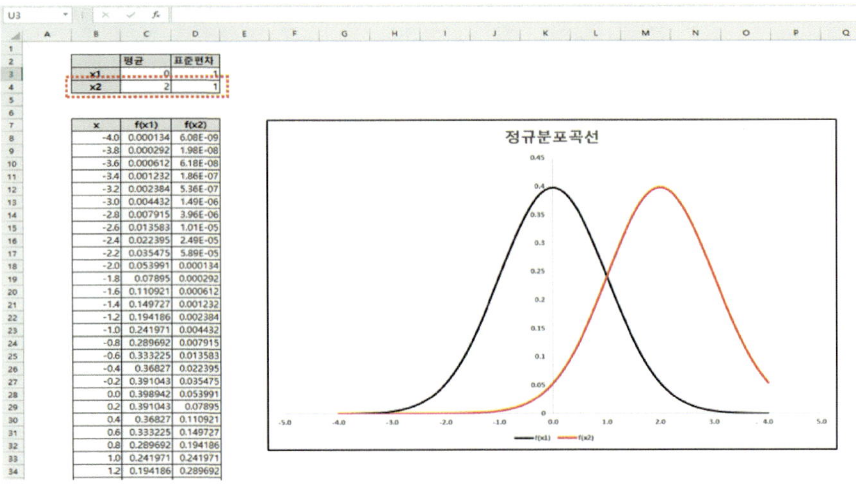

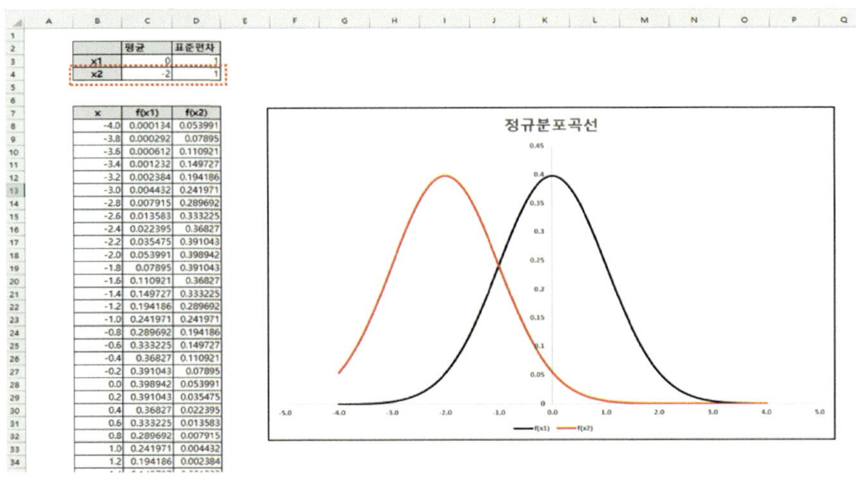

• 다음으로 확률변수 x2의 평균은 0으로 다시 변경시키고 표준편차를 1에서 2로 변경시켜 보자. f(x1)과 f(x2)는 이제 평균은 동일하고 표준편차만 다른 값을 가지게 되었다. 여기서 우리는 아래 그림과 같이 표준편차의 값이 큰 f(x2)의 그래프가 더 평평해지는 것을 확인할 수 있다.

	평균	표준편차
x1	0	1
x2	0	2

x	f(x1)	f(x2)
-4.0	0.000134	0.026995
-3.8	0.000292	0.032808
-3.6	0.000612	0.039475
-3.4	0.001232	0.047025
-3.2	0.002384	0.05546
-3.0	0.004432	0.064759
-2.8	0.007915	0.074864
-2.6	0.013583	0.085684
-2.4	0.022395	0.097093
-2.2	0.035475	0.108926
-2.0	0.053991	0.120985
-1.8	0.07895	0.133043
-1.6	0.110921	0.144846
-1.4	0.149727	0.156127
-1.2	0.194186	0.166612
-1.0	0.241971	0.176033
-0.8	0.289692	0.184135
-0.6	0.333225	0.190694
-0.4	0.36827	0.195521
-0.2	0.391043	0.198476
0.0	0.398942	0.199471
0.2	0.391043	0.198476
0.4	0.36827	0.195521
0.6	0.333225	0.190694
0.8	0.289692	0.184135
1.0	0.241971	0.176033
1.2	0.194186	0.166612

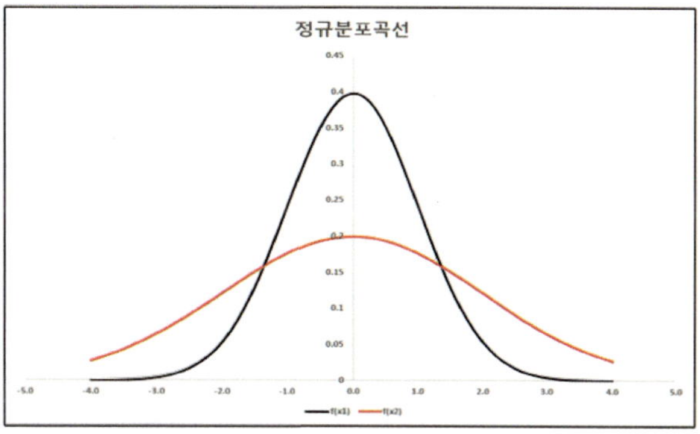

- 위의 간단한 몇 가지 조작을 통해서 정규분포함수의 특징을 살펴보았다. 다시 요약해 보면 다음과 같다.
  - 정규분포함수는 평균과 표준편차에 의해 그래프의 형태가 결정되며, 평균을 중심으로 좌우대칭인 종모양의 그래프로 나타난다.
  - 확률변수의 확률값은 평균에 가까울수록 크고 평균에서 멀어질수록 그 확률값은 작아진다.
  - 평균값이 증가하면 정규분포함수의 그래프는 오른쪽으로 이동하고 평균값이 감소하면 왼쪽으로 이동한다.
  - 정규분포곡선의 뾰족함을 결정하는 것은 표준편차이다. 즉 표준편차가 적다는 것은 그만큼 많은 데이터가 평균 주변에 몰려 있다는 의미이다.

통계분석 프로그램 설치 ① : MS Excel <데이터 분석> 패키지

통계분석을 수행하기 위해서 MS Excel에 내장되어 있는 통계함수를 사용하여 계산할 수도 있지만 MS Excel이 제공해 주는 통계 패키지를 설치하여 사용하는 것이 효율적이다. MS Excel은 설치 시 통계분석을 할 수 있는 패키지가 포함되어 있으나, 일반 설치 시 메뉴에 나타나지 않고 숨겨져 있기 때문에 통계 패키지 기능을 활성화해야 사용할 수 있다. 이 MS Excel 통계 패키지는 고급 통계분석 기능까지는 제공하지 않지만, 기본적인 기술

통계와 가설검정을 위한 통계분석(t-검정, 분산분석, 회귀분석, 시계열분석 등) 기능을 충분히 제공해 주고 있다. 본서에서 필요로 하는 수준의 통계분석과 실무에서 사용하는 데이터 분석 및 통계분석 수준은 MS Excel의 통계 패키지 기능만으로도 충분히 수행이 가능하므로 본서에서는 분석의 기본 도구로 MS Excel 통계 패키지를 사용할 것이다. 이번 섹션에서는 이 기능을 사용하기 위해 MS Excel에서 활성화하는 방법을 알아보고자 한다.

① MS Excel 리본 메뉴 맨 왼쪽의 엑셀아이콘을 클릭한 후 아래 그림과 같이 [옵션]을 선택한다.

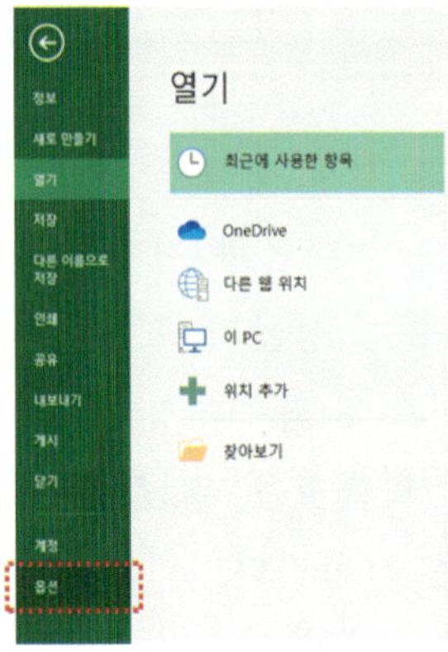

② 아래와 같이 [Excel 옵션] 창이 뜨면 [추가 기능]을 선택한다.

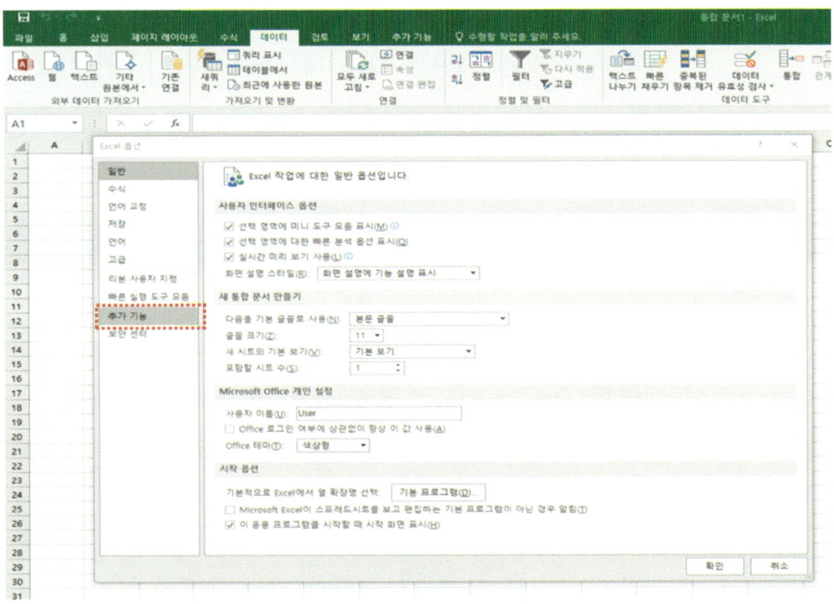

③ 아래 그림과 같이 콤보 메뉴에서 Excel 추가 기능을 선택하고 [이동]을 클릭한다.

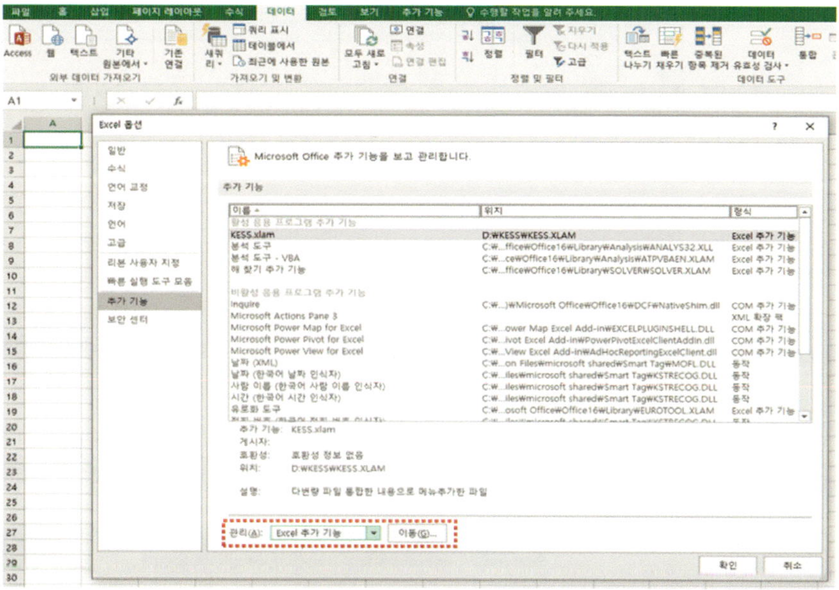

④ 아래와 같이 [추가 기능] 창이 뜨면 [분석 도구]에 체크하고 [확인]을 클릭한다.

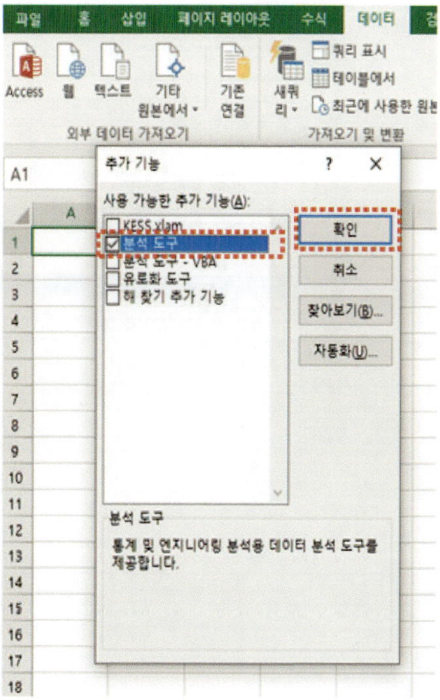

⑤ 아래와 같이 [데이터] 메뉴에 [데이터 분석]이라는 메뉴가 추가된 것을 확인할 수 있다.

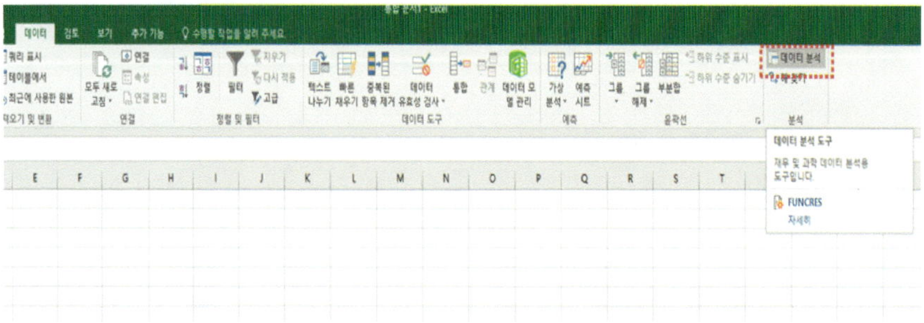

⑥ [데이터 분석] 메뉴를 클릭하면 아래 그림과 같이 [통계 데이터 분석]이라는 창이 뜬다. 이 창이 통계분석을 할 수 있는 패키지이다. 스크롤바를 이용하여 이 창의 메뉴를 살펴보면 통계분석 수행을 위해 필요한 웬만한 도구는 모두 포함되어 있는 것을 볼 수 있다.

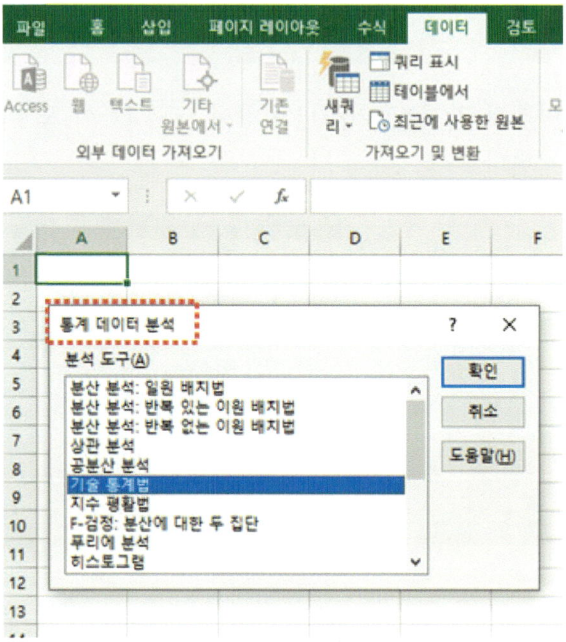

통계분석 프로그램 설치 ② : KESS

MS Excel에 내장되어 있는 〈데이터 분석〉 패키지는 기본적인 통계분석 도구만을 제공하기 때문에 좀 더 전문적인 통계분석을 필요로 하거나 품질경영과 관련한 전문 분석 도구를 활용하기 위해서 KESS(Korean Educational Statistical Software)를 사용하는 것도 권장할 만하다. 물론 고급통계분석에 전문화되어 있는 SPSS나 품질경영에 특화되어 있는 MiniTAB, R 기반의 품질경영 패키지 등과 같은 전문가용 소프트웨어를 사용하는 것도 좋으나 이러한 패키지들은 상용소프트웨어로서 비용이 발생하거나 익히는 데에 시간과 노력을 필요로 한다. 이에 비하여 KESS는 무료로 사용할 수 있는 소프트웨어일 뿐만 아니라 MS Excel에 간편하게 플러그인하여 사용할 수 있어 우리에게 익숙한 오피스 도구인 MS Excel에서 바로 수행할 수 있다는 장점이 있다. KESS는 서울대학교 통계학과와 숙명여자대학교 통계학과에서 만들어진 통계 패키지로 홈페이지에서 무료로 다운로드받아 사용할 수 있다. 다운로드 및 설치는 다음과 같이 하면 된다.

① 홈페이지 http://kess.sookmyung.ac.kr/에 접속한 후 다운로드 메뉴를 선택한다.

② 자신의 MS Office 환경에 맞는 버전을 다운로드한다.

③ 압축 파일을 다운로드하고 압축을 해제시킬 폴더를 생성한 후 압축을 해제하면 해당 폴더에 아래와 같은 파일들이 생성된다.

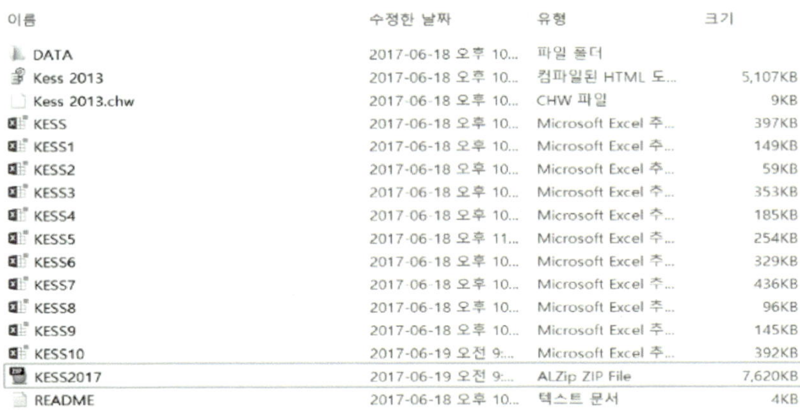

이름	수정한 날짜	유형	크기
DATA	2017-06-18 오후 10...	파일 폴더	
Kess 2013	2017-06-18 오후 10...	컴파일된 HTML 도...	5,107KB
Kess 2013.chw	2017-06-18 오후 10...	CHW 파일	9KB
KESS	2017-06-18 오후 10...	Microsoft Excel 추...	397KB
KESS1	2017-06-18 오후 10...	Microsoft Excel 추...	149KB
KESS2	2017-06-18 오후 10...	Microsoft Excel 추...	59KB
KESS3	2017-06-18 오후 10...	Microsoft Excel 추...	353KB
KESS4	2017-06-18 오후 10...	Microsoft Excel 추...	185KB
KESS5	2017-06-18 오후 11...	Microsoft Excel 추...	254KB
KESS6	2017-06-18 오후 10...	Microsoft Excel 추...	329KB
KESS7	2017-06-18 오후 10...	Microsoft Excel 추...	436KB
KESS8	2017-06-18 오후 10...	Microsoft Excel 추...	96KB
KESS9	2017-06-18 오후 10...	Microsoft Excel 추...	145KB
KESS10	2017-06-19 오전 9:...	Microsoft Excel 추...	392KB
KESS2017	2017-06-19 오전 9:...	ALZip ZIP File	7,620KB
README	2017-06-18 오후 10...	텍스트 문서	4KB

④ KESS를 더블클릭하면 MS Excel과 함께 KESS가 구동된다.

⑤ 만약 MS Excel 실행 시마다 자동으로 KESS를 플러그인시켜 사용하고 싶으면 앞서 MS Excel 〈데이터 분석〉 패키지를 설치한 것과 동일하게 [옵션]→[추가 기능]으로 선택해 놓으면 된다. 즉 아래 그림과 같이 [추가 기능] 창이 뜨면 체크 메뉴에 KESS가 나타나는데, 여기서 KESS를 선택하여 확인하면 KESS가 자동 플러그인되어 MS Excel 실행 시마다 자동으로 사용할 수 있는 환경이 구성된다.

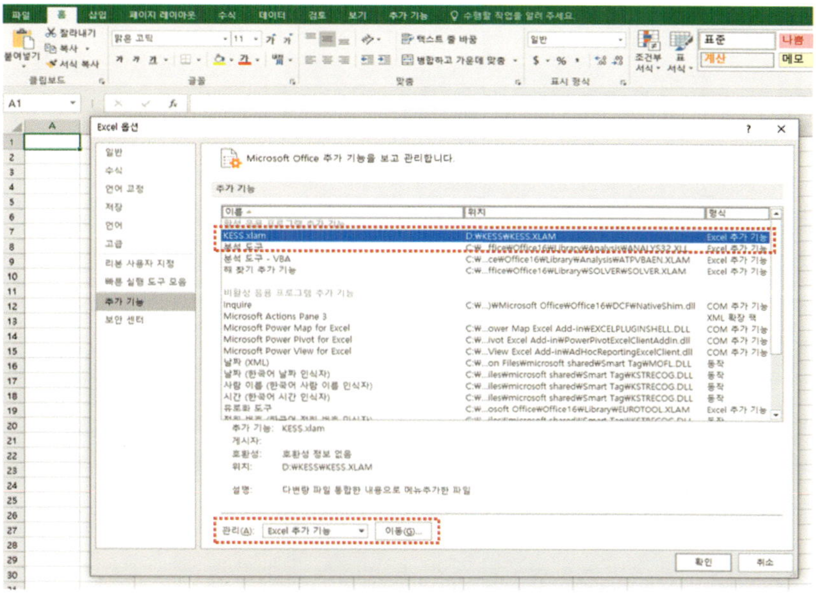
Excel 옵션
일반
수식
언어 교정
저장
언어
고급
리본 사용자 지정
빠른 실행 도구 모음
추가 기능
보안 센터
Microsoft Office 추가 기능을 보고 관리합니다.
추가 기능
KESS.xlam
D:\KESS\KESS.XLAM
추가 기능: KESS.xlam
위치: D:\KESS\KESS.XLAM
설명: 다변량 파일 통합한 내용으로 메뉴추가한 파일
관리(A): Excel 추가 기능
이동(G)...
확인
취소

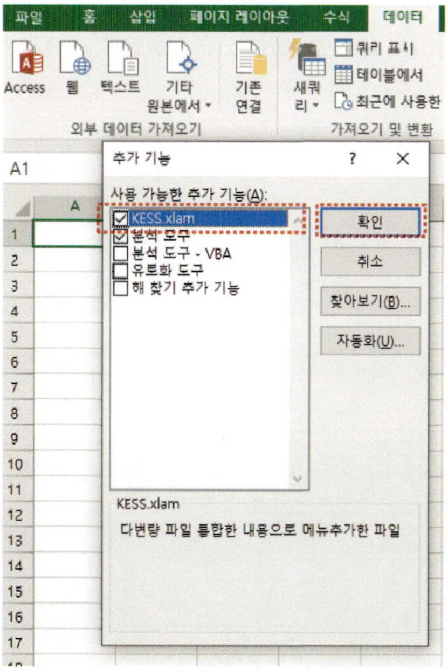
파일
홈
삽입
페이지 레이아웃
수식
데이터
Access
웹
텍스트
기타 원본에서
기존 연결
새 쿼리
쿼리 표시
테이블에서
최근에 사용한
외부 데이터 가져오기
가져오기 및 변환
추가 기능
사용 가능한 추가 기능(A):
KESS.xlam
분석 도구
분석 도구 - VBA
유로화 도구
해 찾기 추가 기능
확인
취소
찾아보기(B)...
자동화(U)...
KESS.xlam
다변량 파일 통합한 내용으로 메뉴추가한 파일

Ⅱ

품질개선방법론 개요

2.1 문제해결의 절차와 도구

2.2 식스시그마 개요

2.3 품질개선방법론 정의

2.1 문제해결의 절차와 도구

2.1.1 공학적 문제해결 절차

어떠한 문제를 해결하거나 일을 진행하기 위해 수행해야 할 구체적인 활동들과 이 활동들을 수행하는 절차, 그리고 각 활동을 수행하기 위한 도구, 입력물, 산출물 등을 일목요연하게 정리해 놓은 것을 방법론(methodology)이라고 한다. 문제해결에 적용할 수 있는 여러 방법론들이 개발되어 있지만, 품질문제의 원인을 분석하여 개선방안을 도출하기 위한 절차로 공학적 문제해결 절차를 이해하면 타 방법론들을 이해하는 데 많은 도움이 된다. 공학적 문제해결 절차는 여타의 모든 문제해결방법론 혹은 품질개선방법론에서 공통적으로 관통하고 있는 논리적 기반이 되기 때문이다. 통상 공학적 문제해결 절차는 아래의 다섯 단계로 구성되어 있다.

- 문제 정의(Problem Definition)
- 원인 분석(Root Cause Analysis)
- 대안 탐색(Alternative Exploration)
- 최적안 선정(Optimal Solution Selection)
- 실행 및 Follow up(Execution and Follow up)

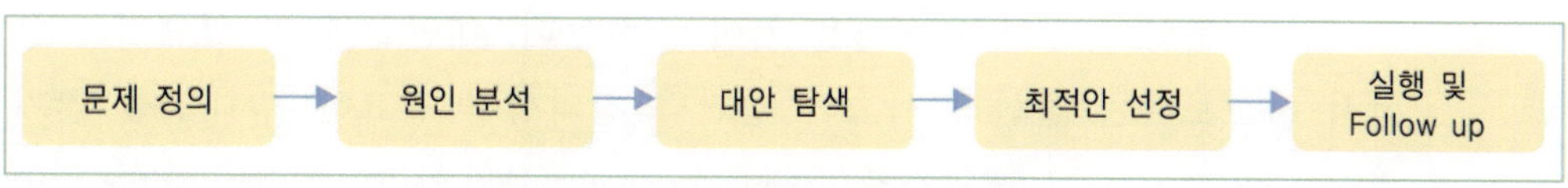

[그림 2-1] 공학적 문제해결 절차

① 문제 정의(Problem Definition)

문제 정의란 문제가 무엇인지를 명확히 하고 그 문제를 명확히 보여주는 문장으로 문서화하는 것을 말한다. 문제를 명확히 하기 위해서는 현황과 배경, 그리고 필요한 정보를 파악해야 한다. 누가 어떤 각도에서 보느냐에 따라 같은 문제를 다르게 이해하는 것이 조직에서 일반적으로 일어나는 일인 점을 감안할 때 누가 보더라도 문제를 동일하게 인식할 수 있도록 명확하게 문장으로 표현해 낼 수 있어야 하며, 이를 문제기술문(problem statement)이라고 한다. 즉, 문제 정의란 문제라고 인식하고 있는 현상을 분석한 후, 무엇이 문제인지 명확히 정의하여 문제기술문으로 나타낼 수 있어야 문제가 정의되었다고 할 수 있는 것이다.

② 원인 분석(Root Cause Analysis)

문제가 명확히 정의되고 나면 다음 단계인 원인 분석 단계로 넘어간다. 흔히 문제가 정의되고 나면 구체적인 원인 분석을 수행하지 않고 바로 개선방안을 찾는 실수를 많이 하게 된다. 이럴 경우 표피적인 원인만 제거되고 본질적인 개선방안이 도출되지 못하는 경우가 많다. 따라서 원인 분석 단계에서는 크게 두 가지를 고려해야 한다. 첫째, 표면적인 원인 분석에 그치지 말고 근본적인 원인을 찾아낼 때까지 분석해야 한다. 근본적인 원인까지 파고들다 보면 생각지도 못한 곳에 진정한 원인이 존재하는 경우가 많기 때문이다. 흔히 근본원인 분석을 위해 5-Why 분석을 많이 사용한다. 둘째, 원인 분석 단계에서는 데이터를 기반으로 판단해야 한다. 즉, 원인이라고 생각한 것이 실제로 원인인지를 확인할 수 있는 근거가 있어야 하며, 원인들 중 영향력이 높은 것들과 영향력이 낮은 것들의 우선순위를 식별할 수 있어야 한다. 이 원인 분석 단계가 공학적 문제해결의 절차에서 가장 분석적인 사고가 필요한 단계라 할 것이다.

③ 대안 탐색(Alternatives Exploration)

원인 분석이 끝나면 대안을 찾아야 하는데, 대안을 찾기 위해서는 분석적 사고보다는 발산적 사고와 집단적 창의성이 필요하다. 대안을 찾기 위한 방법으로는 브레인스토밍(brainstorming), 브레인라이팅(brainwriting) 등 다양한 방법이 존재하고, 여러 사람들이 집단적으로 새로운 아이디어들을 도출해 내어야 한다. 이후 세부 방법론에서 다루겠지만 집단적 사고에서는 다른 사람들의 아이디어를 긍정적으로 받아들이고 다른 사람들의 아이디어에서 연상하여 아이디어를 계속 발전시켜 나가는 집단지성이 필요하다.

④ 최적안 선정(Optimal Solution Selection)

보통 대안에는 이상적인 안, 현재의 안 등을 포함하여 다수의 안이 포함된다. 최적안 선정 단계는 이러한 대안들 중에서 경제성과 구현가능성, 그리고 효과성 등을 감안하여 가장 현실적인 안을 선택하는 과정이라 할 수 있다. 흔히 최적대안을 선택하기 위해 경제성 평가에서 사용하는 투자수익률(ROI : Return on Investment), 내부수익률(IRR : Internal Rate of Return), 순현재가치(NPV : Net Present Value), 투자회수기간(Payback Period), 비용효과분석(B/C Analysis : Benefit-Cost Analysis), 실물옵션(Real Option) 등 다양한 기법을 적용해 볼 수 있다. 우리가 문제해결의 절차에 공학적이라는 말을 붙이는 이유가 여기에 있다. 공학적이라고 하는 것은 경제적 관점과 구현가능성의 관점을 동시에 고려하여 현실적으로 적용 가능한 답을 찾아내는 것이기 때문이다.

⑤ 실행 및 Follow up(Execution and Follow up)

마지막 단계는 실행 및 Follow up 단계이다. 조직은 늘 한정된 자원에서 최대의 효과를 달성하고자 하는 의사결정체이다. 따라서 실행을 위한 구체적인 세부과제들을 정의하고 이를 수행하기 위한 일정계획, 통제 및 평가계획 등을 수립하여 실행해야 한다. 또한, 조직이라고 하는 것은 그 속성상 기존의 절차를 가장 익숙하게 여기게 되므로, 개선안을 수행할 때에는 십중팔구 조직 내 저항이 발생하게 된다. 이러한 조직의 저항을 극복하기 위한 변화관리도 실행 시 고려해야 하는 사항이다. 또, 개선방안을 도출하는 조직과 실행하는 조직이 다른 경우가 많기 때문에, 실행 조직이 개선방안에 대한 의미를 잘못 이해하여 의도하지 않았던 방향으로 실행되기도 한다. 따라서 조직 전체가 동일한 방식으로 실행하고 개선방안을 루틴으로 정착시키기 위해서는 실행을 위한 표준화와 성과 모니터링 등을 고려해야 한다.

본 교재에서는 큰 틀에서 공학적 문제해결 절차를 기반으로 품질 및 프로세스 개선 방법론에 접근할 것이며, 본 교재에서 구체적인 기법으로 다루고 있는 DMAIC 방법론도 크게 보면 본절에서 설명하는 공학적 문제해결기법의 절차를 논리적으로는 그대로 따르고 있다고 할 수 있다. 이후 절에서는 공학적 문제해결 절차에서 주로 사용하는 기본적인 도구에 대해 상세히 설명할 것이다.

2.1.2 품질개선의 기본 도구

본절에서는 품질 문제해결기법에서 주로 사용되는 기본적인 분석 도구를 학습한다. 품질관리 혹은 품질개선을 위한 도구로 전통적으로 기업 현장에서는 QC 7 도구(Quality Control 7 Tools)[1] 혹은 신 QC 7 도구(New Quality Control 7 Tools)[2] 등을 많이 사용하고 있으나, 본절에서는 문제의 식별부터 원인 분석, 대안의 선택까지 일련의 품질 문제해결 절차에서 사용할 수 있는 가장 기본적인 도구로 체크리스트, 런차트, 히스토그램, 파레토차트, 흐름도, 인과관계도, 산점도, 관리도 등 여덟 가지에 대해 알아보자.

(가) 체크리스트(Checklist)

체크리스트는 관찰 혹은 조사한 사항을 표의 형태로 정리한 것이다. 통상적으로 문제를 확인하거나 원인을 찾기 위한 데이터의 출처 역할을 한다. 과거에 자주 발생하였거나 향후 발생할 가능성이 높은 관리 항목을 지정하여 주기적으로 기록함으로써, 관리 항목에 대한 발생 추이와 향후 예측을 위한 자료로 활용할 수 있다. 체크리스트를 작성함에 있어 가장 중요한 것은 어떤 항목을 체크할 것인가 하는 관리 항목을 정하는 것이다. 체크리스트의 예로 [그림 2-2]는 A마트에서 매월 조사하는 고객 불만사항에 대한 건수를 항목별로 정리한 체크리스트를 보여주고 있다. 이러한 체크리스트는 MS Excel 등의 스프레드시트 프로그램을 이용해 수치화하여 정리해 두면 이후 분석에 손쉽게 활용할 수 있다. [그림 2-2] 역시 MS Excel을 이용하여 정리한 사례이다.

---

1) 히스토그램(histogram), 인과관계도(cause and effect diagram), 산점도(scatter plot), 체크리스트(checklist), 파레토도(pareto diagram), 층별(Stratification), 그래프(graph)를 말한다.

2) 친화도(affinity diagram), 관계도표(relations diagram), 계통도표(tree diagram), 매트릭스도표(matrix diagram), 매트릭스 데이터 분석(matrix data analysis), 화살도표(arrow diagram), 프로세스 결정프로그램 차트(PDPC)를 말한다.

월	불만 사항							
	계산 대기시간	주차공간	주차시간	가격	우대제도	불친절	시설물	안내표시
1	6	1	1	1	3	5	4	1
2	7	2	2	0	1	6	5	1
3	9	1	0	2	2	5	6	0
4	9	2	2	2	0	7	4	2
5	12	3	1	1	1	8	5	0
6	11	1	2	3	0	6	4	1
7	13	2	1	2	2	5	6	2
8	11	1	2	1	1	8	5	3
9	17	2	2	1	1	9	6	2
10	14	1	2	4	0	8	5	1
11	19	3	1	2	0	9	7	2
12	17	2	1	3	0	11	8	1
합계	**145**	**21**	**17**	**22**	**11**	**87**	**65**	**16**

[그림 2-2] 체크리스트 예시: A마트의 불만사항 리스트

(나) 런차트(Run Chart)

런차트는 수집된 항목의 시간의 흐름에 따른 데이터의 변화를 추적하기 위한 차트이다. 즉, 시간의 흐름에 따른 변동, 추세, 순환 등 시계열에 따른 변수의 흐름을 나타내는 차트로, 과거의 추세를 바탕으로 향후 추세를 예측하는 데에도 활용 가능하다. [그림 2-3]은 위 [그림 2-2]의 체크리스트상에서 계산 대기시간이라는 변수에 대해 1월부터 12월까지의 월간 기준으로 런차트를 작성한 사례이다.

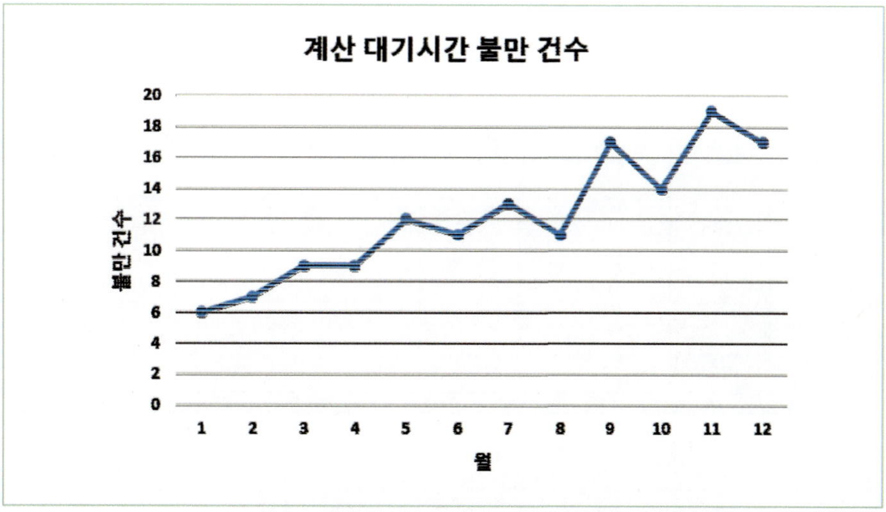

[그림 2-3] 런차트 예시: A마트의 계산 대기시간 월별 추이

MS Excel로 런차트 그리기

위에서 설명한 A마트의 고객 불만사항 중 계산 대기시간에 대한 월별 데이터를 가지고 런차트를 그려보자.

- Excel의 데이터 시트에서 런차트를 그리고자 하는 데이터인 '계산 대기시간' 데이터 전체 셀을 아래 그림과 같이 선택한다.

월	불만 사항							
	계산 대기시간	주차공간	주차시간	가격	우대제도	불친절	시설물	안내표시
1	6	1	1	1	3	5	4	1
2	7	2	2	0	1	6	5	1
3	9	1	0	2	2	5	6	0
4	9	2	2	2	0	7	4	2
5	12	3	1	1	1	8	5	0
6	11	1	2	3	0	6	4	1
7	13	2	1	2	2	5	6	2
8	11	1	2	1	1	8	5	3
9	17	2	2	1	1	9	6	2
10	14	1	2	4	0	8	5	1
11	19	3	1	2	0	9	7	2
12	17	2	1	3	0	11	8	1
합계	145	21	17	22	11	87	65	16

- 메뉴에서 [삽입] → [차트] → [꺾은선형 또는 영역형 차트 삽입]을 선택한 후, 원하는 꺾은선형 그래프를 선택한다.

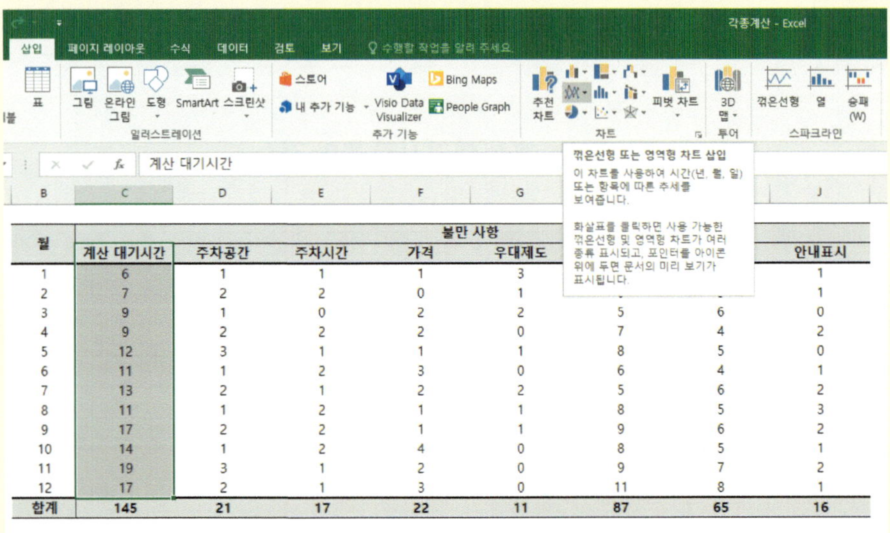

• 아래 그림과 같이 런차트가 그려진다. 그래프 우측상단을 클릭하여 차트요소와 차트스타일 메뉴를 띄운 후 본인이 원하는 형태로 그래프를 완성시킨다.

B	C	D	E	F	G	H	I	J
월	불만 사항							
	계산 대기시간	주차공간	주차시간	가격	우대제도	불친절	시설물	안내표시
1	6	1	1					
2	7	2	2					
3	9	1	0					
4	9	2	2					
5	12	3	1					
6	11	1	2					
7	13	2	1					
8	11	1	2					
9	17	2	2					
10	14	1	2					
11	19	3	1					
12	17	2	1					
합계	145	21	17					

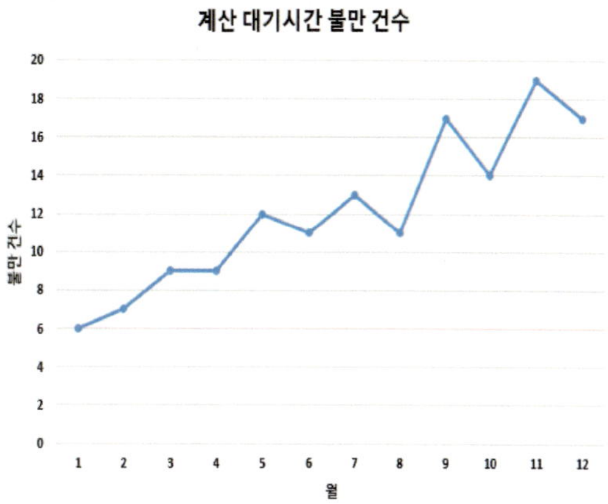

(다) 히스토그램(Histogram)

데이터의 시각적 표현에서 이미 학습한 바와 같이, 히스토그램은 막대그래프를 이용하여 데이터의 분포를 확인하는 좋은 도구이다. 데이터의 분포를 알아본다고 하는 것은 데이터가 균일하게 분포되어 있는지, 대푯값을 기준으로 데이터가 대칭적으로 분포하고 있는 것인지, 혹은 비대칭적으로 분포하여 특정 방향으로 데이터가 쏠려 있는 것인지, 나아가 데이터의 분포가 혼합되어 있는 것인지[3] 등을 시각적으로 확인해 볼 수 있다는 의미이다. [그림 2-4]는 앞서 제시된 예제인 A마트의 고객 불만사항 중 대기시간에 대해 히스토그램을 작성한 예이다.

3) 히스토그램의 분포에서 봉우리가 두 개로(최고점이 두 개) 나타나는 경우, 서로 다른 평균값을 가진 두 개의 분포가 혼합되어 있다는 것을 의미한다.

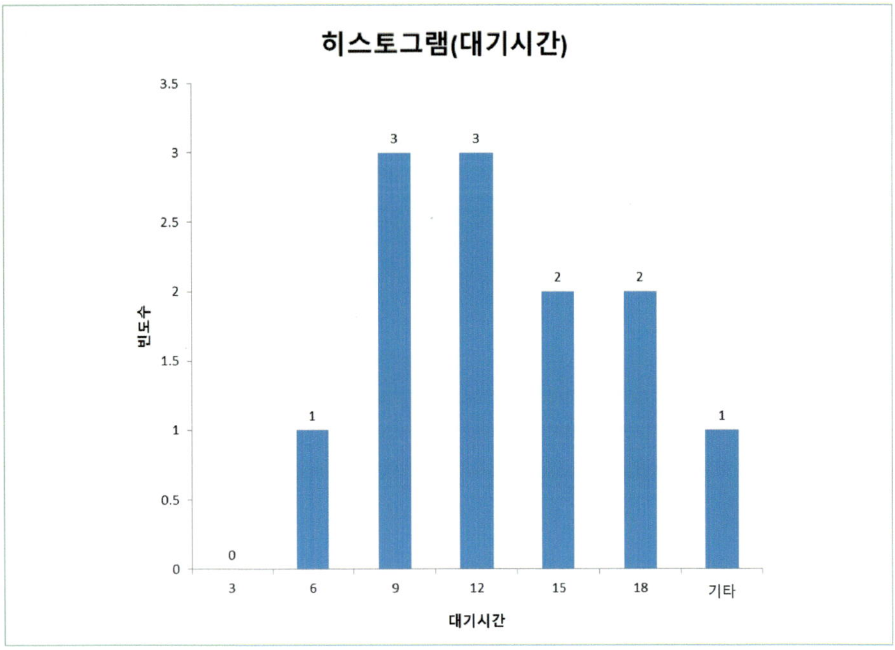

[그림 2-4] 히스토그램 예시: A마트의 대기시간

MS Excel로 히스토그램 그리기

데이터의 시각적 표현에서 설명한 히스토그램 그리기는 [차트] 메뉴를 이용하여 그리는 방법이었다. 여기서는 [데이터 분석] 메뉴의 통계 패키지를 이용하여 그리는 방법을 설명한다. [통계 데이터 분석] 패키지를 이용하면 [차트] 메뉴보다 정교한 히스토그램을 그릴 수 있고 더 많은 정보를 확인할 수 있다.

• 메뉴에서 [데이터] → [데이터 분석]을 선택하여 아래 그림과 같이 [통계 데이터 분석] 창을 띄우고 [히스토그램]을 선택한다.

월	불만 사항							
	계산 대기시간	주차공간	주차시간	가격	우대제도	불친절	시설물	안내표시
1	6	1	1	1	3	5	4	1
2	7	2	2	0	1	6	5	1
3	9	1	0	2	2	5	6	0
4	9	2	2	2	0	7	4	2
5	12	3	1	1	1	8	5	0
6	11	1	2	3	0	6	4	1
7	13	2	1	2	2	5	6	2
8	11	1	2	1	1	8	5	3
9	17	2	2	1	1	9	6	2
10	14	1	2	4	0	8	5	1
11	19	3	1	2	0	9	7	2
12	17	2	1	3	0	11	8	1
합계	145	21	17	22	11	87	65	16

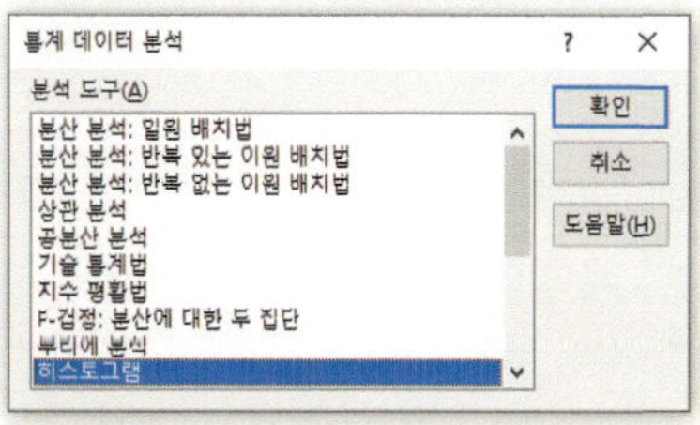

• [히스토그램] 창의 입력범위에 히스토그램을 작성하고자 하는 데이터인 '계산 대기시간'의 데이터 셀을 모두 선택한다.

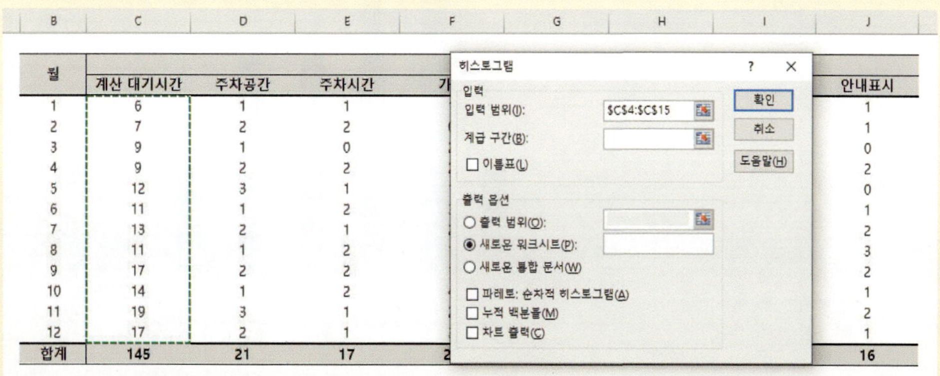

• [히스토그램] 창의 계급 구간에 미리 설정해 놓은 계급 구간을 선택한다. 아래 그림에서 보면 오른쪽에 계급 구간을 {3, 6, 9, 12, 15, 18}로 미리 설정해 놓았다. Excel에서 표기된 계급 구간에서 3은 0 < 계산 대기시간 ≤ 3의 의미이고, 6은 3 < 계산 대기시간 ≤ 6의 의미이다. 히스토그램의 가로축에서도 동일한 의미로 사용된다.

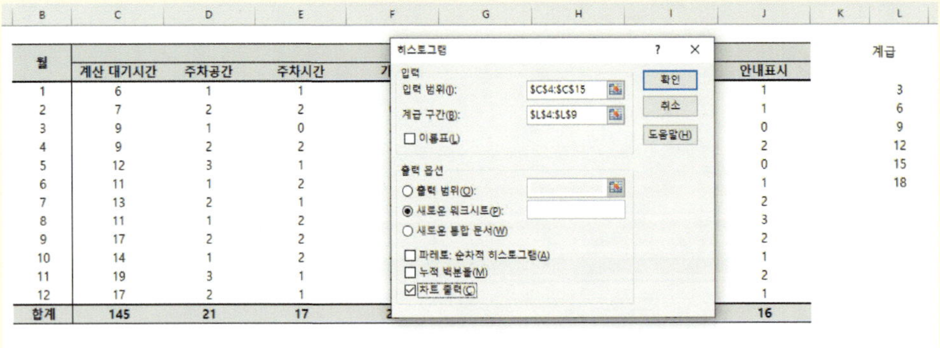

• 작성된 히스토그램은 아래 그림과 같으며, Excel에서 계산 결과로 계급별 빈도수를 나타내는 도수분포표도 아래와 같이 함께 나타내준다.

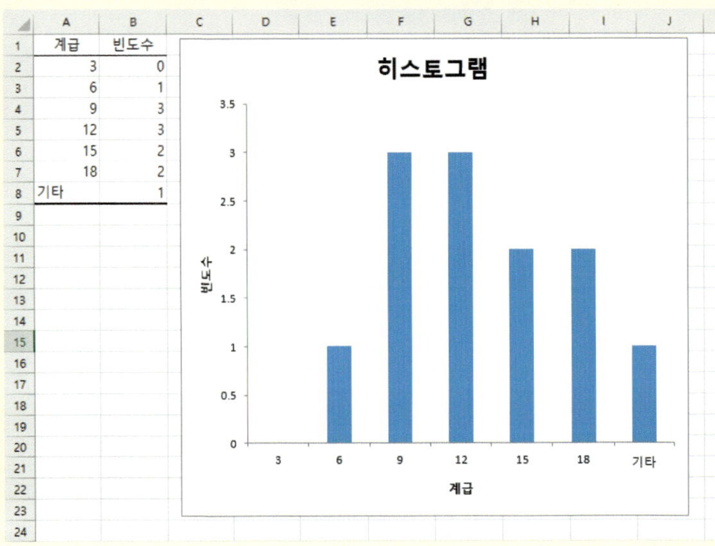

(라) 파레토차트(Pareto Chart)

파레토차트는 막대그래프 혹은 히스토그램을 빈도수가 높은 순서에서 낮은 순서대로 나열하고, 각 항목의 누적비율을 동시에 나타낸 차트이다. 이렇게 표현함으로써 중요도 우선순위별로 항목들을 일목요연하게 확인할 수 있을 뿐만 아니라, 몇 가지 요인이 전체에 얼마나 영향을 미치는지를 알 수 있어 전체 요인 중에서 핵심적인 중요 요인만을 선별해 낼 수 있다. 파레토차트의 기원은 이탈리아의 경제학자 빌프레도 파레토의 연구에서 시작한다. 파레토는 당시 이탈리아의 부(富)의 분배에 대해서 조사를 하였는데, 이탈리아 전체 부의 80%를 20%가 소유하고 있음을 확인하였다. 이후 여러 가지 자연현상이나 사회현상에서 80%의 현상은 20%의 원인으로 설명할 수 있음을 발견하게 되는데, 이러한 현상을 통칭하여 경험법칙으로 파레토 법칙이라 부르게 되었다. 흔히 마케팅부서에서 VIP회원을 특별관리해야 하는 이유로 80:20 법칙을 드는 경우가 많은데, 이것이 파레토 법칙이 적용된 전형적인 예라 하겠다. 즉, VIP회원을 특별관리해야 하는 이유는 80%의 매출이 20%의 충성도 높은 고객에 의해 발생되기 때문이라는 것이다. 수치적으로 꼭 80%니, 20%니 하는 것보다 매출의 많은 비중이 소수의 충성도 높은 고객에게서 발생되므로 이 충성도 높고 매출을 많이 발생시키는 고객을 VIP로 분류하여 특별관리해야 한다는 의미인 것이다. 또한, 품질관리 분야에서도 80%의 불량은 20%의 원인이 발생시킨다는 경험적 사실을 제시하기도 한다. 이런 현상들을 일반화하여 80%의 현상은 20%의 원인으로 설명 가능하다고 하는 것이 일명 '파레토 법칙'이다. 이러한 파레토 법칙은 문제해결기법에서 다양한 단계에서 사용되는데, 문제를 식별할 때, 문제의 원인을 분석할 때, 개선안을 선택할 때 등 전반적으로 사용되는 가장 기본적인 분석기법이다. [그림 2-5]는 어떤 리조트에서 고객클레임의 유형을 파레토차트로 나타낸 것이다. 고객클레임의 80%가 계산대기시간, 불친절, 시설물 세 가지 요소에 의해 발생되고 있다.4) 즉, 파레토 법칙에 따라 고객클레임의 80%는 세 가지 요인으로 설명할 수 있다.

---

4) [그림 2-5]를 보면 계산 대기시간, 불친절, 시설물의 누적비율은 77.3%이므로, 대략 80%의 불만사항을 이 세 가지 요인으로 설명할 수 있다. 즉, 여덟 가지의 불만사항 중 세 가지 요인(37.5%)이 전체 불만사항의 대다수를 차지하므로, 모든 문제를 한꺼번에 해결하기보다 이 세 가지 요인을 우선적으로 해결하는 것이 문제해결에 대한 적절하고 현실적인 접근이라고 보는 것이다.

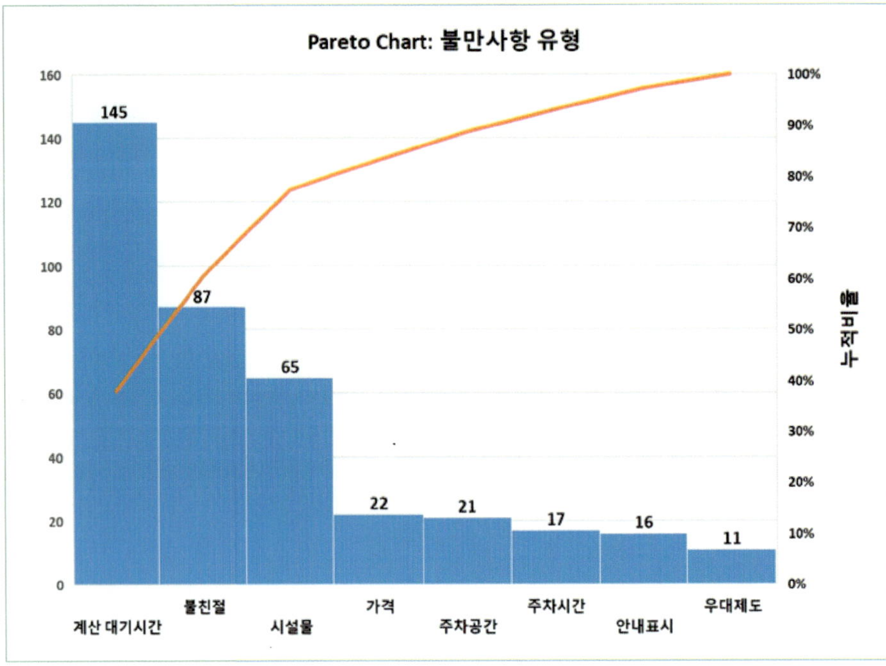

[그림 2-5] 파레토차트 예시: A마트의 고객 불만사항 유형

MS Excel로 파레토차트 그리기

A마트의 고객 불만사항 조사 자료를 바탕으로 파레토차트를 그려보자.

- 불만사항을 Excel로 정리한 체크리스트에서 아래 그림과 같이 제목행과 합계행을 동시에 선택한다.

B	C	D	E	F	G	H	I	J
월	불만 사항							
	계산 대기시간	주차공간	주차시간	가격	우대제도	불친절	시설물	안내표시
1	6	1	1	1	3	5	4	1
2	7	2	2	0	1	6	5	1
3	9	1	0	2	2	5	6	0
4	9	2	2	2	0	7	4	2
5	12	3	1	1	1	8	5	0
6	11	1	2	3	0	6	4	1
7	13	2	1	2	2	5	6	2
8	11	1	2	1	1	8	5	3
9	17	2	2	1	1	9	6	2
10	14	1	2	4	0	8	5	1
11	19	3	1	2	0	9	7	2
12	17	2	1	3	0	11	8	1
합계	145	21	17	22	11	87	65	16

• [메뉴] → [차트] → [히스토그램]에서 파레토차트를 아래 그림과 같이 선택한다.

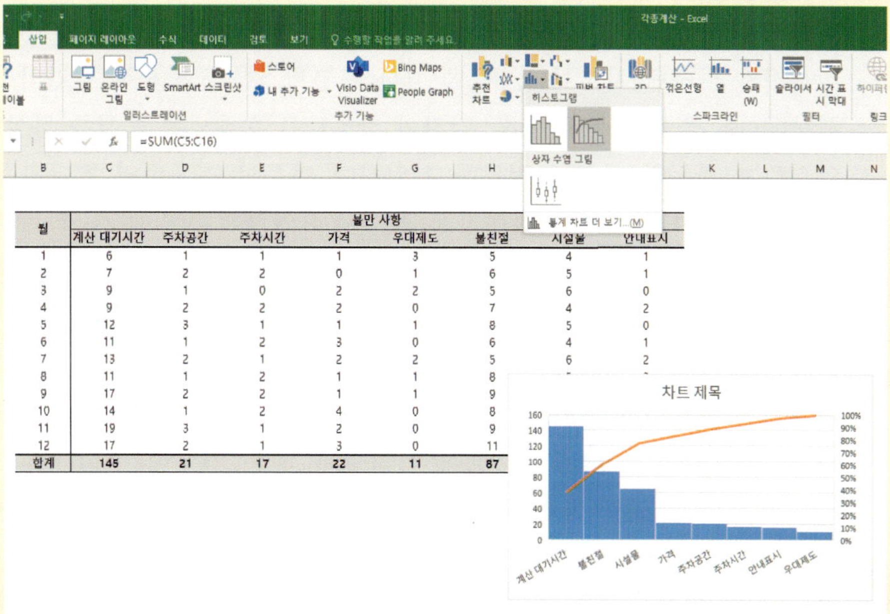

=SUM(C5:C16)

월	불만 사항							
	계산 대기시간	주차공간	주차시간	가격	우대제도	불친절	시설물	안내표시
1	6	1	1	1	3	5	4	1
2	7	2	2	0	1	6	5	1
3	9	1	0	2	2	5	6	0
4	9	2	2	2	0	7	4	2
5	12	3	1	1	1	8	5	0
6	11	1	2	3	0	6	4	1
7	13	2	1	2	2	5	6	2
8	11	1	2	1	1	8		
9	17	2	2	1	1	9		
10	14	1	2	4	0	8		
11	19	3	1	2	0	9		
12	17	2	1	3	0	11		
합계	145	21	17	22	11	87		

• 그래프 우측상단을 클릭하여 차트요소와 차트스타일 메뉴를 띄운 후 본인이 원하는 형태로 그래프를 수정하여 완성시킨다. 완성된 파레토차트는 아래 그림과 같다.5)

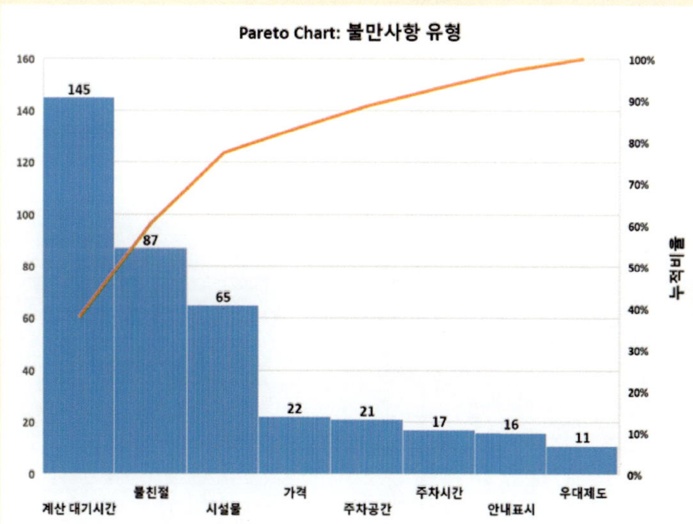

5) KESS를 이용하여 파레토차트를 그리면 파레토차트와 더불어 항목별 빈도수, 비율, 누적빈도수, 누적비율 등 상세한 정보를 동시에 나타내 준다. KESS를 이용하여 파레토차트를 작성하는 방법은 해당 장에서 다시 설명한다.

(마) 흐름도(Flow Chart)

흐름도는 공정 혹은 서비스 프로세스의 전체 과정을 한눈에 볼 수 있게 도식화시켜 나타낸 차트이다. 즉, 어떠한 프로세스를 구성하는 각각의 개별 활동(activity)들을 세분화한 후, 각각의 활동들이 수행되는 순서를 화살표로 연결하고 활동과 관련된 정보를 기입하여 업무의 전체적인 흐름과 함께 어디서 문제가 발생하고 있는지 등을 일목요연하게 정리할 수 있는 도식화된 도구이다. 문제를 인식하기 위해서는 대상으로 하는 전체 업무가 어떤 흐름으로 이루어지고 있는지를 파악할 수 있어야 하기 때문에 문제해결을 위해서 우선적으로 작성한다. 이러한 흐름도는 분석의 대상과 초점을 어디에 맞추고자 하는가에 따라 다양한 종류가 있다. 예를 들어, 조직 내의 부서와 담당자를 중심으로 분석하고자 하는 경우에는 FID(Function Information Diagram)를 흔히 사용하고, 제조공정상의 흐름을 보고자 할 때에는 조립도표(assembly chart)나 흐름공정표(flow process chart) 등을 주로 사용한다. 또, 서비스의 특성에 초점을 맞추어 분석할 때에는 서비스 청사진

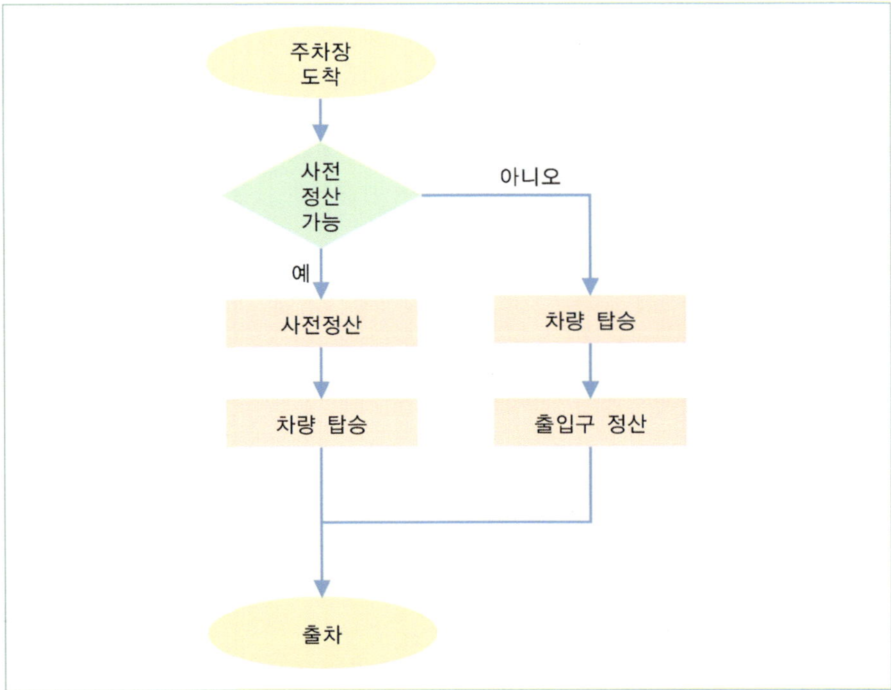

[그림 2-6] 흐름도 예시: A마트 주차장 출차 프로세스

(service blueprint) 등을 사용하기도 한다. 이와 같이 프로세스 분석 혹은 관리 도구로 사용되는 다양한 흐름도에 대해서는 프로세스 세부 방법론 부분에서 다시 설명될 것이다. 예시적으로 [그림 2-6]에 A마트 주차장의 출차 프로세스를 나타내었다.

보통 타원은 흐름도의 시작과 끝을 나타내며, 네모는 각각의 활동을, 그리고 마름모꼴은 의사결정을 나타낸다. 각각의 활동의 흐름은 화살표로 그 순서대로 연결되며, 각각의 활동과 연결선상에 프로세스와 관련한 여러 정보들을 기입하기도 한다.[6]

(바) 인과관계도(Cause-and-effect Diagram)

인과관계도는 원인과 결과의 관계를 논리적으로 탐색하여 한 장의 그림으로 나타낼 수 있도록 도와주는 도구이다. 최초로 이 도구를 고안한 사람의 이름을 따서 이시가와 다이어그램(Ishigawa diagram)이라고도 불리며, 다이어그램의 생긴 모양이 생선처럼 생겼다고 해서 생선뼈 그림(fishbone diagram)이라 하기도 한다. 줄여서 C&E 다이어그램이라고 칭하기도 한다. [그림 2-7]은 A마트에서 배달시간이 지체되는 이유를 찾기 위해 인과관계도로 도식화한 사례를 보여주고 있다. 그림에서 보는 바와 같이 생선의 머리에 해당하는 부분에 결과—이 사례에서는 배달시간 지체—를 적고, 나머지 부분에 이러한 결과를 야기하는 원인들을 적는다. 몸통의 네모 상자에 결과를 야기하는 큰 원인들을 적고 이어지는 작은 선들에 이에 해당하는 세부 원인들을 적어 나가면서 완성시켜 나가면 결과에 대한 원인들이 카테고리별로 논리적인 순서로 정리될 수 있다. 논리적 측면에서 보면 큰 원인부터 작은 원인까지 세부적으로 논리적 전개에 따라 정리되므로 연역적 방법을 사용한다고 할 수 있는데,[7] 막상 이 방법을 사용하고자 하면 결과에 대한 제일 상위의 원인에 대한 구분을 무엇으로 해야 할지가 막막한 경우가 많

6) 예를 들어, 원가를 중심으로 분석하고자 할 때에는 각각의 활동에 원가정보를 기입하고, 소요시간을 중심으로 분석하고자 할 때에는 각각의 활동에는 처리시간을, 그리고 화살표에는 이동시간 등을 기입하기도 한다.

7) 어떠한 결과에 대한 원인을 논리적 순서 없이 생각나는 대로 나열한 후 카테고리화시키는 방법도 생각해 볼 수 있다. 이러한 방법 역시 어떠한 결과에 대한 원인을 찾을 때 많이 사용하며, 이런 경우 친화도표(affinity diagram) 방식으로 정리한다. 친화도표는 앞서 설명한 QC 7 도구의 하나이다.

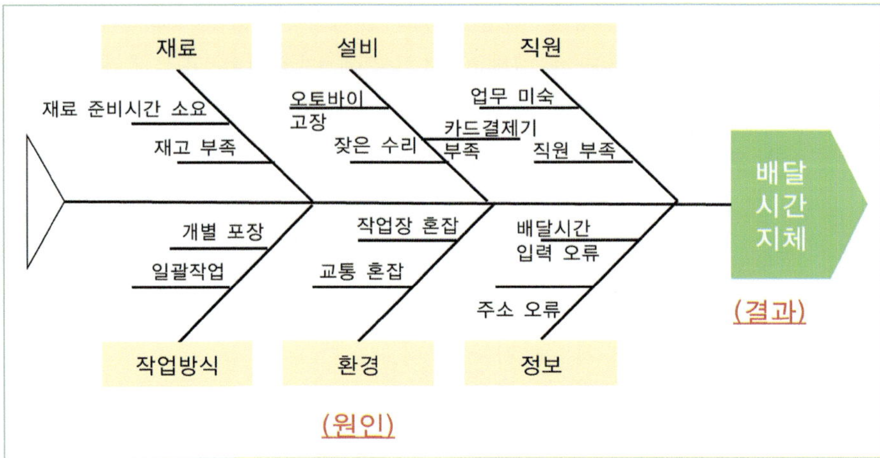

[그림 2-7] 인과관계도 예시: A마트 배달시간 지체 이유

다. 가장 보편적으로 사용하는 방법은 생산시스템의 요소를 4M(Man, Machine, Material, Method), 4M+IE(Man, Machine, Material, Method, Information, Environment), 혹은 4M+IEE(4M+IE에 Energy가 추가) 등으로 구분하는 것이다. [그림 2-7]의 사례에서도 4M+IE로 가장 큰 원인을 구분한 것을 확인할 수 있다. 실제 적용 시에는 이 구분을 응용하여 사용하면 대부분의 경우에 적용할 수 있다. 예를 들어, 온라인 마켓의 경우 Men 부분을 판매자와 구매자 두 요소로 다시 세분화하는 것도 의미가 있다.

(사) 산점도(Scatter Plot)

산점도는 이미 1.3절에서 설명한 바와 같이 두 개 이상의 연속형 변수에 대해, 각 변수쌍 간의 상관관계를 시각적으로 확인하는 도구이다. [그림 2-8]은 A마트의 대기시간과 직원수 간의 관계를 산점도로 나타낸 것이다.[8] 점이 찍힌 패턴을 보면 대기시간과 직원수 간에는 우하향하는 패턴을 확인할 수 있는데, 이는 대기시간과 직원수 두 변수 간에 음의 상관관계를 가진다는 것을 알 수 있다. 이 산점도만으로 직원수가 대기시간에 영향을 미친다는 인과관계까지를 단정할 수는 없지만 인과관계를 찾기 위한 사전 확인단계에서 두 변수 간에 상관이 있는지를 살펴보는 유용한 도구로 산

8) MS Excel을 이용하여 두 변수 간의 산점도를 그리는 방법은 1.3절에서 이미 설명하였으므로 여기서는 생략한다.

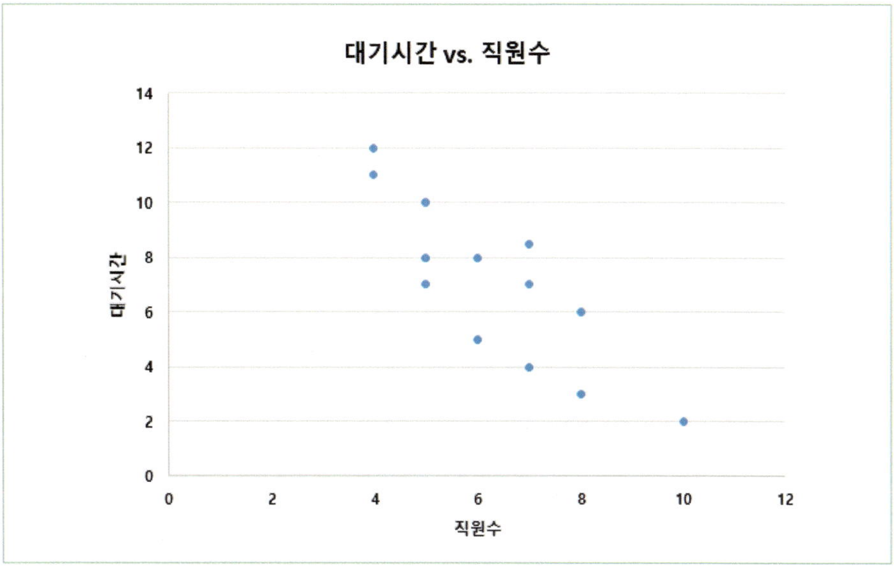

[그림 2-8] 산점도 예시: A마트 계산 대기시간과 직원수 간의 관계

점도를 사용할 수 있다. 이후 상세히 알아보겠지만 이러한 산점도를 기반으로 점들의 분포를 가장 잘 설명해 줄 수 있는 방정식을 찾아내면 그것이 회귀방정식이 되고 두 변수 간의 인과관계를 수학적으로 표현해 내는 방식이 된다. 한편, 검토하고자 하는 모든 변수들의 상관관계를 산점도를 통해 보고자 하는 경우 각 변수쌍별로 산점도를 하나씩 그려서 보면 되겠지만, 전체 변수쌍에 대해 한꺼번에 산점도를 그려서 볼 수 있으면 변수 간의 상관관계를 시각적으로 확인하는 데 도움이 될 것이다. [그림 2-9]는 A마트의 체크리스트에 있는 모든 변수쌍에 대한 산점도를 한꺼번에 그려 놓은 것이다. 이러한 형태를 산점도행렬(scatter plot matrix)이라 한다.[9)]

산점도행렬을 통해 상관성이 있어 보이는 특정 변수쌍들을 확인할 수 있다. 계산 대기시간과 정(+)의 상관이 있어 보이는 변수는 불친절과 시설물인 것을 산점도행렬에서 확인할 수 있다. 또, 불친절과 시설물도 정(+)의 상관이 있어 보인다는 것을 확인할 수 있다.[10)]

9) MS Excel에서는 산점도행렬을 그리는 기능이 제공되지 않는다. [그림 2-9]는 R의 pairs()함수를 통해 그린 것이다.

10) 산점도행렬을 상세히 보면, 계산 대기시간과 불친절, 계산 대기시간과 시설물은 선형적 관계가 존재하는 것으로 보이며, 불친절과 시설물은 특정 영역에 변수들이 모여 있는 것으로 보아 비선형적 관계가 존재하는 것으로 시각적으로는 판단할 수 있다. 관계의 선형성에 대한 정확한 판단은 통계적 분석을 더 수행해야 한다.

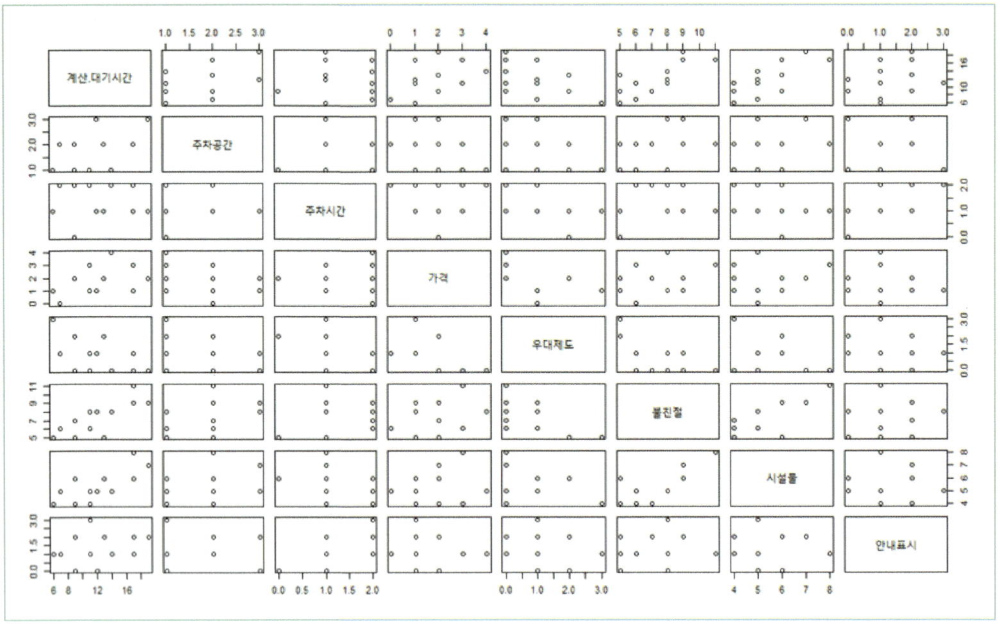

[그림 2-9] 산점도행렬 예시: A마트 체크리스트상의 변수쌍에 대한 산점도행렬

(아) 관리도(Control Chart)

관리도는 운영 중인 프로세스가 관리상태(in control)에 있는지, 이상상태(out of control)에 있는지를 모니터링하기 위해 주로 사용하는 도구이다. [그림 2-10]에 A마트의 계산 대기시간에 대한 평균값 관리도를 예시적으로 나타내었다. 즉, 이 관리도에서 보면 평균값인 6.67을 중심으로 계산 대기시간이 상하로 변동되고 있으나, 모든 시스템은 변동요인을 가지고 있을 수밖에 없기 때문에 이 변동이 정상적인 상태에서 발생하고 있는 변동인지, 비정상적인 상태에서 발생하고 있는 변동인지를 통계학적인 관점에서 판단하는 것이 관리도인 것이다. 여기서 평균값 6.67이 정상적인 상태에서 수집된 값이라고 가정하면 이 값을 우리는 중앙선(CL : Central Line)이라 한다. 시스템이 정상적인 상태에서 운영 중이라면 이 중앙선을 기준으로 어느 정도 범위 내에서만 변동해야 할 것인데, 이때 변동의 상한선을 관리상한선(UCL : Upper Control Line)이라 하고, 변동의 하한선을 관리하한선(LCL : Lower Control Line)이라 한다. 즉, 매 측정 시 시스템의 샘플값이 UCL과 LCL 내에서 변동되고 있다면 이 시스템은 관리하에 있다고 말할 수 있고,

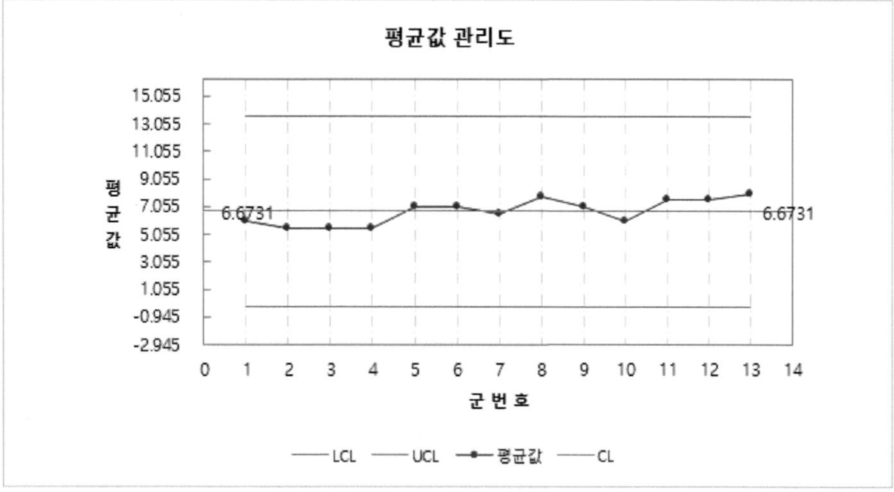

[그림 2-10] 관리도 예시: A마트 계산 대기시간

이 범위를 벗어나면 이상요인이 발생한 상태로 즉시 조치를 취해야 할 것이다. 이러한 관리도는 통계적 품질관리(SQC : Statistical Quality Control)에서 프로세스의 안정성을 관리하기 위한 가장 기본적인 도구로 사용되고 있다.

2.2 식스시그마 개요

식스시그마의 시초는 1980년대 후반 모토롤라社의 마이클 해리에 의해 시작된 것으로 알려져 있다. 1980년대 이후 일본기업이 높은 수준의 품질을 기반으로 서구시장에서 약진하자 이에 위기를 느낀 서구기업들이 대응방안을 찾고 있는 시대적 상황에서, 모토롤라社에서의 적용효과가 알려지자 혁신적인 품질관리 혹은 프로세스 개선기법으로 널리 알려지게 되었다. 이후 서구의 선도적 기업들에서 식스시그마를 채택하고, 특히 1990년대 중반 제너럴일렉트릭社의 회장인 잭 웰치에 의해 전사적인 전략으로 채택된 후 전 세계적으로 선풍적인 인기를 끌며 확산되었다. 국내에서도 1990년대 중·후반부터 대기업 그룹사를 중심으로 본격적으로 식스시그마를 도입하기 시작하였으며, 이후 프로세스 혁신을 포함한 품질혁신 및 경영혁신의 기법으로 기업을 넘어, 공공기관 등에서도 널리 활용되었다. 식스시그마에서 사용하는 기법과 도구들을 자세히 살펴보면, 식스시그마가 나오기 이전에 존재하지 않던 새로운 기법을 독창적으로 고안하여 제안하였다기보다는 식스시그마 이전에 존재하던 여러 품질관리 및 품질개선 도구들을 종합적으로 구성해 놓았다는 느낌이 들 수 있다. 따라서 식스시그마를 새로운 품질관리 혹은 개선의 도구로 이해하기보다는 품질관리 혹은 품질경영을 전사 전략적 관점에서 바라보고, 전사적 수준에서 품질경영을 내재화하여 조직의 루틴으로 정착시키는 일종의 경영철학이자 경영혁신의 도구라고 보아야 식스시그마의 본질을 이해할 수 있을 것이다. 즉, 식스시그마는 기존의 품질관리 및 품질경영 활동을 모두 통합한 개념이자, 제조현장뿐만 아니라 기업 전체 부서와 업무에 대한 무결점 추구, 프로세스 혁신, 고객중심사고 및 고객만족, 생산성 개선, 지식경영 등 경영혁신을 과학적 수단인 통계적 개념과 도구를 기반으로 추진하고자 하는 일종의 경영철학이며, 식스시그마 경영을 통해 경쟁우위를 확보하는 경영전략의 관점에서 바라보아야 한다는 의미이다.

2.2.1 식스시그마의 개념

식스시그마란 최고경영자의 리더십 아래 시그마(σ)라는 통계척도를 사용하여 모든 프로세스의 품질수준을 정량적으로 평가·발전시키고 문제해결과정 및 전문가양성 등의 효율적 품질문화를 조성해가며, 품질혁신과 고객만족을 달성하기 위해 전사적으로 실행하는 종합적인 기업의 경영전략이라고 정의할 수 있다(김태웅, 2015). 식스시그마의 개념을 이해하기 위해 식스시그마에서 가장 많이 사용하는 몇 개의 키워드를 살펴봄으로써 식스시그마의 개념을 명확히 해 보도록 하자. [그림 2-11]은 식스시그마에서 가장 흔하게 사용하는 몇 가지 키워드이다. 이 키워드들을 하나씩 살펴보도록 하자.

σ	Vital Few
CTQ	DMAIC

[그림 2-11] 식스시그마를 이해하기 위한 핵심 키워드

먼저 첫 번째로 나온 시그마(σ)는 앞서 '1.3절 품질경영을 위한 통계적 개념의 기초'에서 학습한 용어이다. 즉, 시그마(σ)는 통계학에서 평균을 중심으로 데이터들이 흩어져 있는 산포성향을 나타내는 통계량인 표준편차(standard deviation)를 말한다. [그림 2-12]에서와 같이 고객의 요구사항을 만족시키는 품질항목의 능력지표값이 분포한다고 해 보자.[11] 여기서 USL(Upper Specification Limit)은 규격의 상한값이고, LSL(Lower Specification Limit)은 규격의 하한값이다. 즉, 품질항목의 능력지표값이 USL과 LSL 사이에 있을 때 우리는 양품이라고 하고, USL보다 큰 값을 가지거나 LSL보다 작은 값을 가지게 될 경우 불량품이라 한다. [그림 2-12]에서는 불량품으로 판정되는 영역을 빗금으로 표시해 놓았다. 식스시그마에서는 이렇게 불량이 발생되는 확률을 시그마수준이라는 단위로 표현한다. 즉, [그림 2-12]에 표기되어 있는 불량영역에서 사건이 발생할 확률값을 표준정규분포로 변환할

11) 제품이나 서비스, 혹은 프로세스를 설계할 때 규격(specification)을 정하는데, 규격에는 명목치(nominal)와 공차(tolerance)를 포함한다. 공차의 한계를 규격상한(USL)과 규격하한(LSL)이라 한다.

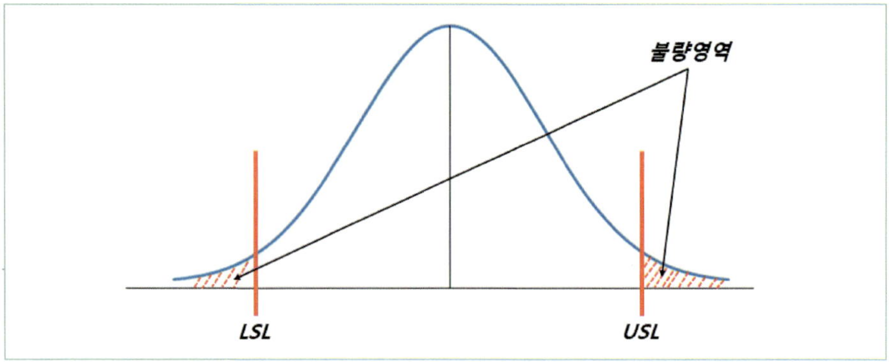

[그림 2-12] 시그마수준의 이해

때의 표준정규분포의 확률변숫값 $P(Z=z)$를 만족시키는 z값을 시그마수준으로 정의하며, 이 z값(시그마수준)이 커지면 커질수록 불량발생의 확률은 낮아지게 된다.[12)]

정규분포의 특성에서 살펴본 바와 같이 동일한 USL과 LSL을 유지한다고 할 때, 불량률을 줄이기 위해서는 표준편차(σ)가 작아져야 한다. 식스시그마에서는 이것을 앞서 얘기한 시그마수준이라고 하는 Z단위로 변환해서 표현하는데, [그림 2-13]에서 불량률을 줄이기 위해서는 시그마수준이 높아져야 한다. 즉, 우리가 식스시그마수준으로 관리한다고 하는 것은 이 불량이 발생하는 영역의 시그마수준의 값을 6까지 올리겠다는 의미이다. 보통 제조과정에서 식스시그마수준이라 함은 백만 개를 생산한다고 했을 때 3, 4개 정도의 불량이 발생하는 수준이다. 쉬운 예로 소형도서관 정도 규모의 도서관이 보유하고 있는 전체 책에서 오타가 하나 정도 발생되는 불량확률이라고 생각해 볼 수 있다. 즉, 식스시그마수준으로 품질을 관리하겠다고 하는 것은 사실상 불량을 거의 발생시키지 않는 수준으로 품질관리를 해 나가겠다는 의미이며, 전사적 차원에서 식스시그마를 운영한다는 것은 기업의 모든 부서에서 수행하는 모든 업무에 대해 실수나 결함을 거의 발생시키지 않는 수준으로 운영하겠다는 것이다. 앞서 식스시그마가 경영철학이자 경영전략이라고 한 의미가 여기서 발견된다. 즉, 전사의 모든 업무를 식스시그마수준으로 관리하여 결점을 제로수준으로 제거함으로

---

12) 표준정규분포로 변환하는 식 $z=\frac{X-\mu}{\sigma}$ 로 시그마수준을 계산한다. 식에서 보면 시그마수준을 높이기 위해서는 원래 분포의 표준편차값인 시그마(σ)값을 줄여야 한다.

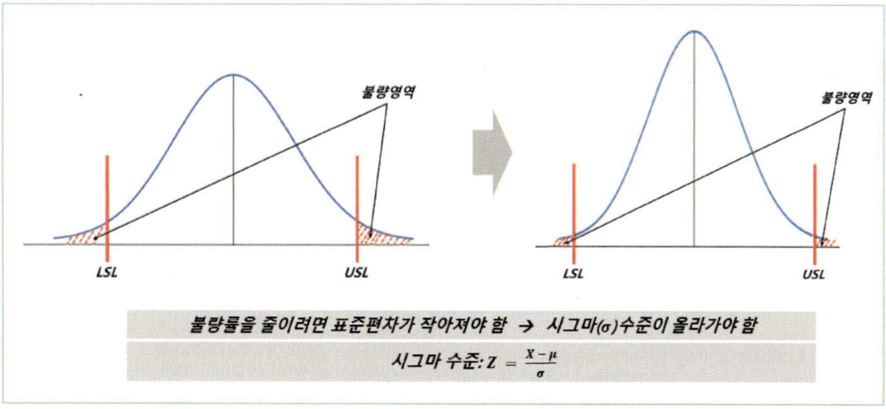

[그림 2-13] 식스시그마의 이해

써 궁극적으로 고객만족과 수익극대화를 추구하겠다는 전략적 의미를 식스시그마는 내포하고 있는 것이다.

다음으로 CTQ(Critical-to-Quality)는 핵심품질요인 혹은 핵심품질지표 등으로 일컬어지는 것으로 고객만족을 위해 가장 중요하고 핵심적인 품질요인을 말한다. 식스시그마가 타 품질혁신기법들과 차별성을 가지는 것 중 하나가 바로 고객중심이라는 것이다. 즉, 식스시그마는 모든 문제를 고객의 관점에서 바라보는데, 고객이 불만을 가지고 있는 것, 고객이 요구하는 것을 해결하는 것을 목표로 한다. 따라서 고객이 불만을 가지고 있거나 요구하는 사항을 직접적으로 해결해 주면서 측정 및 관리 가능한 품질항목, 품질요소, 혹은 품질지표를 CTQ라고 한다. 즉, 이 CTQ를 집중적으로 개선함으로써 고객의 불만사항이나 요구사항을 제거한다는 의미이다.

식스시그마에서는 Vital Few라는 용어도 흔히 사용한다. Vital Few는 소수의 핵심요인을 일컫는 말이다. 품질문제를 발생시키는 여러 요인들을 발견하게 될 것인데, 그러한 요인들 중 해결하고자 하는 품질문제에 가장 영향력이 높은 핵심적인 몇 가지의 요인들을 일컫는 말이다. 즉, 품질문제를 야기하는 모든 문제를 해결하기보다는 영향력이 가장 높은 소수의 원인에 대해 해결방안을 집중함으로써 품질문제의 대부분을 해결하겠다는 것이 깔려 있는 개념으로, 앞서 학습한 적 있는 파레토 법칙을 품질경영에 적용하는 방식이라 할 수 있다.

마지막으로 식스시그마에서 가장 흔하게 쓰이는 용어는 DMAIC이다. 식스시그마의 개념도 이해하고 식스시그마를 추진하면 어떠한 효과를 얻을 수 있을지도 짐작할 수 있게 되었지만, 구슬이 서 말이라도 꿰어야 보배다. 즉, 식스시그마를 기업 현장에 적용하려면 어떻게 수행해야 할 것인지에 대한 수행방법론이 필요하다. 이러한 식스시그마의 수행방법론을 DMAIC라 한다. 식스시그마의 수행방법론은 총 다섯 단계로 이루어져 있는데, 정의(Define)단계, 측정(Measure)단계, 분석(Analyze)단계, 개선(Improve)단계, 관리(Control)단계가 그것이다. 이 다섯 가지 단계를 지칭하는 영단어의 첫 글자를 따서 조합한 것으로, 이후 절에서 DAMIC 방법론에 대해 상세히 학습한다.

2.2.2 식스시그마의 효과

경영혁신의 기법들은 당대의 기업이 처한 상황과 요구에 따라 한때 유행했다가 시들해지기도 하며, 이미 기업에 내재화되어 어느 시점 이후부터는 유행이 지난 것처럼 느껴지기도 한다. 1990년대부터 2000년대까지 식스시그마는 비즈니스 프로세스 리엔지니어링 등과 더불어 전 세계적으로 유행처럼 추진되었다. 초창기에는 제조프로세스의 혁신과 품질혁신을 주 타깃으로 진행되었지만 시간이 지나면서 기업과 공공기관을 포함하여 거의 전 조직의 전 부문에서 무결점을 목표로 진행되었다. 지금은 식스시그마라는 용어 자체가 경영혁신의 전면에 나서지 않을 정도로 시간이 많이 흘렀으나, 이미 각 기업들에 내재화되어 여전히 유효한 품질혁신의 기법으로 작동하고 있다. 이러한 식스시그마는 아래와 같은 효과를 주고 있다. 이러한 점은 다른 측면에서 보면 식스시그마가 가지는 차별성이라 할 수도 있다.

첫째, 식스시그마는 기업 활동이 고객 중심적으로 이루어지도록 변화시켰다. 즉, 고객을 중심으로 품질문제를 바라보게 만들었으며, 고객만족을 지향하지 않는 활동들은 낭비적인 요소로 인식하게 만들어 기업의 모든 활동을 고객중심으로 움직일 수 있는 역동적인 구조로 변화시켰다.

둘째, 식스시그마는 과학적 경영의사결정 혹은 데이터 기반 경영의사결정이 이루어지는 문화를 정착시켰다. 과학적이라고 하는 것은 수치화된 근거를 기반으로 해야 하는데, 식스시그마는 현실의 문제를 측정하여 통계적 기법을 활용하여 의사결정의 근거로 삼을 수 있도록 함으로써 기업 내 의사결정에 있어서 데이터와 통계적 분석의 중요성을 기업들이 인식하게 하였다.

셋째, 식스시그마는 품질혁신의 문화를 기업 내에 체화시켜, 상시적으로 품질경영이 이루어지고 품질경영 자체가 구성원 모두의 일이라는 인식을 기업에 정착시켰다. 과거의 품질경영이 대응 중심의 수행방법을 따랐다면, 식스시그마 이후에는 품질개선 혹은 품질혁신이 상시적이고 반복적으로 수행될 수 있는 조직구조와 운영체계를 기업 내에 정착시킴으로써 기업과 구성원 모두 품질경영 자체를 늘상 수행해 나가야 하는 루틴으로 받아들이게 만든 것이다.

2.2.3 식스시그마의 문제해결방법론

일반적으로 적용되는 식스시그마 추진의 절차는 [그림 2-14]에 나타나 있는 바와 같이 DMAIC 5단계를 적용한다.[13] DMAIC는 문제해결 혹은 품질개선을 추진하는 논리적인 절차로서 Define(정의), Measure(측정), Analyze(분석), Improve(개선), Control(통제)의 각 단계를 나타내는 영단어에서 첫 글자를 뽑아서 만든 일종의 약어이다. 개별 기업 혹은 조직들이 식스시그마를 적용하기 위해 사용하는 DMAIC 방법론 5단계는 공통적으로 사용하지만,

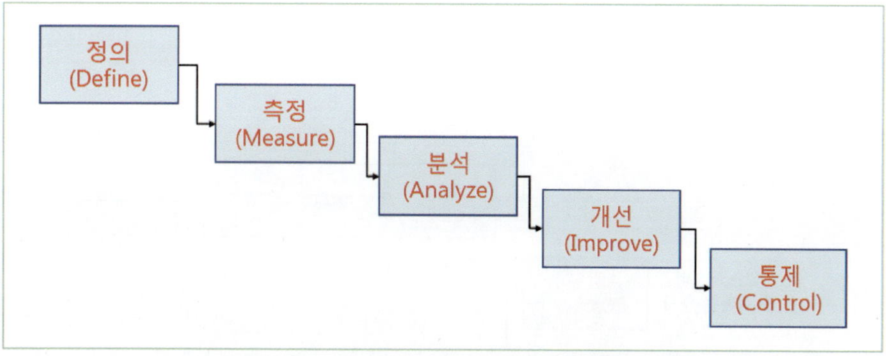

[그림 2-14] 식스시그마 DMAIC 방법론 5단계

13) 식스시그마를 최초 제안한 마이클 해리는 당초 MAIC 방법론을 제시하였으나, 이후 개선되면서 DAMIC 방법론으로 발전하였다. DMAIC 방법론은 프로세스 개선에 초점을 맞춘 방법론이며, 이후 식스시그마운동이 경영 전반으로 확장되면서 DMAIC 방법론에서 파생되어 DFSS, DMADOV 등으로 확장되었다.

각 단계별로 수행하는 세부 태스크(Task)나 액티비티(Activity), 활용 도구 등은 개별 기업들이 자신의 상황에 맞게끔 수정·변경하여 사용하는 것이 일반적이다. 이는 식스시그마가 각 기업에 내재화되어 성과를 창출하기 위해서는 식스시그마 추진절차와 적용되는 도구들을 자신의 특성에 맞게 수정함으로써 각 기업만의 독특한 식스시그마 전개 절차를 구축하는 것이 필요하기 때문이다. 따라서 식스시그마를 기치로 문제해결 혹은 품질개선을 위해 사용하는 방법론의 이름은 기업마다 고유명사화되어 다를 수 있지만, 기본적으로 밑바탕에 깔려 있는 기본틀은 DMAIC 방법론에 기반하고 있다고 이해해도 무방할 것이다.

여기서 생각해 볼 것은 식스시그마의 문제해결방법론이 다른 문제해결방법론과 어떤 차이를 가지고 있느냐 하는 것이다. [그림 2-15]에서 보는 바와 같이 식스시그마의 문제해결방법론은 우리가 앞 절에서 보았던 공학적 문제해결 절차와 그 논리적 구조에서 별반 차이가 없다. 단지 원인 분석단계가 식스시그마에서는 측정단계와 분석단계로 좀 더 상세히 구분되어 있는 정도의 차이만이 느껴진다. 사실 문제해결의 절차라는 것의 논리적 구성으로만 보면 어떤 문제해결기법도 그 틀을 벗어나기는 어렵다. 따라서 식스시그마도 기본적으로 기존의 문제해결방법론의 논리적 구성을 따르고 있으며, 그 분석의 기법에 있어서 통계적 방법을 사용하여 데이터와 사실 기반으로 모든 문제를 분석하고, 도출되는 대안에 대해서 데이터와 사실을 기반으로 최적안을 도출해 낸다는 점에서 기존의 문제해결방법

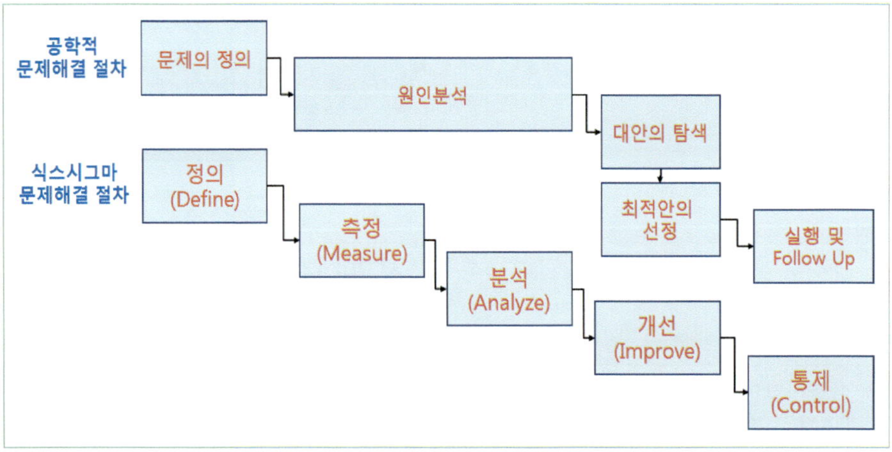

[그림 2-15] 문제해결 절차의 비교

과 차이가 나는 소위 과학적 문제해결기법이라고 할 수 있는 것이다. 즉, 식스시그마에서는 기업현장의 문제들을 통계적인 문제로 치환하여 문제의 인식, 원인의 분석, 대안의 탐색, 최적안의 선정을 해 내고 이를 다시 현장의 사실로 재치환하는 방법을 사용하고 있는 것이다.

식스시그마 DMAIC 각 단계별로 수행하는 주요 내용은 아래의 표와 같다.

단계	내용
정의(Define)	향후 수행할 식스시그마 프로젝트를 왜 선정했으며, 해결해야 할 문제는 무엇이고, 또 어떻게 해결해 나갈 것인지를 고객, 경영자, 전략적인 관점에서 정의한다.
측정(Measure)	정의단계에서 도출된 프로젝트의 CTQ를 가장 잘 대표할 수 있는 측정 가능한 계량형 지표를 정의한다. 측정시스템의 신뢰성을 확인한 후, 현재 시그마수준을 파악하고 개선의 구체적인 목표를 수립한다.
분석(Analyze)	CTQ에 영향을 줄 것이라 생각되는 잠재적 원인변수를 발굴하고, 특성요인도 등을 활용하여 이들을 구조화한다. 논리적이고 객관적인 증거를 통해 이들을 분석하여 CTQ의 변동에 영향을 미치는 소수 핵심요인들이 어떤 것인지 선별한다.
개선(Improve)	핵심요인들의 특성에 따라 개선안을 수립하고, 창의적 대안을 마련하거나 실험적 데이터에 대한 통계분석을 통해 최적해를 도출한다. 최적 조건을 전사적으로 적용하기에 앞서서 파일럿 테스트를 수행하며, 이를 통해 개선안의 문제점 및 효과를 파악한다.
통제(Control)	프로세스 개선범위를 조직의 전 부문으로 확대하여 목표달성 여부를 확인하고 개선성과를 유지하기 위한 관리계획을 수립한다. 핵심요인들에 대한 모니터링을 통해 개선성과를 유지 · 관리하고, 과제 수행의 모든 내용을 문서화 · 표준화하여 성과를 공유한다.

2.3 품질개선방법론 정의

본절에서는 DMAIC Task-10 모델로 명명한 품질개선방법론을 제시한다. 본 방법론은 식스시그마 방법론으로 널리 사용하고 있는 DMAIC 방법론의 기본틀은 유지하되 각 단계별로 수행해야 하는 과업들을 간소화하여 학습과 현장 적용을 쉽게 하는 것을 주된 목적으로 저자가 새롭게 구성한 방법론이다. 즉 기존 식스시그마 DMAIC 방법론은 관리의 수준이 높은 대기업을 중심으로 개발되고 확산되었기에 각 단계별로 수행해야 하는 태스크나 활동들이 다소 복잡하고 각 단계별로 사용해야 하는 도구들 또한 통계적 기법을 바탕으로 하는 것이어서 학습에도 많은 노력이 요구되었다. 본절에서 제시하고자 하는 DMAIC Task-10 모델은 기존의 품질개선방법론이 제시하는 계량적·통계적 기법을 최소화함과 동시에 사용하는 분석 도구도 일상적인 오피스 도구(예 : MS Excel 프로그램)를 사용하도록 하여 품질개선의 방법론을 수월하게 학습하고(Easy-Learn) 현장에서 신속하게 적용할 수 있는(Quick-Start) 수준으로 재설계하였다.

2.3.1 방법론의 구성

DMAIC Task-10 모델은 식스시그마 DMAIC 방법론에서 정의하는 정의(Define), 측정(Measure), 분석(Analyze), 개선(Improve), 관리(Control)[14]라는 다섯 단계의 구성을 품질문제 해결의 논리적 프레임워크로 그대로 따른다. 다만 각 단계의 수행 내용을 간소화하여 각 단계별로 두 개의 태스크로 구성하였다. 또한 각 태스크는 두 개의 하부 액티비티로 수행될 수 있도록 구성되었다. 따라서 DMAIC Task-10 모델은 DMAIC 다섯 단계 전체에 걸쳐 열 개의 태스크와 스무 개의 액티비티로 구성된 방법론이다. 각 단계별 태스

14) DMAIC의 마지막 단계인 Control 단계를 보통 통제단계로 번역을 많이 하는 경향이 있으나, 본서에서는 관리로 번역하였다. 품질관리 혹은 생산관리 영역에서 control을 통제로 번역하는 경향이 있으나 그 본질적인 의미를 고려해 볼 때, 통제보다는 관리라는 의미가 적절한 것으로 생각된다.

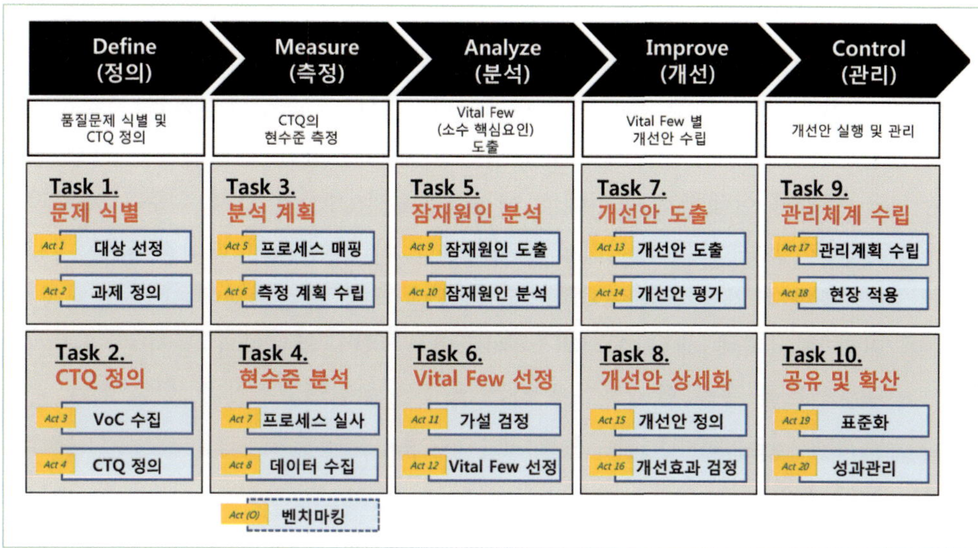

[그림 2-16] 품질개선방법론: DMAIC Task-10 모델

크와 액티비티의 구체적인 구성은 [그림 2-16]과 같다.

DMAIC Task-10 모델의 각 단계별 태스크의 주요 수행 내용은 다음과 같다.

① 정의단계

정의(Define)단계는 개선 대상 조직의 품질문제를 식별하고 이 품질문제와 관련된 고객의 요구사항을 바탕으로 핵심품질요인(CTQ : Critical-to-Quality)을 정확히 정의하는 단계이다. 이 단계에서의 핵심적인 수행 내용은 개선하고자 하는 품질문제와 관련된 고객[15]을 정확히 정의하고 고객이 불만족하는 사항이 무엇인지, 고객이 요구하는 사항이 무엇인지를 정확히 이해하는 것이다. 나아가 이러한 고객의 요구사항에 대한 이해를 바탕으로 고객의 불만사항이나 요구사항을 충족시켜 줄 수 있는 직접적 품질요인인 핵심품질요인(CTQ)을 선정해 내야 한다. 이를 위해 정의단계에서는 [Task 1. 문제 식별]과 [Task 2. CTQ 정의] 두 가지의 태스크를 수행한다.

---

15) 앞서 설명한 바와 같이 고객(customer)은 내부고객(internal customer)과 외부고객(external customer) 모두를 포함한다. 즉, 개선 대상으로 하는 품질문제의 고객이 내부고객일 수도 있고 외부고객일 수도 있다.

② 측정단계

측정(Measure)단계는 앞 단계인 정의단계에서 도출된 핵심품질요인(CTQ)의 현 수준을 측정하는 단계이다. 개선 대상으로 정의한 품질문제가 발생되는 업무의 프로세스를 파악하고 실사를 통해 품질문제의 발생 양상을 정확히 이해함과 동시에[16] 핵심품질요인(CTQ)의 현재 수준을 계량적으로 파악할 수 있는 데이터를 수집하는 것이 이 단계의 핵심적 활동 내용이다. 또한 벤치마킹을 수행함으로써 개선 대상 품질문제에 대한 잠재적 원인과 개선책에 대한 가설과 아이디어를 미리 확보함과 동시에 품질개선 프로젝트를 통해 달성하고자 하는 목표를 수립할 수 있다. 이를 위해 측정단계에서는 [Task 3. 분석계획]과 [Task 4. 현 수준 분석] 두 가지의 태스크를 수행한다.

③ 분석단계

분석(Analyze)단계는 앞 단계에서 측정한 핵심품질요인(CTQ)에 영향을 미치는 잠재적 원인들을 도출한 후, 이러한 잠재적 원인들 중 가장 영향력이 큰 원인을 소수 핵심요인(Vital Few)으로 선정하는 단계이다. 앞 단계에서 수행한 프로세스 실사 및 벤치마킹 등을 통해 수집한 현황 자료를 통해 잠재적 원인에 대한 가설들을 도출해 내고, 이러한 원인들의 실제 영향 정도를 데이터를 통해 확인하여 최종적으로 핵심적인 요인들을 확정하는 것이다. 분석단계에서 도출된 소수 핵심요인이 결국 품질개선의 핵심 대상이 되는 것이다. 분석단계에서는 [Task 5. 잠재원인 분석]과 [Task 6. Vital Few 선정] 두 가지의 태스크를 수행한다.

④ 개선단계

개선(Improve)단계는 앞 단계에서 선정한 소수 핵심요인별로 개선안을 도출한 후 최적안을 선정하는 단계이다. 즉, 소수 핵심요인에 대한 발생원인을 심층적으로 분석하고 이의 해결 방안에 대한 여러 대안을 도출한 후 대안평가를 통해 최적안을 선정한다. 또한 선정한 최적안의 개선효과에 대해서도 입증해야 한다. 다시 말해 가장 영향력이 큰 소수 핵심요인을 개선

---

16) "문제와 답은 항상 현장에서 찾아라. 해답은 현장의 작업자에게 이미 존재한다"는 품질개선 활동의 관용구를 생각해 볼 때, 현장에 대한 이해와 실사는 품질개선 프로젝트의 성공을 위해 가장 중요한 활동이라 해도 과언이 아닐 것이다.

함으로써 핵심품질요인인 CTQ를 실질적으로 개선하여 품질수준을 향상시킬 수 있음을 입증해야 한다. 개선단계에서는 [Task 7. 개선안 도출]과 [Task 8. 개선안 상세화] 두 가지의 태스크를 수행한다.

⑤ 관리단계

앞 단계인 개선단계에서 확정된 최적안은 품질개선 프로젝트 범위 내에서 그 자료가 수집되고 개선효과가 검증된 것이다. 이 최적안이 실제로 조직의 효과로 이어지기 위해서는 조직 전체에 확산되어야 할 뿐만 아니라 그 성과의 실현여부가 관리되어야 한다. 따라서 관리(Control)단계는 검증된 최적안을 조직 전체에 확산하여 업무의 변화를 정착시키고, 품질개선의 성과를 관리하는 활동을 수행하는 단계이다. 이를 위해 표준화, 수행주체와 모니터링 체계를 포함하는 관리체계 수립, 성과관리 체계 등을 정의하고 실행한다. 관리단계에서는 [Task 9. 관리체계 수립]과 [Task 10. 공유 및 확산] 두 가지의 태스크를 수행한다.

DMAIC 방법론 Quick View

위에서 설명한 DMAIC 방법론의 진행 절차를 스토리보드의 흐름에 따라 간단하게 한번 살펴보도록 하자. 다음 장에서 구체적인 방법론에 대한 학습과 도구 사용법을 익히겠지만, 스토리보드를 한번 훑어봄으로써 본격적인 학습과 프로젝트 수행에 앞서 논리적 흐름을 이해할 수 있을 것이다. 다음 장부터 방법론에 대한 구체적 내용을 학습할 것이기 때문에 상세한 내용설명은 생략한다. 아래의 스토리보드를 한번 훑어보면서 DMAIC 방법론의 논리적 흐름만 익히기 바란다.

〈예시 상황〉
DJU피자(주)는 전국 500개 피자 매장을 운영하고 있는 배달전문 피자회사이다. 최근 고객 불만사항이 자주 접수되고 있어, DMAIC 방법론을 통해 매장서비스의 품질을 개선하고자 한다.

① 정의단계

Define (정의) | Measure (측정) | Analyze (분석) | Improve (개선) | Control (관리)

➢ 고객(Customer) 정의

① 외부 고객(External Customer)

② 내부 고객(Internal Customer)

→ 주문서비스를 이용하는 소비자

• 정의단계에서 제일 먼저 해야 할 일은 고객이 누구인지를 정의하는 것이다.

• 사례에서는 주문서비스를 이용하는 소비자들이 고객이다.

Define (정의) | Measure (측정) | Analyze (분석) | Improve (개선) | Control (관리)

➢ VoC(Voice of Customer) 수집

① 빨리 배달해 주었으면...(약속한 시간에, 제 시간에 배달이 되었으면...)

② 주문과 다른 경우가 자주 있다. 주문 내용과 배달 내용이 틀리지 않게...

③ 친절하게 대해 주세요(불친절한 경우가 많음...)

④ 혜택이 많았으면...

• 다음으로 고객의 불만사항 혹은 요구사항인 VoC[17]를 조사한다.

Define (정의) | Measure (측정) | Analyze (분석) | Improve (개선) | Control (관리)

➢ VoC(Voice of Customer) 수집 → 개선과제의 선정(파레토 차트)

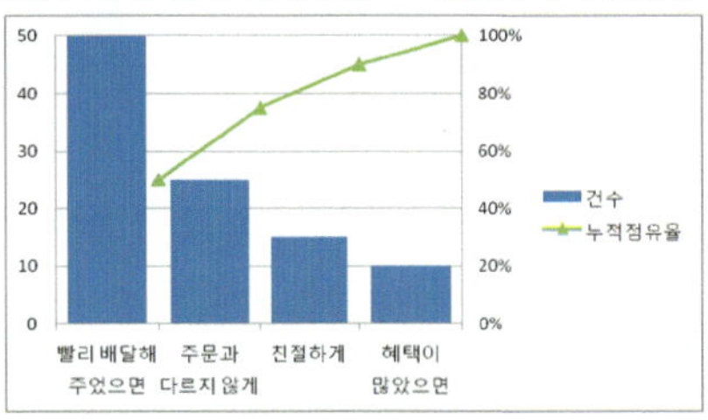

• VoC가 정리되면 고객이 제기한 품질문제 중 어떤 문제를 프로젝트화할 것인지 결정한다.

• 파레토차트를 이용하여 우선순위가 높은 과제를 선정한다.

Define (정의) | Measure (측정) | Analyze (분석) | Improve (개선) | Control (관리)

➢ CTQ(Critical-to-Quality) 선정

① 배달시간

② 약속시간 준수율

③ ....

④ ....

➢ CTQ(Critical-to-Quality) 정의

CTQ 명		배달시간
CTQ 정의		주문접수 시점부터 도착까지 걸린 시간
관리 항목	데이터 속성	연속형 데이터
	측정 단위	분
	규격	USL = 30분
	측정 도구	주문접수시스템 및 배달기사 단말기
	측정 주기	모든 주문
	평가 방법	주간/월간(평균과 표준편차, 관리도)

• 핵심품질요인인 CTQ를 선정한다.

• CTQ는 VoC에 직접적인 영향을 미치는 것이어야 하고, 동시에 측정 가능해야 한다.

• CTQ 후보는 여러 가지 도출될 수 있으나 최종적으로 1~2개 수준에서 결정하는 것이 적절하다.

• 이 사례에서는 배달시간을 CTQ로 선정하였다.

② 측정단계

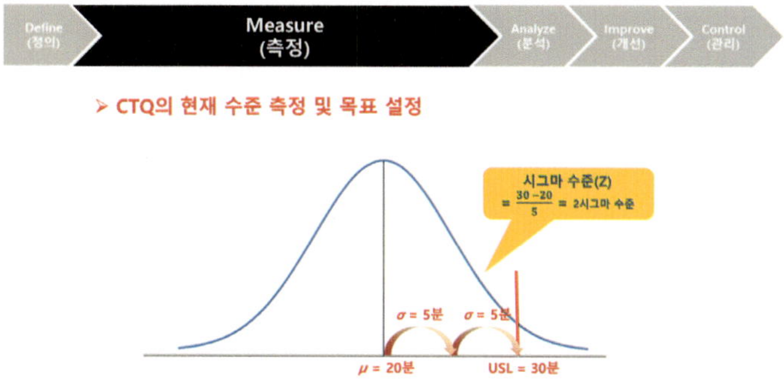

- CTQ의 현재 수준을 측정한다.
- CTQ의 현재 수준을 측정하기 위해서는 데이터 수집계획을 수립한 후, 데이터를 수집해야 한다.
- 수집된 데이터를 바탕으로 CTQ의 현재 수준을 시그마 수준으로 나타내고 개선 후의 목표수준을 설정한다.
- 이 사례에서는 USL이 30분, 평균이 20분, 표준편차가 5분이므로 DJU피자(주)의 CTQ인 배달시간의 현재 수준은 2시그마수준이다.

③ 분석단계

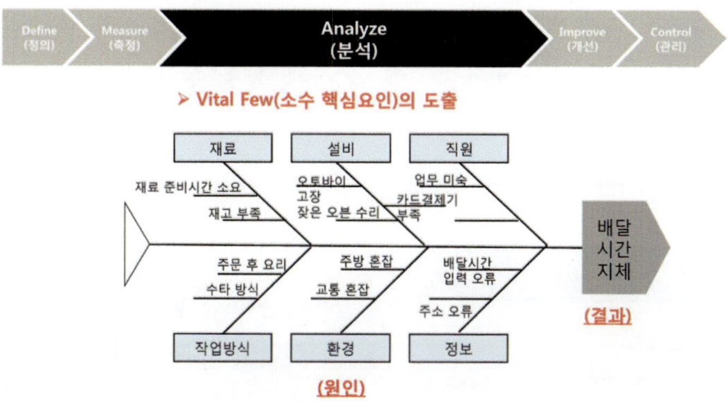

- CTQ에 영향을 미치는 요인들을 도출한 후, Vital Few를 도출한다.
- Vital Few를 도출하기 위해서 각 요인들이 CTQ에 미치는 영향을 파악한다.

---

17) Voice of Customer : 고객 불만사항 혹은 고객 요구사항을 의미한다. 상세 내용과 VoC 조사방법에 대해서는 방법론 상세 장에서 설명한다.

④ 개선단계

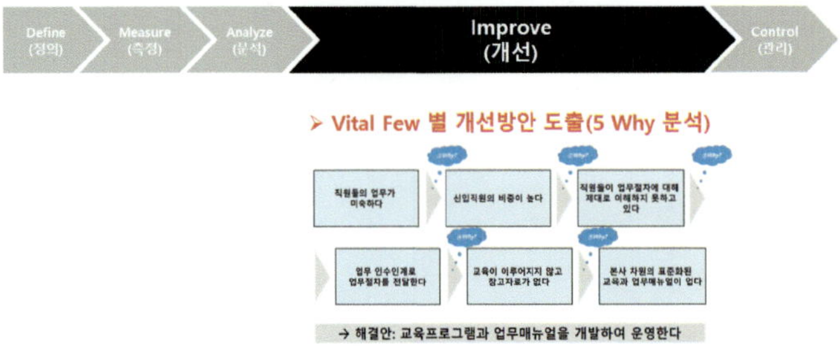

- 개선단계에서는 Vital Few 별로 개선방안을 도출한다.
- 우선 Vital Few별로 5-Why 분석을 수행하여 근본원인을 찾는다.

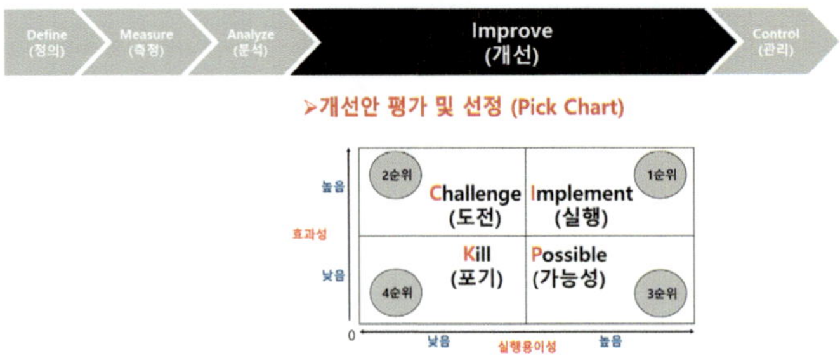

- Vital Few별로 근본원인을 제거하기 위한 개선방안들을 도출한 후, PICK 차트 등을 이용하여 개선안의 우선순위를 설정한다.

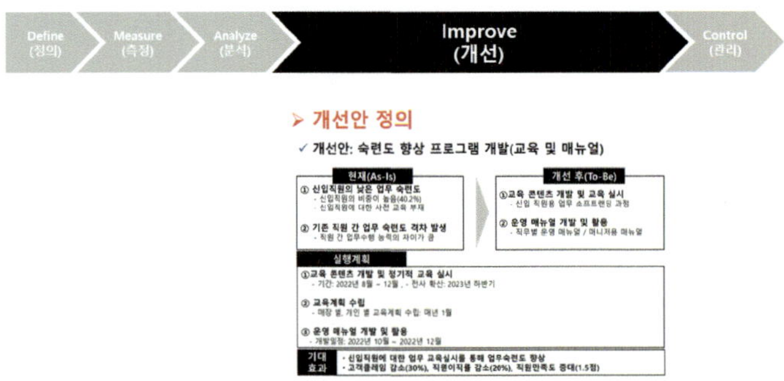

- 도출된 개선안을 상세히 정리한다.
- 개선안 적용 전 · 후 비교, 개선안의 실행계획, 기대효과 등을 상세히 설명한다.

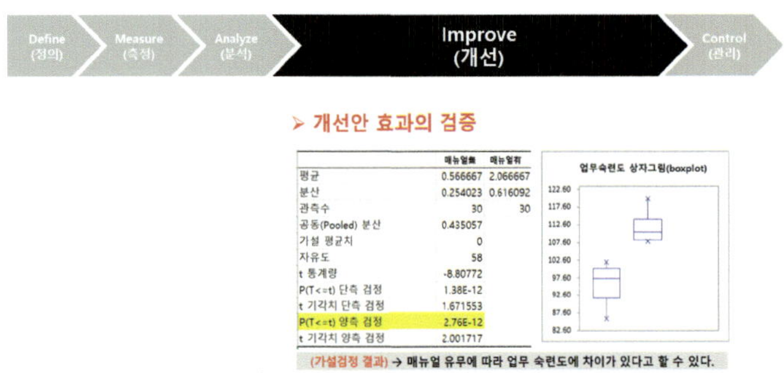

	매뉴얼無	매뉴얼有
평균	0.566667	2.066667
분산	0.254023	0.616092
관측수	30	30
공동(Pooled) 분산	0.435057	
가설 평균치	0	
자유도	58	
t 통계량	-8.80772	
P(T<=t) 단측 검정	1.38E-12	
t 기각치 단측 검정	1.671553	
P(T<=t) 양측 검정	2.76E-12	
t 기각치 양측 검정	2.001717	

- 개선안들에 대해 시범적용 혹은 실험 등을 실시하여 개선안의 효과를 검증하여 최종적으로 개선안을 선정한다.

⑤ 관리단계

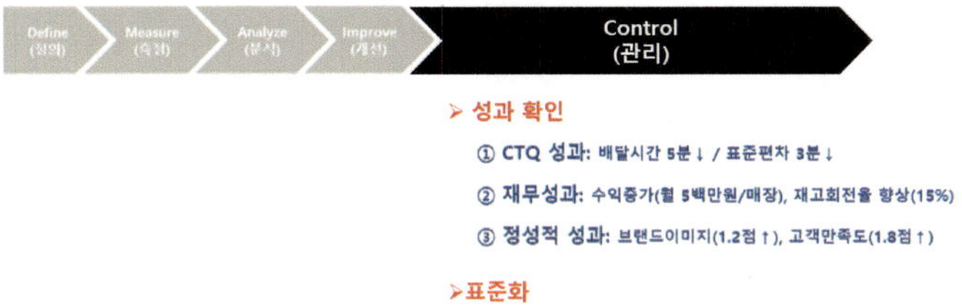

- 수행되는 개선안의 성과를 지속적으로 모니터링한다.
- 성과는 CTQ 자체의 성과, 재무적 성과, 정성적 성과 등을 구분하여 확인한다.
- 개선안을 전사에 확산시키기 위해 표준화 작업을 수행한다.

2.3.2 방법론의 특징

(가) DMAIC Task-10 모델의 특징

본서에서 제시하고 있는 DMAIC Task-10 모델은 앞서 설명한 바와 같이 기본적으로 식스시그마의 프로세스 개선 방법론인 DMAIC 방법론을 그 기본틀로서 채택하고 있다. 문제의 식별과 해결에 대한 논리적 구조에 대한 기본틀을 PDCA로 정의하든 공학적 문제해결의 절차로 정의하든 혹은 식스시그마의 절차로 정의하든 그 기본적인 논리적 전개는 대동소이하다고 볼 수 있기 때문에 프로젝트성 문제해결의 절차로 가장 적합하다고 판단한 식스시그마의 DMAIC 방법론의 틀을 사용하였다. 다만 기존의 DMAIC 방법론은 세부 수행 절차와 도구가 다소 복잡하고 통계적 이론에 대한 깊이 있는 이해가 선행되어야 하는 관계로 적용에 한계가 많이 따르며, 일반적인 문제해결의 방법론은 문제해결의 접근에 대한 논리적 구성은 타당하나 수행방법과 수행도구가 지나치게 정성적이거나 직관적인 판단에 의존하고 있어 분석의 결과에 대한 신빙성에 의문이 제기되는 경우가 많았다. 따라서 본서의 DMAIC Task-10 모델을 구성하는 데 있어서 가장 중점을 둔 것은 식스시그마 DMAIC 방법론이 가지고 있는 과학적 분석이라는 철학을 최대한 유지하되 그 절차와 계량적 분석 도구를 간소화하여 학습뿐만 아니라 현장에서의 적용을 쉽게 하고자 하는 것이 가장 큰 특징이라고 하겠다. 구체적으로 DMAIC Task-10 모델은 다음과 같은 특징을 갖는다.

- 기존 DMAIC 방법론을 간소화시켜 쉽게 학습할 수 있고, 현장에서의 적용도 쉽게 할 수 있도록 구성되었다. 즉, '쉽게 익혀서 바로 실행하기(Easy-Learn and Quick-Start)'를 기본 전제로 개발하였다.
- 식스시그마 방법론의 가장 큰 특징인 데이터를 기반으로 한 과학적 분석방법을 유지하여 분석결과에 대한 신뢰성을 확보할 수 있게 구성되었다.
- 분석 도구는 기본적인 오피스 도구를 활용한다. 즉, 통계적 분석은 MS Excel에서 제공하는 통계분석 기능을 최대한 활용하고, 부족한 부분에 대해서도 상용소프트웨어가 아닌 공개된 소프트웨어를 활용한다.

(나) 프로젝트 수행 시 고려사항

방법론을 실제 현장에 적용할 때에는 수행되는 상황과 목적에 맞게끔 선별 혹은 수정하여 사용해야 한다.[18] 본서에서 제시하는 DMAIC Task-10 방법론도 마찬가지이다. 따라서 본서의 방법론의 적용이 예상되는 두 가지 상황을 가정하여 몇 가지 고려해야 할 사항을 설명하고자 한다.

우선 예상되는 상황은 기업에서 본 방법론을 기준으로 품질개선 혹은 문제해결 프로젝트를 수행하는 경우를 생각해 볼 수 있겠다. 보통 사내 태스크포스 팀을 별도로 구성하여 진행하는 경우가 많은데, 이러한 경우에는 DMAIC의 전 단계를 태스크포스 팀이 수행해야 하는 것은 아니다. 정의, 측정, 분석, 개선 단계는 당연히 완료해야 하겠으나 관리단계는 태스크포스 팀과 운영관리조직이 분담하는 것이 적절하리라 판단된다. 즉, 관리단계 중 [Task 9. 관리체계 수립]까지만 태스크포스 팀이 수행하고 [Task 10. 공유 및 확산]은 운영관리조직—보통 기획 혹은 경영관리조직—이 담당하는 것이 더 일반적이라 하겠다. 만약 유사한 프로젝트를 많이 수행한 경험이 있는 조직이라면 관리단계 전체를 운영관리조직이 담당하는 것이 더 효율적이라 할 수 있다.

---

18) 이렇게 표준방법론을 실제 과업환경에 맞게 선별 혹은 수정하는 것을 방법론 채택(Method Adaptation)이라고 개념화할 수 있다. 실제 방법론의 수준이 고도화된 컨설팅 기업들은 표준방법론 라이브러리(혹은 방법론 지식DB)를 구성하고 실제 프로젝트 수행 전 컨설턴트들이 표준방법론을 프로젝트별로 수정하여 현실화하는 과업을 수행하기도 한다.

다음으로 대학이나 기업에서 교육을 목적으로 프로젝트 실습을 하는 경우이다. 본서의 주 목적 중의 하나가 현재 각 대학에서 이루어지고 있는 산학연계형 교과목 혹은 현장실습형 교과목[19]에서 수행하는 품질개선 프로젝트나 기업문제해결 프로젝트, 나아가 지역문제해결 프로젝트의 수행 가이드북으로서 사용하는 것이다. 이러한 교육을 목적으로 프로젝트를 수행하는 경우 앞서와 마찬가지로 관리단계를 수행하기는 곤란하다. 아울러 개선단계에서의 개선안에 대한 검증도 교육목적의 프로젝트에서는 수행하기가 어려운 경우가 다수 있을 것으로 판단된다. 따라서 교육목적의 프로젝트 실습의 경우에는 개선단계에서 개선안에 대한 상세내용을 도출하는 것까지만 수행하고 개선안에 대한 현장검증은 생략해도 무방하리라 본다.

위에서 언급한 사항을 고려하여 실제적인 품질개선 프로젝트 수행 단계와 그 내용을 도식화해 보면 [그림 2-17]과 같이 나타낼 수 있을 것이다. 또한, 이후 장에서 설명될 각 단계와 태스크별 수행 내용과 수행 도구들을 프로젝트 목적과 환경을 고려해 적절히 가감하여 사용한다면 실제 현장에서 품질개선 혹은 문제해결의 Quick Start 방법론으로서 충분히 기능할 것으로 기대한다.

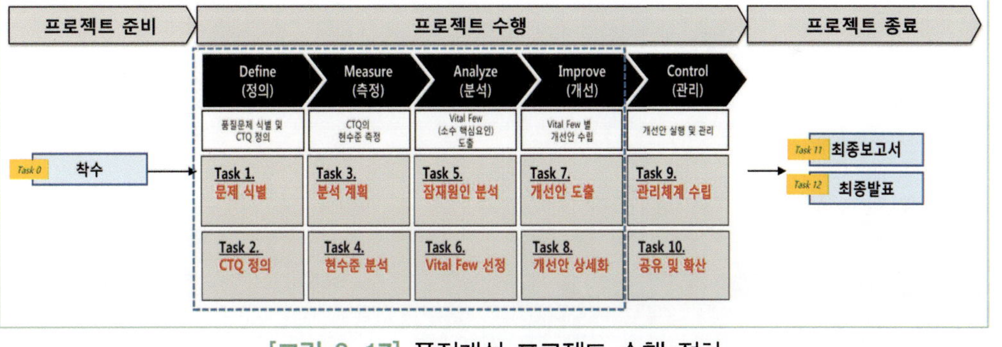

[그림 2-17] 품질개선 프로젝트 수행 절차

19) 캡스톤디자인이라는 이름으로 각 대학에서 대부분 운영 중이며, 학교마다 커리큘럼의 구성은 다를 수 있으나 저자가 재직 중인 대학에서는 품질경영캡스톤디자인이라는 교과목의 가이드북으로 사용 중이다.

III

품질개선방법론 상세

3.1 정의(Define)단계

정의단계는 개선할 품질문제를 식별하여 개선과제를 선정한 후, 해당 과제의 품질개선을 위한 CTQ(Critical-to-Quality : 핵심품질요인)를 정의하는 과정을 수행하는 단계이다. [그림 3-1]에서 보는 바와 같이 정의단계는 [Task 1. 문제 식별]과 [Task 2. CTQ 정의]의 두 가지 태스크로 구성되어 있으며, 각 태스크 또한 두 가지의 액티비티로 구성되어 있다.

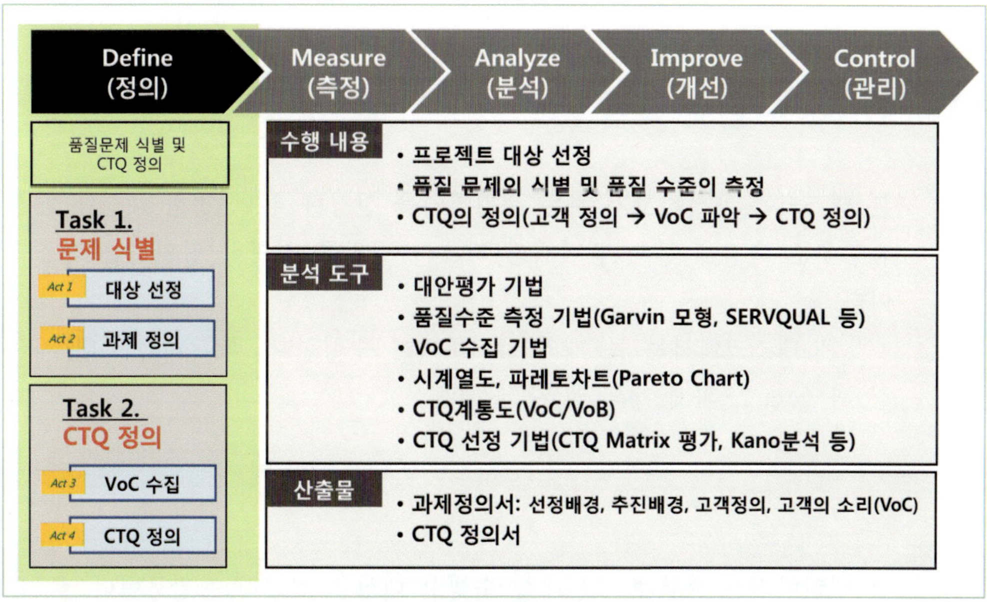

[그림 3-1] 정의단계 주요 내용

[Task 1. 문제 식별]에서는 개선하고자 하는 품질문제의 대상을 선정하고 선정한 대상에 대한 품질수준을 측정한 후 개선하고자 하는 과제의 범위를 정의한다. 또한 [Task 2. CTQ 정의]에서는 고객의 요구사항(VoC : Voice of Customer)을 기반으로 해결하고자 하는 품질문제에 대한 측정 가능하고 관리 가능한 수준의 핵심품질요소(CTQ : Critical-to-Quality)를 도출하고 정의한다. 결국 정의단계에서의 핵심은 CTQ를 정의해 내는 것인데, 이 CTQ를 어떻게 정의하느냐에 따라 품질문제 개선 프로젝트의 성공이 좌우

된다고 해도 과언은 아니다.

정의단계에서의 두 가지 태스크를 수행하기 위해 [그림 3-1]에 나와 있는 바와 같이 대안평가기법, 품질수준 측정기법, VoC 수집기법, 파레토 차트(Pareto chart) 등 다양한 직관적 혹은 계량적 분석 도구들을 사용하게 된다.

또한 정의단계의 두 가지 태스크를 수행한 후 도출되는 최종 산출 결과는 과제 정의와 CTQ 정의이다. 이러한 산출물은 과제 정의서와 CTQ 정의서라는 이름으로 명명되어 산출되기도 한다. 그러면 지금부터 각 태스크의 구체적인 수행방법과 사용되는 도구들의 사용방법에 대해서 상세히 알아보기로 하자.

3.1.1 Task 1. 문제 식별

본 태스크는 개선하고자 하는 품질영역을 선정한 후, 선정한 대상에 대한 품질수준 측정을 통해 품질개선 과제의 범위를 정확히 정의하는 태스크이다.

본 태스크에서는 두 개의 액티비티를 수행한다. 즉, 〈Act 1. 대상 선정〉과 〈Act 2. 과제 정의〉를 수행한다.

(가) Activity 1. 대상 선정

이 액티비티는 품질개선 문제를 수행할 대상을 선정하는 활동이다. 즉 품질개선 프로젝트를 진행하기로 하였을 경우 어디를(혹은 무엇을) 대상으로 진행할 것인지를 선정하는 활동이다. 대상을 선정하는 것은 기업의 규모가 작은 경우에는 여러 기업 중에서 한 기업을 선정하는 활동이 될 수도 있고, 기업의 규모가 어느 정도 이상일 경우에는 기업 내 단위 기능부서 중 하나를 선정하는 활동이 될 수도 있다. 혹은 동일 기업 내에서 생산하는 제품이나 서비스 중의 하나를 품질개선의 대상으로 선정하는 활동이 될 수도 있다. 프로젝트 팀이 처해 있는 상황에 맞게끔 그 단위를 설정해서 품질개선의 대상으로 선정하는 작업을 진행하면 될 것이다. 보통의 경우 기업에서는 어떤 품질문제를 대상으로 개선 프로젝트를 진행할지가 사전에 결정되어 있는 경우가 많으므로 그러한 경우에는 이 액티비티에서 대상을 선정하기 위한 평가의 과정은 생략하고 선정된 대상의 품질문제를 세부 품질 속성별로 정리하는 정도로 과업을 진행해도 무방할 것이다.[1]

〈사용 도구〉

① 대안평가기법

개선 대상으로 지정하고자 하는 후보군이 나열된 이후에는 이 후보군에서 어떤 대상을 프로젝트의 대상으로 할지를 결정해야 한다. 이때 활용할 수 있는 의사결정 도구가 대안평가기법이다. 우선 대상 후보를 나열하고 각각의 대상 후보와 관련된 예상 품질문제를 〈표 3-1〉과 같이 적는다. 예상 품질문제는 보통 기업 내에서 사전 조사된 내용이나 문헌이 있으면 그 내용을 바탕으로 적도록 하고 사전 조사된 내용이 없으면 인터뷰 등을 통해 예상되는 품질문제들을 기술하면 된다.

다음으로 평가기준을 설정한다. 〈표 3-1〉을 살펴보면 세 가지의 평가기준이 예시로 제시되어 있다. 우선 중요성은 대상 후보의 예상되는 품질문제가 얼마나 중요한지를 평가하는 기준이다. 그리고 효과성은 대상 후보의 품질문제를 해결하였을 경우 기대되는 효과를 평가[2]하는 기준이다. 또한 실행가능성은 예상되는 품질문제를 해결할 수 있는 가능성을 의미하는 것이다. 〈표 3-1〉에서 제시한 중요성, 효과성, 실행가능성의 세 가지 평가

〈표 3-1〉 대상 평가

대상 후보	예상 품질문제	평가기준				순위
		① 중요성 (0~10)	② 효과성 (0~10)	③ 실행가능성 (0~10)	총점 (①×②×③)	

1) 본 액티비티는 기업에서 어떤 대상으로 품질개선 프로젝트를 진행할지 정하지 않은 상태에서 그 대상을 선정하거나, 교육 목적의 프로젝트를 진행하는 경우에 있어서 품질개선 프로젝트를 진행할 대상을 선정하는 활동에 맞게끔 구성되었다. 현업에서 활용 시에는 적절히 가감하면 되리라 판단한다.

2) 가능하면 원가 절감이나 매출 증대와 같은 경제적 효과를 평가하는 것이 좋다.

기준은 일반적으로 비즈니스 의사결정에서 가장 많이 사용하는 기준이기는 하나 프로젝트별로 성격이 다를 수 있으므로 진행하는 프로젝트의 성격에 맞게 적절한 기준을 설정하면 될 것이다.3) 평가기준이 설정된 이후에는 각각의 평가기준에 대해 0점에서 10점을 기준으로 프로젝트 팀원들 각자가 평가를 하고 총점은 각각의 기준에 대한 평가점수를 곱한 것을 사용하면 된다. 각각의 평가기준에 대한 평가점수를 더하지 않고 곱하는 것은 더했을 경우 순위들 간의 점수 격차가 벌어지지 않기 때문에 순위 간 혼동을 발생시킬 수 있으므로 점수 격차를 벌려 이러한 혼돈을 피하고자 하는 것이다. 이렇게 각 대상 후보들에 대해 프로젝트 팀원들이 각자 평가를 하고 난 후 각 대상 후보의 총점에 대한 평균점수를 산출하여 점수가 높은 순으로 순위를 정하면 프로젝트의 대상을 팀 전체가 합의한 방식으로 선정하게 되는 것이다.4)

---

3) 120페이지에 있는 Workbook의 대상 선정 템플릿에서는 본문에서 제시한 것과 달리 접근가능성, 정보획득가능성, 중요성 세 가지를 평가기준으로 사용하였다. 이는 대학의 학생들이 교육용으로 진행하는 프로젝트의 성격을 감안하여 선정한 평가기준이다.

4) 본문에서 제시한 평가방법은 평가기준의 총점에 대한 반영비율이 10점 만점으로 동일하다. 즉, 사용된 모든 평가기준의 중요성을 같다고 가정한 것이다. 만약 평가기준별로 중요성이 다르다고 생각한다면 평가기준에 가중치를 부여하여 이러한 문제를 해결할 수 있다. 가중치를 몇 점으로 부여할 것인가라는 문제에 있어서 가중치 부여의 임의성을 제거하는 집단의사결정기법으로 AHP(Analytical Hierarchy Process)기법 등을 활용할 수도 있다.

Workbook

Task 1. 문제 식별	수행 가이드
Activity 1. 대상 선정	

〈**Activity 설명**〉

- 품질개선 혹은 문제해결을 위한 프로젝트의 대상을 선정한다.
- 선정한 대상 기업의 품질문제를 예상한다.

〈**수행 가이드**〉

① 품질개선이 필요한 대상 후보 기업(혹은 서비스)을 열거하고, 각 후보 기업의 예상되는 품질문제를 기술한다.

- 예시 : 지역 내 기업, 서비스 시설물, 학교 도서관 서비스, 공공 서비스 등
- 프로젝트 팀원들의 개인적 경험, 인터넷 검색, 자료 검색 등을 활용

② 평가기법을 이용하여 순위를 매긴 후, 평가점수가 가장 높은 후보 기업을 프로젝트 대상으로 선정한다.

③ 선정된 대상 기업의 예상되는 품질문제를 품질속성의 세부 차원에서 정리하여 구체화한다.

- Garvin의 여덟 가지 품질속성 구분을 사용하고 서비스의 경우에는 SERVQUAL의 속성을 사용하거나, e-SERVQUAL 등을 사용해도 좋다.

Workbook

Task 1. 문제 식별	수행 템플릿
Activity 1. 대상 선정	

프로젝트 대상 선정

✓ 대상 후보 도출

대상 후보	예상되는 품질 문제

프로젝트 대상 선정

✓ 대상 선정 평가

대상 후보	예상 품질문제	대상 선정(평가)				순위
		접근 가능성	정보획득 가능성	중요성	합계	

Workbook

Task 1. 문제 식별 Activity 1. 대상 선정	수행 템플릿

프로젝트 대상 선정

✓ 선정된 대상의 예상되는 품질 문제

품질 속성	예상되는 품질 이슈

프로젝트 대상 선정

✓ 대상 선정 결과

프로젝트 대상	
선정 이유	▪ ▪ ▪ ▪ ▪ ▪ ▪ ▪ ▪ ▪

(나) Activity 2. 과제 정의

이 액티비티는 이전 액티비티인 〈Act 1. 대상 선정〉에서 선정한 품질개선 수행 대상—기업, 조직, 제품, 서비스, 사회 현안 등—에 대해 세분화된 품질 범주(차원)별로 품질측정 도구를 활용하여 품질수준을 진단한 후 구체적으로 어떤 부분을 품질개선의 과제로 수행할 것인지를 명확히 식별하고 정의해 내는 활동이다. 여기서 말하는 품질측정 도구는 Garvin의 품질 8범주를 기준으로 한 측정, SERVQUAL 측정, IPA 측정 등의 품질수준 측정 도구와 그래프 분석을 포함한 각종 데이터 분석을 포함한다.

이전 액티비티 설명에서도 이미 기술한 바 있지만 개선의 대상과 개선 과제 영역이 이미 구체적으로 선정되어 있는 경우라 하더라도 본 액티비티를 통해 현재 관심을 두고 있는 품질개선 과제에 대해 다시 한 번 전반적인 품질 범주별 수준을 데이터를 통해 확인하는 의미로 수행해도 무방하리라 본다. 물론 이미 충분히 조사가 된 경우이거나 세부 과제가 명확히 정의되어 있는 경우에는 생략해도 좋을 것이다.

과제선정 수행 절차를 [그림 3-2]에 나타내었다. 〈Act 1. 대상 선정〉에서 선정한 품질개선 프로젝트 대상의 품질수준을 측정하는 도구를 우선적으로 선택해야 한다. [그림 3-2]에 예시된 것처럼 선정한 대상이 제품일 경우 Garvin의 8범주 모형을 적용하는 것이 적합하며, 서비스일 경우 SERVQUAL이나 e-SERVQUAL, SERVPERF 혹은 서비스 산업별·업종별로 개발되어 있는 서비스 품질수준 측정 도구[5]를 프로젝트 팀의 상황에 맞게 선택하면 된다. 국내에서는 제품 품질 및 서비스 품질에 대한 표준화된 측정 도구로 한국표준협회에서 운영하고 있는 KS-QEI(Korean Standard Quality Excellence Index : 한국품질만족지수)[6]나 KS-SQI(Korean Standard Service Quality Index : 한국서비스품질지수)[7]를 많이 사용하고 있다. KS-QEI의 경우 제품일 경우와 서비스일 경우로 측정항목이 구분되어 있을 뿐만 아니라 측정항목의 구성요소도 사용품질과 감성품질 등이 포함되는 등 다양화되

5) 예를 들어 의료서비스의 경우는 KQCAH, 공공서비스의 경우는 KCSI-PS 등이 있다. 외식서비스의 경우는 FOODSERVQUAL 등이 개발되어 있다. 관련된 측정 도구를 확인하기 위해서는 논문이나 정책연구보고서를 검색하여 참조하면 도움이 된다. 논문 및 정책연구보고서 검색방법에 대해서는 이후 설명하도록 한다.

6) 홈페이지는 다음과 같다. https://ks-qei.ksa.or.kr/ks-qei/index.do

7) 홈페이지는 다음과 같다. https://ks-sqi.ksa.or.kr/ks-sqi/index.do

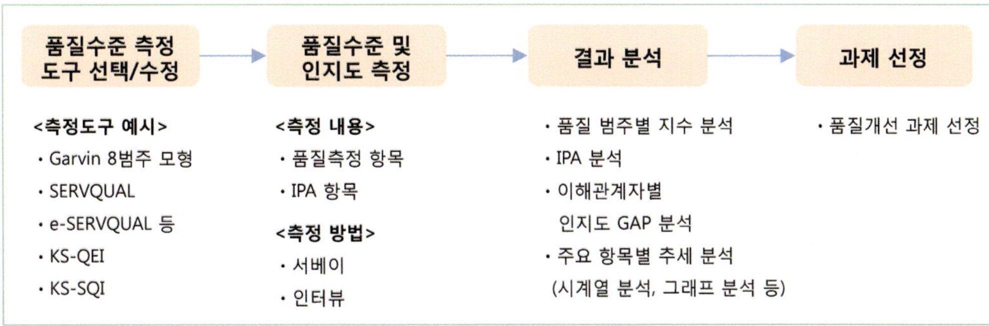

[그림 3-2] 과제 정의 절차

어 있다. KS-SQI의 경우에는 서비스 품질측정에 특화되어 산업별, 업종별 측정항목을 제공하고 있다. 두 지수 모두 그동안 조사·분석한 자료와 다양한 보고서들이 홈페이지에서 제공되고 있으니 품질측정을 시작하기 전에 참조하면 좋을 것이다. 프로젝트 대상의 품질수준 측정에 주로 사용할 측정 도구가 선택되더라도 기존에 측정했던 문항을 그대로 사용할 수 있는 경우는 많지 않다. 측정 대상별로 그 특성이 다를 수 있으므로 프로젝트의 대상에 부합하는 측정항목인지를 반드시 검토하고 수정하는 작업을 거쳐야 한다.

측정의 방법은 대부분 설문을 통한 서베이를 실시하거나 인터뷰를 실시하게 된다. 최종적인 설문지에는 수정한 품질수준 측정항목과 아울러 중요도-인지도 분석(IPA : Importance-Performance Analysis)을 하기 위한 항목들을 추가할 수도 있다. 또한 이해관계자별로 차이를 분석하기 위해 설문이나 인터뷰 대상을 고객, 관리자, 업무 담당자 등으로 구분하여 진행하기도 한다. 측정항목에 대한 수집이 완료되면 품질범주별로 현 수준을 계량화된 수치로 분석하고, 부가적으로 IPA 분석이나 이해관계자별 인지도 GAP 분석을 실시한다. 또한 개선과제의 대상이 되는 후보에 대해서는 구체적인 자료를 바탕으로 시계열 분석이나 그래프 분석 등을 추가로 실시하는 것도 좋다. 마지막으로 분석결과가 정리되면 그 결과를 바탕으로 최종적인 품질개선 과제를 선정하면 된다.

〈사용 도구〉

① 서비스 품질수준 측정 도구[8] : SERVQUAL

SERVQUAL은 서비스 품질을 평가하는 설문지 형태의 가장 일반적인 측정 도구이다. 서비스에 대한 품질평가는 기대치와 경험치의 차이로 평가하기 때문에[9] SERVQUAL은 기대치를 질문하는 설문지와 경험치를 질문하는 설문지 두 가지를 동일인에게 측정해야 한다. SERVQUAL의 설문지는 앞서 Ⅰ장에서 학습하였던 서비스 품질의 다섯 가지 차원을 각 차원별로 여러 개의 문항으로 측정하며, 각 측정항목(질문 문항)에 대해 기대치와 경험치를 측정하는 질문쌍으로 이루어져 있다. 서비스 품질차원별로 문항의 구성은 〈표 3-2〉와 같다.

〈표 3-2〉 SERVQUAL의 문항 구성

서비스 품질차원	유형성	신뢰성	대응성	확신성	공감성
문항 구성	문항 1～4	문항 5～9	문항 10～13	문항 14～17	문항 18～22

SERVQUAL 설문지는 유형 Ⅰ과 유형 Ⅱ로 구분하여 각각 사용해야 하는데, 〈표 3-3〉에는 유형 Ⅰ에 대해 예시적으로 제시되어 있고, 〈표 3-4〉에는 유형 Ⅱ에 대해 예시적으로 제시되어 있다. 유형 Ⅰ과 유형 Ⅱ의 차이는 동일한 질문 항목에 대해 기대수준을 측정하는 것인지 인지수준(경험수준)을 측정하는 것인지의 차이일 뿐이다. 즉 동일한 질문에 대해 어미의 '～할 것이다'와 '～하고 있다'로 구분된다. 즉, 유형 Ⅰ과 유형 Ⅱ의 각 설

8) 본서에서는 서비스 품질수준 측정 도구의 기본적 이론을 제공하는 SERVQUAL에 대해서만 설명한다. 앞서 설명한 KS-QEI나 KS-SQI는 한국표준협회의 해당 홈페이지에 접속하면 충분한 설명과 자료가 제공되고 있으므로 독자가 직접 확인해 보기를 권장한다.

9) 서비스 품질의 갭모형(Quality Gap Model)이라고 한다. 갭모형이란 서비스 품질을 경험하면서 느낀 서비스 수준과 경험하기 이전의 기대수준을 비교하여 서비스의 품질을 평가한다는 것이다. SERVQUAL은 기본적으로 이러한 갭모형을 기반으로 하고 있다. 엄밀한 의미에서 서비스 품질의 갭모형에서 제시하는 갭은 GAP1에서 GAP5까지 총 다섯 가지로 이루어져 있고, SERVQUAL에서 측정하는 갭은 고객의 인지와 고객의 기대 간의 차이를 측정하는 GAP5를 말한다. GAP1은 고객의 기대와 고객기대에 대한 기업의 인식차이를 말하며, GAP2는 기업의 인식과 서비스 표준 사이의 차이인 서비스디자인상에서의 갭을 의미한다. 또, GAP3는 서비스 표준과 서비스 이행 사이에서 발생하는 차이를 말하며, GAP4는 서비스 이행과 고객의 경험 사이에서 발생하는 차이를 의미한다. GAP1에서 GAP5까지의 서비스 품질의 갭모형에 대한 상세한 내용은 Fitzsimmons et al.(2014), pp.171～173을 참조하기 바란다.

〈표 3-3〉 SERVQUAL 설문지 예시(유형 I)

(1 : 전혀 그렇지 않다~7 : 정말 그렇다)

측정항목		답변
1	○○회사는 현대적인 설비를 가지고 있을 것이다.	1 2 3 4 5 6 7
2	○○회사의 물리적인 시설들은 눈에 잘 띌 것이다.	1 2 3 4 5 6 7
3	○○회사의 종업원들은 단정한 외모를 가지고 있을 것이다.	1 2 3 4 5 6 7
4	○○회사의 팸플릿 같은 서비스관련 자료는 시각적으로 사람들의 흥미를 끌 것이다.	1 2 3 4 5 6 7
5	○○회사는 그들이 어느 시기에 무엇을 하기로 약속했으면 반드시 그것을 지킬 것이다.	1 2 3 4 5 6 7
6	○○회사의 고객이 어떤 문제를 겪고 있으면 그 문제를 해결하기 위해 진지한 관심을 가질 것이다.	1 2 3 4 5 6 7
7	○○회사는 처음부터 제대로 된 서비스를 할 것이다.	1 2 3 4 5 6 7
8	○○회사는 약속한 시간에 제대로 서비스를 할 것이다.	1 2 3 4 5 6 7
9	○○회사는 실수를 용납하지 않을 것이다.	1 2 3 4 5 6 7
10	○○회사의 종업원들은 고객에게 서비스를 할 정확한 시간을 말해 줄 것이다.	1 2 3 4 5 6 7
11	○○회사는 고객에 대한 서비스를 고무할 것이다.	1 2 3 4 5 6 7
12	○○회사의 종업원들은 항상 고객을 도울 준비를 하고 있을 것이다.	1 2 3 4 5 6 7
13	○○회사의 종업원들은 너무 바빠 고객의 요구를 들을 시간이 없다는 식의 반응을 보이지 않을 것이다.	1 2 3 4 5 6 7
14	○○회사의 종업원들의 행동은 고객에게 신뢰감을 심어 줄 것이다.	1 2 3 4 5 6 7
15	○○회사의 고객들은 그 회사와의 거래에서 안전감을 느낄 것이다.	1 2 3 4 5 6 7
16	○○회사의 종업원들은 고객에게 항상 예의바르게 대할 것이다.	1 2 3 4 5 6 7
17	○○회사의 종업원들은 고객의 질문에 대답할 충분한 지식을 가지고 있을 것이다.	1 2 3 4 5 6 7
18	○○회사는 고객 개개인에게 관심을 기울일 것이다.	1 2 3 4 5 6 7
19	○○회사는 고객이 편리한 시간에 회사와 접촉할 수 있도록 할 것이다.	1 2 3 4 5 6 7
20	○○회사는 종업원들로 하여금 고객 개개인에게 주의를 기울이게 할 것이다.	1 2 3 4 5 6 7
21	○○회사는 고객의 이익을 항상 고려할 것이다.	1 2 3 4 5 6 7
22	○○회사 종업원들은 고객의 특별한 욕구들을 이해할 것이다.	1 2 3 4 5 6 7

(출처 : 김태웅(2015), p.65)

문지는 모두 22개씩의 문항으로 구성되어 있으며, 각 문항들은 사실상 쌍을 이루는 구조이다.

〈표 3-4〉 SERVQUAL 설문지 예시(유형 Ⅱ)

(1 : 전혀 그렇지 않다 ~ 7 : 정말 그렇다)

	측정항목	답변
1	○○회사는 현대적인 설비를 가지고 있다.	1 2 3 4 5 6 7
2	○○회사의 물리적인 시설들은 눈에 잘 띈다.	1 2 3 4 5 6 7
3	○○회사의 종업원들은 단정한 외모를 가지고 있다.	1 2 3 4 5 6 7
4	○○회사의 팸플릿 같은 서비스관련 자료는 시각적으로 사람들의 흥미를 끌고 있다.	1 2 3 4 5 6 7
5	○○회사는 그들이 어느 시기에 무엇을 하기로 약속했으면 반드시 그것을 지키고 있다.	1 2 3 4 5 6 7
6	○○회사의 고객이 어떤 문제를 겪고 있으면 그 문제를 해결하기 위해 진지한 관심을 가지고 있다.	1 2 3 4 5 6 7
7	○○회사는 처음부터 제대로 된 서비스를 하고 있다.	1 2 3 4 5 6 7
8	○○회사는 약속한 시간에 제대로 서비스를 하고 있다.	1 2 3 4 5 6 7
9	○○회사는 실수를 용납하지 않고 있다.	1 2 3 4 5 6 7
10	○○회사의 종업원들은 고객에게 서비스를 할 정확한 시간을 말해주고 있다.	1 2 3 4 5 6 7
11	○○회사는 고객에 대한 서비스를 고무하고 있다.	1 2 3 4 5 6 7
12	○○회사의 종업원들은 항상 고객을 도울 준비를 하고 있다.	1 2 3 4 5 6 7
13	○○회사의 종업원들은 너무 바빠 고객의 요구를 들을 시간이 없다는 식의 반응을 보이지 않고 있다.	1 2 3 4 5 6 7
14	○○회사의 종업원들의 행동은 고객에게 신뢰감을 심어 주고 있다.	1 2 3 4 5 6 7
15	○○회사의 고객들은 그 회사와의 거래에서 안전감을 느끼고 있다.	1 2 3 4 5 6 7
16	○○회사의 종업원들은 고객에게 항상 예의바르게 대하고 있다.	1 2 3 4 5 6 7
17	○○회사의 종업원들은 고객의 질문에 대답할 충분한 지식을 가지고 있다.	1 2 3 4 5 6 7
18	○○회사는 고객 개개인에게 관심을 기울이고 있다.	1 2 3 4 5 6 7
19	○○회사는 고객이 편리한 시간에 회사와 접촉할 수 있도록 하고 있다.	1 2 3 4 5 6 7
20	○○회사는 종업원들로 하여금 고객 개개인에게 주의를 기울이게 하고 있다.	1 2 3 4 5 6 7
21	○○회사는 고객의 이익을 항상 고려하고 있다.	1 2 3 4 5 6 7
22	○○회사 종업원들은 고객의 특별한 욕구들을 이해하고 있다.	1 2 3 4 5 6 7

(출처 : 김태웅(2015), p.65를 유형 Ⅱ에 맞게 수정)

SERVQUAL에서 기대수준에 대한 측정치의 평균점수와 경험수준(인지수준)에 대한 측정치의 평균점수 간의 차이가 서비스 갭이 되며, 이 갭이 서비스 품질에 대한 평가치가 된다. 서비스 품질에 대한 구체적 평가는 아래와 같은 절차로 수행된다.

- [1단계 : 고객 측정] 평가하고자 하는 서비스 혹은 서비스 조직에 대해 우선 유형 I의 22개 측정문항을 고객에게 배포하여 평가받는다. 그리고 나서 동일한 고객에게 유형 II의 22개 측정문항을 다시 평가받는다. 여기서 주의할 점은 동일한 고객이 유형 I과 유형 II의 설문에 대해 모두 답해야 한다는 것이다.
- [2단계 : 갭 산출] 두 가지 유형의 설문지에 대해 서비스 품질 각 차원별—유형성, 신뢰성, 대응성, 확신성, 공감성—로 고객들이 평가한 평균점수를 구한다. 그리고 나서 서비스 품질 각 차원별 평균점수의 갭(차이)을 계산한다. '갭(차이)=경험점수평균(인지점수평균)－기대점수평균'으로 계산한다. 보통의 경우 고객들은 기대치가 경험치보다 높은 경우가 많으므로 갭은 마이너스(－)로 나타나는 경우가 많다.
- [3단계 : 서비스 품질수준 평가] 서비스 품질의 각 차원별로 갭을 비교하여 고객들이 각 차원별로 서비스 품질을 어떻게 평가하였는지 분석한다. 이 과정을 통해 어떤 차원에서 가장 품질평가가 낮은지를 식별할 수 있다. 또, 각 서비스 품질차원별 산술평균과 가중평균들을 구하게 되면[10] 서비스 조직 간 혹은 서비스 간 전반적인 서비스 품질에 대한 평가점수를 산출하여 비교할 수도 있다.

예시적으로 서비스 품질 각 차원별로 고객을 대상으로 측정한 평가점수의 평균이 〈표 3-5〉와 같이 정리되었다고 해 보자.

〈표 3-5〉에 의하면 갭이 가장 큰 서비스 품질차원은 공감성(갭=－1.4)이고, 다음으로 대응성(갭=－1.3)이다. 즉, 이 서비스에서 고객들은 공감성과 대응성을 가장 품질수준이 낮은 것으로 평가한 것이다. 여기서 눈여겨볼 것은 경험점수 측면에서는 유형성이 가장 낮은 것으로 나타나지만, 실제 갭은 공감성이 가장 낮게 나타난다는 것이다. 이는 유형성은 기대점수

10) 서비스 품질 각 차원별로 가중치를 어떻게 부여할 것인가는 또 다른 영역이다. 간단하게는 고객이나 내부 직원, 혹은 전문가를 대상으로 각 서비스 품질차원별로 중요도 점수를 부여하는 점수부여법(Scoring Method)을 사용할 수도 있고, AHP(Analytical Hierarchical Process)나 이후 설명하는 IPA(Importance-Performance Analysis) 항목을 통해 가중치를 산출할 수도 있다. 가중치를 산출하는 다양한 방법이 있으며, 해당 조직의 특성에 맞게 사용해야 할 것이다.

〈표 3-5〉 서비스 품질평가 예시

서비스 품질차원	경험점수(인지점수) 평균	기대점수 평균	갭 (경험점수 - 기대점수)
유형성	3.4	4.2	−0.8
신뢰성	4.6	5.6	−1.0
대응성	4.2	5.5	−1.3
확신성	5.2	5.4	−0.2
공감성	3.8	5.2	−1.4

또한 그다지 높지 않아 갭이 적기 때문이다. 따라서 이 결과로 볼 때 해당 서비스는 공감성에 대해 품질개선을 우선적으로 실시해야 할 것이다. 이 사례를 통해 갭모형이 가지는 의미가 어떤 것인지 이해할 수 있을 것이다.[11)]

② IPA 분석

IPA 분석은 품질의 구성항목들에 대해 설문 대상자에게 중요도(Importance)와 인지도 수준(Performance)을 응답하게 하여 분석하는 기법이다. 중요도라 함은 응답자가 품질항목에 대해 얼마나 중요하게 생각하는지를 말하는 것이며, 인지도라 함은 실제로 해당 제품이나 서비스의 품질수준이 어떠하다고 응답자가 생각하는지를 말하는 것이다. 예를 들어 아래 〈표 3-6〉과 같이 품질의 각 차원에 대한 중요도와 인지도가 조사되었다고 하자.

〈표 3-6〉 IPA 응답 예시

서비스 품질차원	중요도 점수 평균	인지도 점수 평균	해당 분면
유형성	3.4	4.2	Ⅱ
신뢰성	4.6	5.6	Ⅰ
대응성	4.2	5.5	Ⅰ
확신성	5.2	5.4	Ⅰ
공감성	4.0	3.2	Ⅲ

11) 서비스 품질수준을 조사하는 고객만족도 조사를 실제로 받아 보면, 경험수준과 기대수준을 모두 측정하지 않고 경험수준에 대한 조사만을 받는 경험을 많이 하였을 것이다. 이러한 조사도 충분한 이론적 근거를 가지고 있는 측정방법이다. 즉, 고객이 서비스에 대한 경험을 평가할 때 이미 기대치가 반영되었다고 보는 이론적 견해이며, 대표적으로 SERVPERF가 그러한 견해를 바탕으로 개발된 측정 도구이다. 즉, SERVPERF에서는 경험수준을 가지고 서비스 품질을 평가한다.

중요도를 가로축으로 하고 인지도를 세로축으로 하여 네 개의 분면으로 분할한 후, 각 품질차원의 점수에 맞추어 배치해 보면 [그림 3-3]과 같이 도식화할 수 있다.

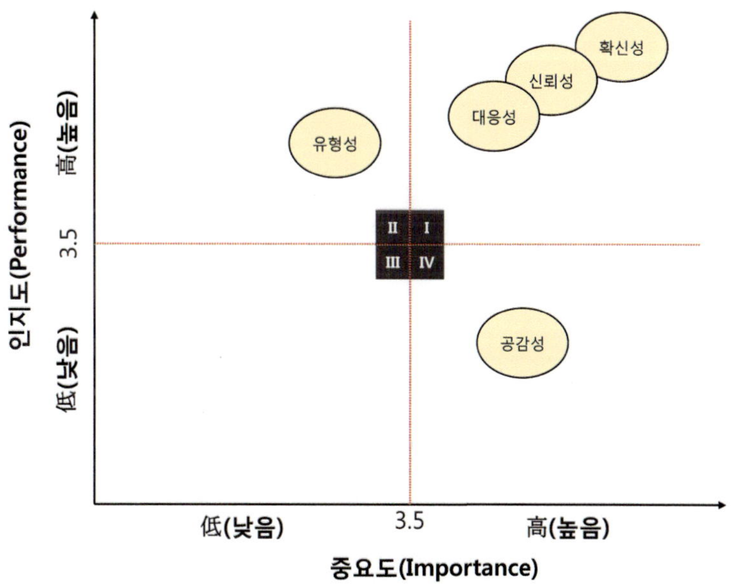

[그림 3-3] IPA 분석 예시

I 사분면에 있는 대응성, 신뢰성, 확신성은 모두 중요도도 높아 품질수준이 좋다고 평가할 수 있다. 그러나 공감성의 경우 중요도는 높으나 실제 인지도가 낮게 평가되어 품질개선의 요구가 높은 것으로 판단할 수 있다. 이렇게 IPA는 고객이 생각하는 중요도와 실제 인지도 수준을 비교하여 직관적으로 품질개선 영역을 식별해 내는 도구로 활용이 가능하다.

③ 이해관계자 인지도 GAP 분석

품질측정항목들에 대해 이해관계자인 고객, 관리자, 담당자는 각자의 입장에서 다르게 평가하게 될 가능성이 높다. 따라서 각 이해관계자들 간에 어떤 인식의 차이가 있는지를 분석해 보는 것이 이해관계자 인지도 GAP 분석이다. 분석 결과 이해관계자 간에 차이가 많이 나는 품질의 차원들을 우선적 개선의 영역으로 식별해 낼 수 있다.

④ 시계열 그래프

식별된 품질차원들에 대해 구체적인 시계열 자료를 통해 분석해 볼 필요가 있다. 즉 일시적으로 발생된 문제인지 계속해서 발생되고 있는 문제인지를 확인해야 하는 것이다. 또한 시계열 분석을 통해 지속적으로 증가하고 있는 문제라면 향후 심각한 문제를 초래할 가능성이 매우 높은 문제이므로 반드시 우선적으로 개선해야 할 과제로 판단할 수 있을 것이다.

⑤ 시각적 분석을 위한 각종 통계 그래프(파이그래프, 히스토그램 등)

수집되는 데이터들을 직관적으로 판단하고 프로젝트 이해관계자들 간에 효율적인 의사소통을 위하여 파이그래프나 히스토그램 등 시각적 자료로 정리 및 분석하는 것이 좋다.

전문학술자료 검색하기

실무에서는 서비스 품질수준을 측정하기 위해 SERVQUAL에서 제시된 22개의 그 자체 문항만을 가지고 측정하는 경우보다는 서비스의 특성, 산업별 특성 등이 반영된 품질평가 문항을 흔히 사용한다. 이러한 문항들이 이론적으로나 실무적으로 충분히 검증된 경우라면, 문항을 그대로 가져와서 자사의 상황에 맞게 문구만 수정해서 사용해도 무방할 것이다. 앞서 언급한 바 있지만, 외식서비스의 경우 FOODSERVQUAL, 공공서비스의 경우 KCSI-PS, 의료서비스의 경우 KQCAH 등이 있다. 이러한 측정항목들이 무엇인지, 또 그 항목들을 어떻게 적용하여 어떻게 분석하였는지, 결과를 어떻게 해석하였는지 등을 상세히 알기 위해서는 해당 논문을 참조하는 것이 가장 좋은 방법이다. 또한, 서비스 품질측정뿐만 아니라 여러분들이 학습하게 되는 각종 도구와 기법들이 실무에서 실제로 어떻게 사용될 수 있는지를 구체적으로 확인하기 위해서는 해당 논문을 읽어 보는 것이 가장 도움이 된다. 논문은 대부분 학술적인 내용으로 구성되어 대학원생 혹은 전문적인 연구자들만이 참조하는 것으로 생각하기 쉬우나, 사실상 이론과 기법을 실제 현장에 적용하는 실무적 논문도 상당히 많이 있으므로 학부생 혹은 실무자들도 그러한 논문들을 참조하는 습관을 가지면 학업과 업무에 많은 도움이 될 것이라고 생각한다. 따라서 본 섹션에서는 논문이나 전문자료를 인터넷—구글스칼라(Google Scholar)—을 통해 검색하여 원문을 열람할 수 있는 방법을 알아보자.

구글스칼라(Google Scholar)는 구글이 서비스하는 학술자료(논문 등) 검색 DB이다. 원문이 제공되는 경우도 있고, 원문은 제공되지 않고 초록만 제공되는 경우도 있다.

① 구글스칼라 사이트에 접속한다(인터넷브라우저 주소창에 아래 그림의 빨간색 박스에 표기한 것처럼 http://scholar.google.co.kr를 입력하고 엔터를 치거나 오른쪽 검색 버튼을 클릭한다).

② 검색창에 찾고자 하는 키워드를 입력하고 엔터를 치거나 오른쪽 아이콘을 누른다.

예) 식스시그마와 관련된 학술자료를 검색할 경우, 아래 그림의 빨간색 박스처럼 "식스시그마", "6시그마", "식스시그마 사례" 등을 입력하고 검색하면 된다.

③ 검색결과가 아래의 화면과 같이 나온다. 이 중에서 본인이 보고자 하는 자료를 클릭하면 해당 자료의 원문이나 해당 자료의 초록 등 관련정보를 제공해 준다(원문이 제공되지 않는 자료들은 도서관 학술 DB 등을 이용하여 원문을 다시 찾을 필요가 있다).

④ 원문이 제공되는 경우 아래 그림처럼 학술자료 원문이 pdf 파일형태로 제공된다.

통신서비스산업에서의 식스시그마 추진 전략
- KT의 사례를 중심으로
Six Sigma Implementation Methods for a Telecommunication Service Industry : A Case Study of KT

저자 (Authors)	배신규, 황기현, 변재현 Shin-Gyu Bae, Gee-Hyun Hwang, Jai-Hyun Byun
출처 (Source)	대한산업공학회지 32(4), 2006.12, 347-357 (11 pages) Journal of the Korean Institute of Industrial Engineers 32(4), 2006.12, 347-357 (11 pages)
발행처 (Publisher)	대한산업공학회
URL	http://www.dbpia.co.kr/Article/NODE01908536
APA Style	배신규, 황기현, 변재현 (2006). 통신서비스산업에서의 식스시그마 추진 전략. 대한산업공학회지, 32(4), 347-357.
이용정보 (Accessed)	대전대학교 203.237.143.117 2016/06/10 12:10 (KST)

Workbook

Task 1. 문제 식별 Activity 2. 과제 정의	수행 가이드

〈Activity 설명〉

- 〈Activity 1〉에서 선정한 품질개선 대상에 대해 품질측정 도구를 활용하여 품질수준을 측정한다.
- 품질수준 측정을 통해 품질개선 영역을 명확히 정의한다.

〈수행 가이드〉

① 선정한 품질개선 대상에 대해 적합한 품질수준 측정 도구를 선택한다.
- Garvin의 여덟 가지 품질속성을 사용하거나 SERVQUAL 등을 활용
- KS-QEI, KS-SQI 등의 측정 도구를 활용
- 업종 혹은 제품 특성에 맞게 기존 논문이나 보고서 등에서 사용된 측정 도구를 활용

② 선택한 품질측정 도구를 활용하여 설문지를 개발한 후 서베이를 실시한다.

③ 서베이 실시 후 결과를 분석하여 품질개선 영역을 정의한다.

Workbook

Task 1. 문제 식별	수행 템플릿
Activity 2. 과제 정의	

품질수준 측정 보고서 작성

1. 조사 개요

- 조사 주제
- 조사 대상(모집단, 표본)
- 조사 기간
- 조사 방법

2. 측정 문항

- 측정 문항 구성
  (SERVQUAL 차원 별, 인구통계 등)
- 측정 문항 상세

3. 분석

- 문항 별 분석
  (인구통계 분석, 주요 문항 분석)
- 속성 별 GAP 분석

4. 결론

※ 보고서 각 페이지 마다 Governing Message를 한 문장으로 기술하여 각 페이지의 핵심내용을 전달한다

3.1.2 Task 2. CTQ 정의

앞서 [Task 1. 문제 식별]을 통해 개선하고자 하는 품질의 영역을 식별하고 개선과제를 정의하였다. 본 태스크는 해결하고자 하는 품질문제에 대해 고객의 요구사항(VoC : Voice of Customer)을 기반으로 측정 가능하고 관리 가능한 수준의 핵심품질요소(CTQ : Critical-to-Quality)를 도출하고 정의하는 태스크이다.

본 태스크에서는 두 개의 액티비티를 수행한다. 즉, 〈Act 3. VoC 수집〉과 〈Act 4. CTQ 정의〉를 수행한다.

(가) Activity 3. VoC 수집

앞서 품질을 정의할 때 품질이 궁극적으로 지향하는 바는 고객만족이라고 설명한 바 있다. 이 말은 품질에 대한 최종 판단의 주체는 고객이라는 의미이기도 하다. 따라서 품질문제의 개선을 위해 제일 먼저 해야 할 것은 우리가 개선하고자 하는 품질문제의 고객이 누구인가와 고객이 원하는 것이 무엇인지—혹은 고객의 불만이 무엇인지, 고객이 개선을 요구하는 것이 무엇인지 등—를 확인하는 것이다. 여기서 말하는 고객(customer)이란 우리가 개선과제로 선정한 품질개선의 대상이 산출해 내는 산출물을 최종적으로 사용하는 사용자를 의미한다.[12] 따라서 이러한 사용자는 최종 제품이나 서비스를 사용하는 소비자가 될 수도 있고 기업 내부의 다른 직원 혹은 다른 부서가 될 수도 있다. 최종 제품이나 서비스를 사용하는 소비자는 기업 외부에 존재하기 때문에 외부고객(external customer)이라 하고, 기업 내부의 다른 직원이나 다른 부서는 기업 내부에 존재하기 때문에 내부고객(internal customer)이라고 구분한다. 또한 이러한 고객들이 제기하는 불만사항 혹은 개선요구 사항들을 우리는 VoC(Voice of Customer : 고객의 소리)라고 한다. 그리고 이러한 고객의 소리인 VoC를 외부고객의 소리(VoC : Voice of Customer)와 내부고객의 소리(VoB : Voice of Business)로 세분화하여 구분하기도 한다.

---

12) 품질개선의 대상은 최종 생산물인 제품이나 서비스 그 자체의 품질특성이 될 수도 있고, 최종 생산물을 산출해 내는 프로세스가 대상이 될 수도 있다. 또, 품질개선의 대상이 산출해 내는 산출물의 최종 사용자는 기업 외부의 소비자, 기업 내부의 직원일 수 있다. 지금과 같이 서비스가 고도화되어 있는 경우에는 심지어 기계(machine)가 고객일 수도 있다.

VoC 수집의 과정을 [그림 3-4]에 나타내었다. 제일 먼저 해야 할 것은 우리가 대상으로 하는 고객이 누구인지를 정확히 식별하는 것이다. 경우에 따라서 고객을 정확히 식별하기가 쉽지 않은 경우들이 있는데, 위에서 설명한 고객의 정의를 바탕으로 생각하면 요구사항을 수집할 고객을 명확히 정의할 수 있을 것이다. 다음으로 VoC를 수집하는 기법을 선정해야 한다. VoC를 수집하는 기법으로 널리 사용되는 것은 서베이, 인터뷰, FGI(Focus Group Interview : 초점집단인터뷰), 관찰, 자료분석 등이 있으며, 고객의 상황과 조사자의 상황에 따라 적합한 VoC 수집기법을 선정하여 사용해야 한다. VoC 수집을 위하여 하나의 기법만을 사용하지는 않으며, 상황에 따라 여러 가지 기법을 사용하는 것이 일반적이다. VoC 관리체계가 수립되어 있거나 VoC 시스템이 구축되어 있는 기업은 기업 내부 VoC 자료를 바탕으로 분석을 할 수도 있고, 홈페이지 등에 게시된 고객의견 메뉴를 통하여 수집할 수도 있다. 요즘은 소셜커머스의 발달에 따라 소셜네트워킹서비스에서 공유되는 소비자들의 의견을 바탕으로 빅데이터 분석 기법 등을 활용하기도 한다.

VoC 수집이 완료되면 수집된 결과를 분석한다. 결과분석의 핵심은 두 가지이다. 첫 번째는 고객의 요구사항/불만사항인 VoC의 우선순위를 확인하는 것이다. 우선순위의 확인을 통해 향후 품질개선 프로젝트에서 집중적으로 개선할 과제의 범위를 좁히는 역할을 한다. 두 번째 VoC 결과분석의 핵심은 고객의 요구인 VoC 항목 각각에 대한 핵심요구사항(critical requirement)을 도출하는 것이다.[13] 즉 VoC는 고객이 원하는 것을 고객의 목

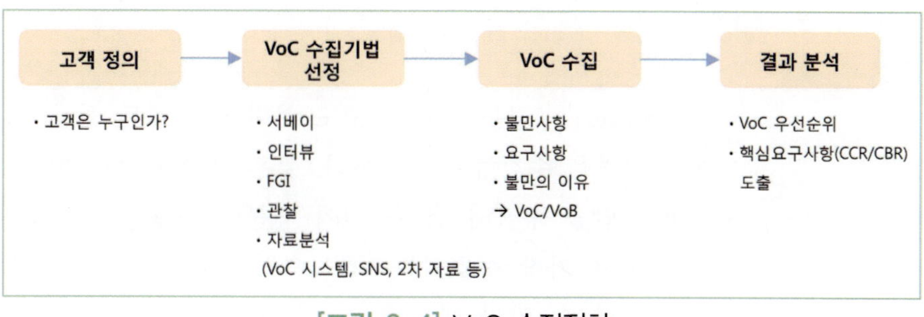

[그림 3-4] VoC 수집절차

13) 앞서 VoC를 외부고객의 소리인 VoC와 내부고객의 소리인 VoB로 세분화할 수 있다고 하였다. 이에 따라 핵심요구사항도 외부고객의 핵심요구사항(CCR : Critical Customer Requirement)과 내부고객의 핵심요구사항(CBR : Critical Business Requirement)으로 구분할 수 있다.

소리 그 자체로 표현해 놓은 것이고, 핵심요구사항은 고객이 왜 그러한 요구를 하는 것인지에 대한 이유를 나타내는 것이라 할 수 있다. 예를 들어, 고객이 "어떤 제품을 사용하다가 불량이 생길 경우 애프터서비스를 받기가 불편하다"라고 불만사항을 제기했다면 "애프터서비스받기가 불편하다" 그 자체는 VoC가 되는 것이고, 고객이 왜 애프터서비스를 받기가 불편하다고 얘기했는지가 핵심요구사항이 되는 것이다. 애프터서비스센터가 멀리 떨어져 있어서 그렇게 얘기했을 수도 있고, 애프터서비스 직원이 불친절하기 때문에 그렇게 얘기했을 수도 있고, 애프터서비스를 받는 시간이 너무 오래 걸려서 그렇게 얘기했을 수도 있다. 이것을 핵심요구사항(Critical Requirement)이라고 하고 VoC 수집 시에는 고객의 표면적인 불만사항뿐만 아니라 핵심요구사항까지도 파악해야 하는 것이다.

본 액티비티의 목적은 우리가 선정한 품질개선 과제에 대한 고객들의 불만사항 혹은 요구사항이 무엇인지를 찾아내고 가장 시급한 문제가 무엇인지를 발견해 내는 것이기 때문에 VoC의 우선순위를 식별하는 것을 중심으로 분석을 수행하도록 하며, 파레토차트(Pareto Chart)를 주로 사용한다. 파레토차트에 대한 설명과 작성 방법은 아래 〈사용 도구〉 섹션에 상세히 설명되어 있다.

〈사용 도구〉

① VoC 수집기법

VoC 수집을 위한 전통적인 기법은 서베이, 인터뷰, FGI(Focus Group Interview : 초점집단인터뷰), 관찰, 자료분석 등이다. 각 기법들에 대한 설명은 다음과 같다.

- 서베이(Survey) : 설문지법이라고도 하며, 구조화된 설문문항을 통해 고객의 의견을 수집하는 기법이다. 짧은 시간과 적은 비용으로 많은 고객의 응답을 수집해 낼 수 있기 때문에 수행의 편의성과 비용효과 측면에서 가장 선호되는 VoC 수집기법이다. 또한 샘플의 수를 많이 확보할 수 있기 때문에 통계적 결과의 제시에도 유리한 방법이다. 그러나 서베이 방법이 내포하고 있는 여러 가정요소들에 대한 고려가 필요할 뿐만 아니라, 구조화된 설문문항을 만들어 내는 것에 많은 어려움이 따를 수 있다. 즉 조사자와 답변자 모두 조사대상에

대한 이해도가 높아야 하고 설문문항을 적합하게 설계해야만 그 결과의 신뢰성을 확보할 수 있다. 따라서 가장 선호되는 조사기법이기는 하지만 사용 시 많은 주의가 요구된다.

- 인터뷰(Interview) : 조사자와 응답자가 면대면으로 질의응답을 진행하는 방식이다. 서베이 방식에 비해 심도 있는 질의응답이 이루어질 수 있기 때문에 깊이 있는 내용을 조사할 수 있다는 장점이 있다. 다만 비용과 시간상의 제약 때문에 많은 수의 샘플을 확보하기는 힘들다. 조사대상에 대해 조사자와 면접 대상자의 이해도가 높고 조사자의 인터뷰 진행 능력이 좋은 경우 효과를 발휘할 수 있는 기법이다. 면접 대상자가 사전에 준비할 시간을 주기 위해 인터뷰 이전에 질의서를 미리 송부해 놓는 것이 인터뷰의 질적 수준을 높이기 위한 방법이다. 또한 질의의 내용과 순서에 대해서 틀을 갖추되 깊이 있는 답변을 위해서 답변 내용에 따라 질의 내용을 유연하게 진행할 수 있어야 한다.
- FGI(Focus Group Interview) : 조사대상과 관련한 3~5명 정도의 전문가 혹은 사용자와 한 장소에서 심층적으로 질의와 토론을 진행하는 기법이다. 기본적으로 인터뷰 방식과 진행의 틀은 같으나 질의 내용에 대해 전문가들이 의견을 제시하면서 자연스럽게 토론이 진행되어 집단지성을 끌어 낼 수 있는 유용한 방법이다. 인터뷰 방식과 같이 사전에 질의 내용을 FGI 참여자들에게 배포하는 것이 좋으며, 조사자가 인터뷰를 주도하기보다는 조사자는 질의를 던지고 전문가들끼리 의견 교환을 통해서 심층적인 토론이 이루어지거나 새로운 아이디어 등이 도출되도록 유도하는 것이 적절하다. 이 기법에서 가장 중요한 것은 조사대상과 관련한 적합한 전문가나 사용자를 섭외하는 것이다. 적합한 전문가나 사용자가 참석하지 않은 경우 피상적인 논의로 끝나는 경우들이 많으므로 FGI를 수행할 때 유의해야 한다.
- 관찰(Observation) : 명시적으로 불편사항이나 요구사항을 제시하거나 수집하기가 어려운 경우 사용할 수 있는 방법이다. 익숙한 제품이나 서비스를 사용하는 경우 혹은 익숙한 상황에 대해서 사용자들은 이미 적응되어 있기 때문에 불편사항이 있어도 인지하지 못하거나 설명해 내기가 어려울 수 있다. 또한 새로운 개념의 제품이나 서비스

에 대해서도 사용자들은 이해도가 낮기 때문에 명시적으로 요구사항을 제시하기가 어려울 수 있다. 이러한 경우는 조사자가 사용자들의 행동을 관찰함으로써 의미 있는 개선 요구사항들을 찾아낼 수 있다. 대표적인 관찰기법으로 타운와칭(town watching), 서비스여정(service journey), 페르소나(persona) 기법 등을 활용하나 특정한 방식에 구애받지 말고 개선 대상과 관련하여 시각적으로 관찰하는 것만으로도 고객 행동의 특정 패턴들을 발견해 낼 수 있다.

- 자료분석(Data Analysis) : 고객들이 제기한 불만사항이나 개선 요구사항 등이 기업 내부적으로 축적되어 있는 경우이거나 혹은 외부기관의 관련된 조사 자료가 있을 경우 이러한 데이터를 바탕으로 2차 분석하는 기법이다. 특히 VoC 시스템이 구축되어 있을 경우에는 축적된 데이터를 바탕으로 고객 불만사항의 우선순위 등을 식별해 내는 원천으로 활용할 수 있다. 또한 서베이나 인터뷰를 설계하기 위한 사전 조사기법으로 이 방법을 사용하기도 한다. 즉 개선과제와 딱 맞는 사전 조사 자료나 고객 데이터가 있는 경우는 드물겠지만, 유사한 내용을 분석하면 서베이나 인터뷰 등을 진행하기 위한 구조적 질문을 작성하는 데 참조할 수도 있다. 최근에는 소비자 조사에 있어서는 SNS 등에 작성되는 소비자들의 의견을 빅데이터 분석기법을 활용하여 고객 요구사항을 식별해 내는 방법도 많이 활용되고 있다.[14)]

그런데 이러한 VoC 수집기법들은 어떤 상황에서 어떻게 선택해야 할까? VoC 수집기법을 선택하는 한 가지 방법은 [그림 3-5]와 같이 VoC 수집대상에 대한 조사자의 이해 정도와 고객의 이해 정도를 기준으로 선정하는 것이다.[15)] [그림 3-5]를 보면 가로축은 조사대상에 대한 고객의 이해

14) 저자가 진행한 캡스톤디자인 수업에서도 텍스트마이닝 기법을 활용하여 지하철 이용고객의 VoC를 수집한 후 품질개선 프로젝트를 수행한 사례도 있다.

15) 본서에서 설명하는 VoC 수집기법의 선택기준에 대한 내용은 성균관대학교 기계공학부 김용세 교수가 제시한 소비자조사방법의 내용을 저자의 경험을 바탕으로 수정한 것이다. 김용세 교수는 신제품개발 상황에서 개발자의 인지와 소비자의 인지라는 두 축으로 소비자 조사방법의 선택기준을 제시하고 각 사분면에 적합한 조사기법을 분류하였다. 본서에서 제시한 구분의 두 축과 각 사분면에 적합한 조사기법의 내용은 저자가 수행한 품질개선 프로젝트 경험을 바탕으로 하기 때문에 김용세 교수의 내용과 상이하지만 아이디어는 김용세 교수의 저서에서 따온 것임을 밝힌다. 김용세 교수의 설명을 상세히 알고자 하면 다음 문헌을 참조하기 바란다. 김용세

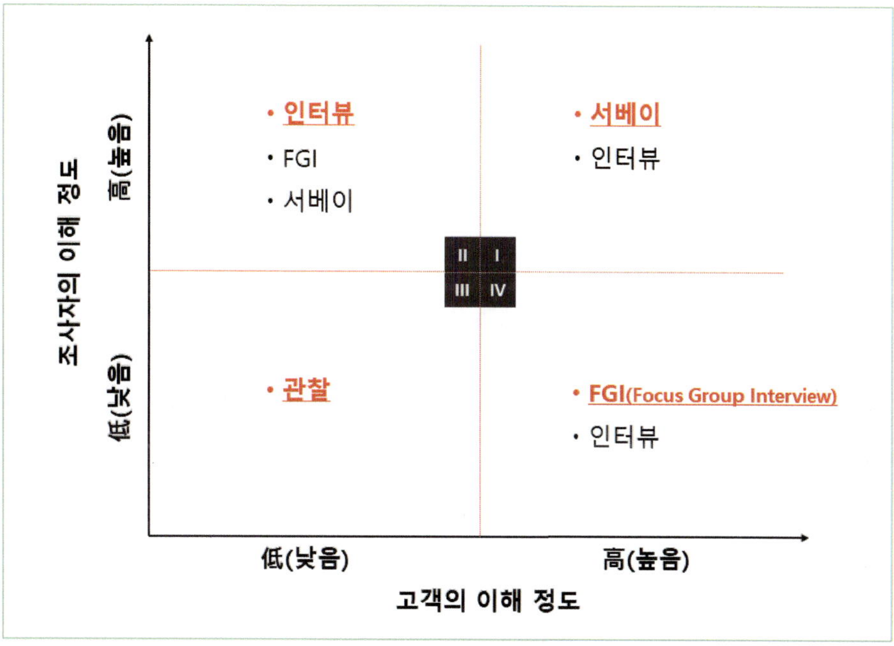

[그림 3-5] VoC 수집기법

정도에 대한 높고 낮음을 구분하였고, 세로축은 조사대상에 대한 조사자의 이해 정도에 대한 높고 낮음을 구분하였다. 이렇게 구분하면 네 가지의 경우가 나오는데, 조사대상에 대한 조사자와 고객의 이해 정도가 모두 높은 경우(Ⅰ분면)는 서베이와 인터뷰 기법이 VoC 수집에 적합한 것으로 판단된다. 특히 서베이 기법의 경우 설문문항을 어떤 것으로 넣을 것인지, 어떻게 구조화할 것인지 등 서베이 설계 능력이 조사의 질을 좌우하게 되는데, 바로 조사자의 이해 정도가 대단히 높아야만 가능한 것이다. 또한 답변자인 고객 역시 조사대상에 대한 이해도가 높아야만 서베이에 성실한 응답을 할 수 있다. 따라서 조사대상에 대한 조사자의 이해 정도와 고객의 이해 정도가 모두 높은 경우 서베이 기법이 적합한 VoC 수집기법이 될 수 있다. 한편 고객의 이해 정도가 낮은 경우(Ⅱ분면, Ⅲ분면)는 고객이 조사대상에 대해 자신의 요구사항을 명시적으로 표현해 내기가 어려운 경우이다. 이러한 경우 조사자가 조사대상에 대한 이해가 높다면(Ⅱ분면) 질문을 효과적으로 함으로써 고객의 잠재되어 있는 요구사항을 이끌어 낼 수 있을

(2009), 창의적 설계 입문, 생능출판사, p.73

것이다. 따라서 이러한 경우 인터뷰 기법이 적합한 VoC 수집기법이 될 수 있다. 만약 조사자도 조사대상에 대한 이해의 정도가 낮다면(Ⅲ분면) 이러한 경우에는 관찰기법을 통해 고객의 요구사항이나 불편사항을 찾아낼 수 있을 것이다. 한편 조사자의 이해 정도가 낮고 고객의 이해 정도가 높은 경우라면(Ⅳ분면) 조사자는 적절한 질문만을 제시하고 전문가 간의 집단지성을 통해 깊이 있는 내용을 찾아낼 수 있으므로 이러한 경우 FGI 기법이 유효할 수 있다. 물론 위에서 제시한 방법만이 각 상황에 적합한 기법이라는 것은 아니며, 각 상황에서도 VoC 조사기법들은 병행해서 사용을 한다면 필요한 정보들을 수집해 낼 수 있을 것이다. [그림 3-5]의 각 분면에 사용하기 적합한 VoC 수집기법을 표시하였으며, 특히 가장 효과적으로 적용할 수 있는 기법은 밑줄로 표기가 되어 있으니 수행하는 과제의 성격에 따라 보완적으로 사용하면 될 것이다.

② 파레토차트(Pareto Chart)

파레토 법칙(Pareto's Law)에 근거해서 관심의 대상이 되는 여러 요인들을 중요도 순으로 나열해 놓은 그래프를 파레토차트라고 한다. 파레토 법칙은 19세기 이탈리아의 경제학자인 빌프레도 파레토가 이탈리아의 부의 분배에 대해 연구하던 중 이탈리아 부의 80%가 20%의 인구에 집중되어 있음을 발견한 데서 기인한다. 이후 여러 현상들에서 이와 비슷한 양상을 발견하게 되는데, 즉 다수의 현상(80%의 현상)을 소수의 원인(20%의 원인)으로 설명할 수 있음을 발견하였고 이를 일반화하여 80:20의 법칙 혹은 파레토 법칙이라 한다. 마케팅관리에서 VIP고객을 별도로 관리하는 이유를 이 법칙을 근거로 설명하기도 한다. 즉 20%의 고객이 매출의 80%를 창출해 내므로 고객을 등급화하여 차별적으로 관리할 필요가 있음을 설명할 때 80:20의 법칙을 제시하는데, 이것이 파레토 법칙이 적용된 예라 할 수 있겠다. 품질문제의 관점에서 보자면 품질문제의 80%는 문제의 원인이 되는 여러 요소들 중 20%의 요소들에 의해 발생되므로 20%의 원인만 제거하면 80%의 품질문제를 해결할 수 있다고 보는 것이다.

따라서 파레토차트는 문제의 발생빈도수가 높은 것들부터 나열함으로써 시각적으로 어떤 문제가 자주 발생되는 문제인지를 쉽게 식별할 수 있게 만든 그래프라고 볼 수 있다. 또한 VoC 수집의 분석결과를 제시하기 위해 사용한다면 고객이 요구하는 VoC 항목들에 대해 우선순위별로 보여

줌으로써 어떤 항목이 고객의 요구가 가장 높은 항목인지를 쉽게 식별할 수 있다. 파레토차트는 [그림 3-6]과 같은 형태로 나타나게 된다. [그림 3-6]은 어떤 제품의 최종 검사에서 발견되는 불량의 원인을 발생건수별로 나타낸 파레토차트이다. 우선 막대그래프는 발생되는 불량원인별 발생건수를 나타내고 있는데, 발생건수가 높은 원인부터 왼쪽에서 오른쪽으로 나열되어 있다. 이렇게 나타냄으로써 어떤 불량 원인이 가장 발생건수가 높은 것인지를 시각적으로 바로 알아볼 수가 있게 된다. 꺾은선그래프는 불량원인에 대한 누적비율이다. 예를 들어 그래프에서 도색불량의 누적비율은 40.11%(=도색불량 건수 75건÷전체 불량 건수 187건)이며, 도색불량과 흠집의 누적비율은 70.05%(=(도색불량 건수 75건+흠집 건수 56건)÷전체 불량 건수 187건)이다. 이런 식으로 불량원인별로 누적비율을 나타내는 것이 꺾은선그래프이다. 당연히 마지막 항목의 누적비율은 100%가 될 것이다. 이 꺾은선그래프를 보면 전체 불량의 원인은 열 가지로 나타나는데, 도색불량과 흠집 두 가지 원인이 전체 누적비율의 70.05%를 차지하고, 도색불량, 흠집, 그리고 접합불량의 세 가지 원인이 전체 누적비율의 80.75%를 차지하고 있음을 알 수 있다. 즉 전체 열 가지 원인 중 두 가지 혹은 세 가지 원인이 불량의 70%에서 80%를 차지하는 것이다. 어떤 현상의 대부분은 소수의 원인으로 설명 가능하다는 파레토 법칙 혹은 80:20의 법칙이 적용됨을 볼 수 있을 것이다. 이와 같이 파레토차트를 활용하면 어떠한 현상의 요인 중 가장 비중이 높은 요인을 쉽게 식별할 수 있게 된다. 지금까지 설명한 파

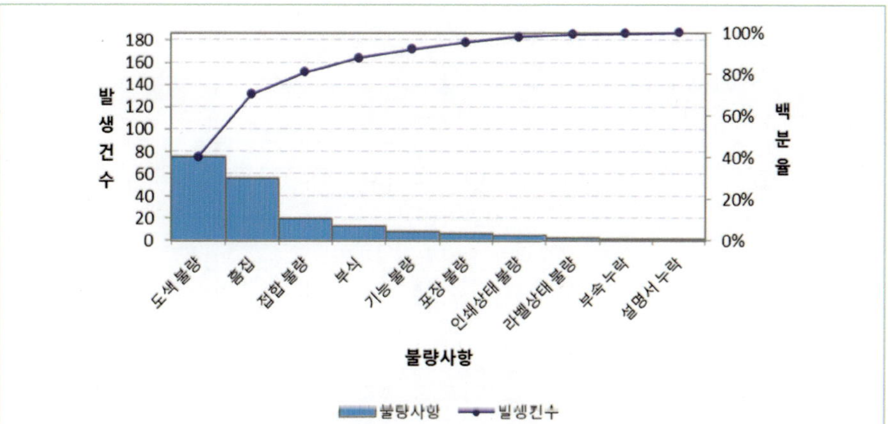

[그림 3-6] 파레토차트

레토도의 분석 결과표는 [그림 3-7]에 나타나 있으니 그래프와 비교하여 보기 바란다.

파레토 분석결과

불량사항	발생건수	누적비율	상대비율
도색 불량	75	0.4011	0.4011
흠집	56	0.7005	0.2995
접합 불량	20	0.8075	0.1070
부식	13	0.8770	0.0695
기능 불량	8	0.9198	0.0428
포장 불량	6	0.9519	0.0321
인쇄상태 불량	5	0.9786	0.0267
라벨상태 불량	2	0.9893	0.0107
부속 누락	1	0.9947	0.0053
설명서 누락	1	1.0000	0.0053
합	187		

[그림 3-7] 파레토 분석결과표 예시(제품의 불량 발생건수)

파레토차트 작성방법 ① : MS Excel 활용

파레토차트(Pareto Chart)를 MS Excel로 작성하는 방법은 다음과 같다. 예를 들어 H마트의 고객 120명을 대상으로 조사한 불만사항이 아래 표와 같이 정리되었다고 해보자.

	A	B
1	■ H마트 고객 불만사항	
2		
3		
4	불만사항	응답자수
5	상품배열	15
6	상품신선도	33
7	주차장	28
8	실내 환경	7
9	계산대 대기 시간	27
10	청결상태	10
11	계	120

① 빈도수가 높은 순으로 표를 정렬시킨다.

파레토차트는 앞서 설명한 바와 같이 빈도수가 높은 것부터 배열하는 것이 원칙이므로 우선 응답자수가 높은 항목부터 표를 다시 배열되도록 한다. 전체 데이터 영역을 선택한 후 MS Excel 메뉴의 [데이터]→[정렬] 기능을 사용하면 아래 그림과 같이 정렬 대화상자가 나온다. 정렬기준 칸에 응답자수, 정렬 칸에 내림차순을 선택한 후 [확인]을 클릭한다. 실행 결과는 아래 두 번째 그림과 같이 응답자수가 높은 순서대로 다시 정렬된 표로 나타나는 것을 알 수 있다.

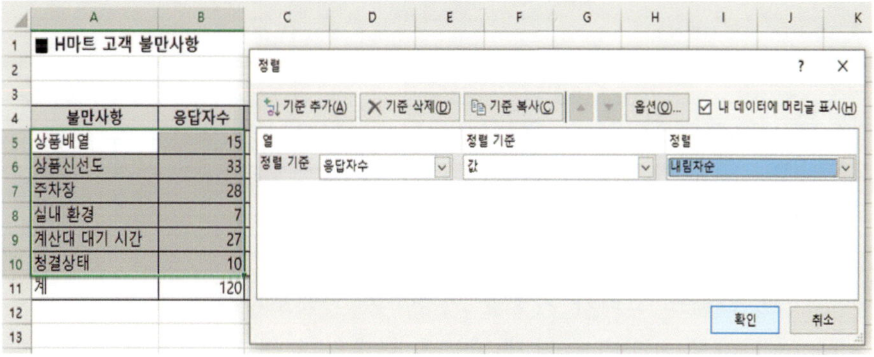

	A	B
1	■ H마트 고객 불만사항	
2		
3		
4	불만사항	응답자수
5	상품신선도	33
6	주차장	28
7	계산대 대기 시간	27
8	상품배열	15
9	청결상태	10
10	실내 환경	7
11	계	120

② 항목별 비율과 누적비율을 계산한다.

다음으로 항목별 비율과 누적비율을 표에 추가한다. 아래 그림에서 보는 바와 같이 각 항목의 응답자수를 전체 응답자수(표에서는 '계'로 표시됨)로 나누어 비율로 표시하면 된다. 또 누적비율은 각 항목의 응답비율을 차례대로 더해 나가면 자동으로 계산된다. 맨 아래에 있는 항목의 누적비율이 100%로 표시되었으면 제대로 계산이 된 것이다.

〈응답비율 계산하기〉

	A	B	C	D
1	■ H마트 고객 불만사항			
2				
3				
4	불만사항	응답자수	응답비율	누적비율
5	상품신선도	33	=B5/B11	
6	주차장	28		
7	계산대 대기 시간	27		
8	상품배열	15		
9	청결상태	10		
10	실내 환경	7		
11	계	120		

	A	B	C	D
1	■ H마트 고객 불만사항			
2				
3				
4	불만사항	응답자수	응답비율	누적비율
5	상품신선도	33	27.5%	
6	주차장	28	23.3%	
7	계산대 대기 시간	27	22.5%	
8	상품배열	15	12.5%	
9	청결상태	10	8.3%	
10	실내 환경	7	5.8%	
11	계	120		

〈누적비율 계산하기〉

	A	B	C	D
1	■ H마트 고객 불만사항			
2				
3				
4	불만사항	응답자수	응답비율	누적비율
5	상품신선도	33	27.5%	27.5%
6	주차장	28	23.3%	=C6+D5
7	계산대 대기 시간	27	22.5%	
8	상품배열	15	12.5%	
9	청결상태	10	8.3%	
10	실내 환경	7	5.8%	
11	계	120		

	A	B	C	D
1	■ H마트 고객 불만사항			
2				
3				
4	불만사항	응답자수	응답비율	누적비율
5	상품신선도	33	27.5%	27.5%
6	주차장	28	23.3%	50.8%
7	계산대 대기 시간	27	22.5%	73.3%
8	상품배열	15	12.5%	85.8%
9	청결상태	10	8.3%	94.2%
10	실내 환경	7	5.8%	100.0%
11	계	120		

③ 그래프 그리기 기능을 이용하여 파레토차트를 그린다.

이제 그래프 그리기 기능을 이용하여 파레토차트를 완성한다. 아래 왼쪽 그림과 같이 불만사항, 응답자수, 누적비율 데이터를 선택한 후 MS Excel 메뉴의 [삽입]→[차트]를 클릭하면 오른쪽 그림과 같이 추천 차트가 나오는데, 제일 아래에 있는 그래프가 파레토차트이다. [확인]을 클릭하면 파레토차트가 그려진다.

〈데이터 범위 선택〉

	A	B	C	D
1	■ H마트 고객 불만사항			
2				
3				
4	불만사항	응답자수	응답비율	누적비율
5	상품신선도	33	27.5%	27.5%
6	주차장	28	23.3%	50.8%
7	계산대 대기 시간	27	22.5%	73.3%
8	상품배열	15	12.5%	85.8%
9	청결상태	10	8.3%	94.2%
10	실내 환경	7	5.8%	100.0%
11	계	120		

〈추천 그래프 그리기 메뉴〉

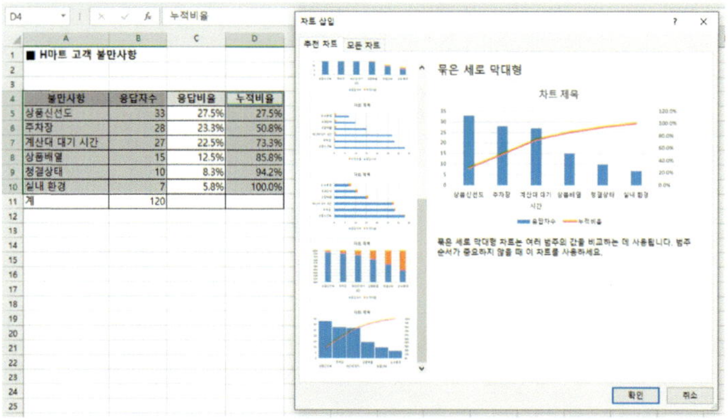

[확인]을 클릭하면 아래 그림과 같이 기본적인 파레토차트가 나타난다.

〈파레토차트 기본 형태〉

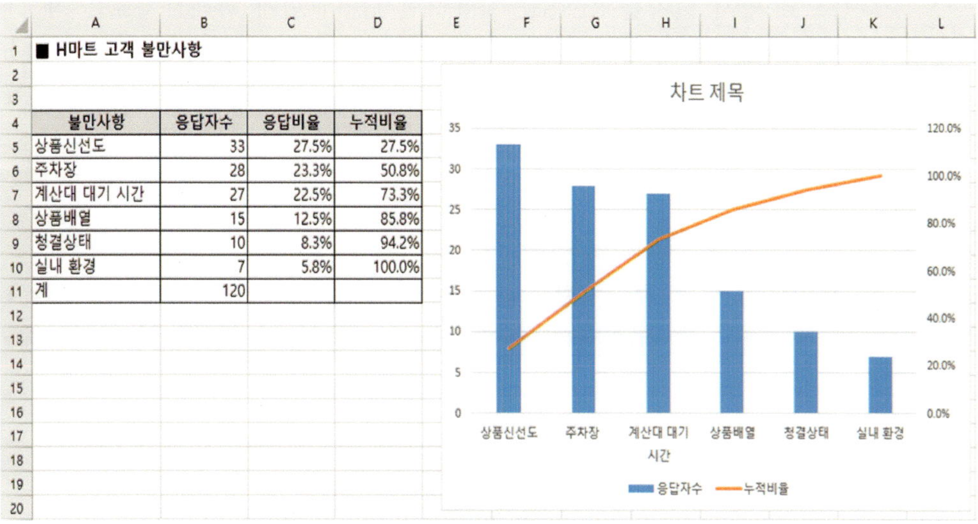

■ H마트 고객 불만사항

불만사항	응답자수	응답비율	누적비율
상품신선도	33	27.5%	27.5%
주차장	28	23.3%	50.8%
계산대 대기 시간	27	22.5%	73.3%
상품배열	15	12.5%	85.8%
청결상태	10	8.3%	94.2%
실내 환경	7	5.8%	100.0%
계	120		

④ 옵션 기능을 이용하여 파레토차트를 목적에 맞게 수정하여 완성한다. 그래프에 마우스 커서를 대고 마우스 왼쪽을 클릭하면 여러 가지 옵션 메뉴가 나타나는데, 여기서 차트스타일, 차트제목, 축제목, 데이터레이블 등 본인이 필요한 옵션들을 추가하여 아래 그림과 같이 그래프를 좀 더 보기 좋게 작성할 수 있다.

〈옵션을 활용하여 수정된 파레토차트〉

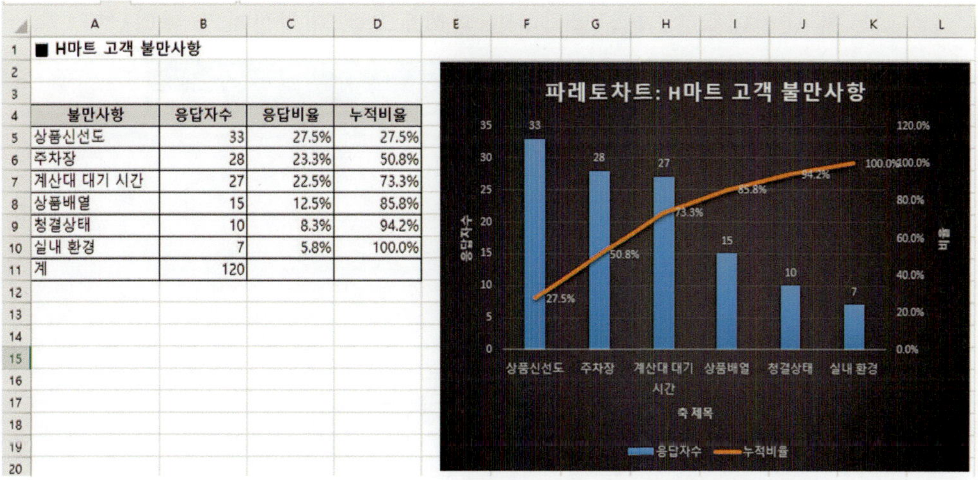

■ H마트 고객 불만사항

불만사항	응답자수	응답비율	누적비율
상품신선도	33	27.5%	27.5%
주차장	28	23.3%	50.8%
계산대 대기 시간	27	22.5%	73.3%
상품배열	15	12.5%	85.8%
청결상태	10	8.3%	94.2%
실내 환경	7	5.8%	100.0%
계	120		

파레토차트 작성방법 ② : KESS 활용

다음으로 앞서 설치한 KESS를 사용하면 좀 더 쉽게 파레토차트를 작성할 수 있다. KESS를 MS Excel에 플러그인해 놓으면 MS Excel을 실행할 때마다 추가 기능 메뉴에 KESS가 자동으로 포함되어 실행되므로 편리하게 사용할 수 있다. 파레토차트를 그리기 위해서는 MS Excel에서 아래의 순서로 메뉴를 수행하면 된다.

① 데이터가 아래 그림처럼 1행 1열부터 나타나도록(변수명이 제일 먼저 나타나야 함) 정리한다(1행 1열부터 나타나지 않으면 KESS에서 에러 메시지가 나타나므로 반드시 1행 1열부터 나타나도록 이동시켜 놓는다).

	A	B
1	불만사항	응답자수
2	상품배열	15
3	상품신선도	33
4	주차장	28
5	실내 환경	7
6	계산대 대기 시간	27
7	청결상태	10

② 파레토그림 그리기 대화상자를 실행한 후, 변수를 지정한다.
[추가 기능] → [통계분석] → [품질관리] → [QC도구] → [파레토그림] 이 순서대로 메뉴를 클릭하면 파레토그림 대화상자가 나타난다.

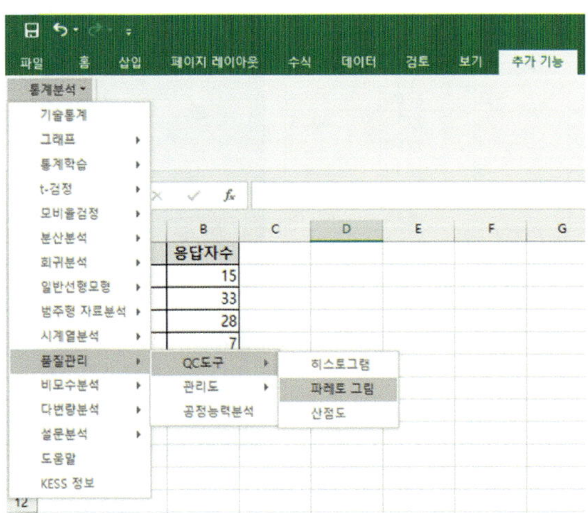

파레토그림 대화상자가 나타나면 선택변수에 있는 변수들을 항목변수와 분석변수 칸으로 이동시킨다. 이 분석 사례에서는 항목변수 칸에 불만사항을 이동시키고, 분석변수 칸에 응답자수를 이동시킨 후 [확인]을 누른다.

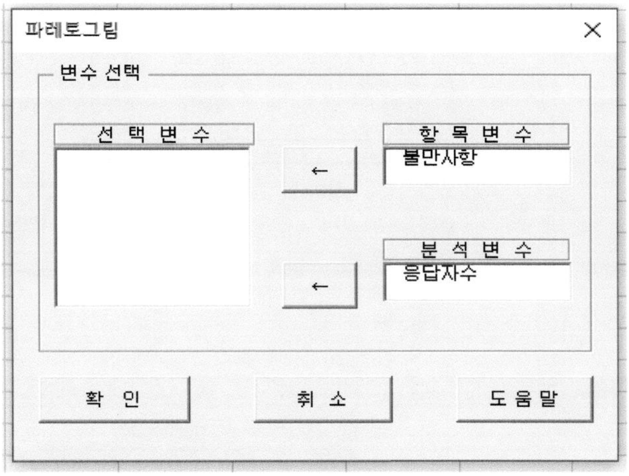

③ 출력된 분석결과와 파레토그림을 보고 해석한다.

아래 그림과 같이 품질관리 분석결과와 파레토그림이 출력된다. 결과표에서 응답자수가 높은 항목부터 다시 배열되어 있는 것을 볼 수 있으며, 누적비율과 상대비율도 자동으로 계산되어 나온 것을 확인할 수 있다. 또한 파레토그림도 추가적인 수정이 필요 없을 정도로 나타난다. 이와 같이 KESS는 앞서 MS Excel에서 수행한 여러 작업을 번거롭게 거치지 않고 메뉴 기능만으로 파레토차트 작성을 위한 모든 과정을 자동으로 제공해 주므로 KESS를 이용하는 것이 여러모로 편리하다. 사용법을 잘 익혀 두기 바란다.

품질관리 분석결과

불만사항	응답자수	누적비율	상대비율
상품신선도	33	0.2750	0.2750
주차장	28	0.5083	0.2333
계산대 대기 시간	27	0.7333	0.2250
상품배열	15	0.8583	0.1250
청결상태	10	0.9417	0.0833
실내 환경	7	1.0000	0.0583
합	120		

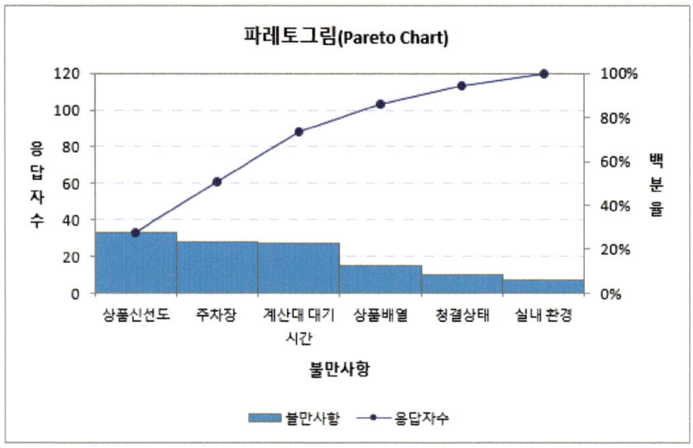

Workbook

Task 2. CTQ 정의 Activity 3. VoC 수집	수행 가이드

〈Activity 설명〉

- 선정한 품질문제개선 주제 영역과 관련하여 고객들의 실제적인 불만사항과 개선 요구사항을 수집하여 분석한다.
- 수집한 내용은 파레토 분석을 실시하여 우선순위를 선정한다.

〈수행 가이드〉

① VoC 수집방법을 결정한다.
  - 설문조사, 개별 인터뷰, FGI(초점집단면접), 관찰 등의 기법을 단독으로 사용하거나 혼용하여 사용
  - 기존에 VoC가 수집되어 있는 경우는(예 : VoC 시스템 활용, 고객만족도조사결과서 활용 등) 기존의 문건을 사용하여도 무방

② VoC 수집방법에 따른 질의서를 작성한다.
  - 설문조사의 경우 설문지를 작성하고, 개별 인터뷰를 진행할 경우 인터뷰질의서를 작성(Google docs, 네이버설문 등 온라인 질의서를 적극 활용)
  - 질의항목에는 고객 요구사항(불만사항)에 대한 CCR/CBR을 도출하는 질문이 포함되어야 함

③ VoC 수집을 실행한다.

④ 수집된 데이터를 분석하고 결과보고서를 작성한다.
  - 보고서는 자유로운 형식으로 작성하되, 아래의 내용이 필수적으로 포함되어야 함
    - VoC 수행 기간 : 예) xxxx년 xx월 xx일~xxxx년 xx월 xx일
    - VoC 수행방법
    - VoC 수행 시 질문 내용(설문의 경우 설문지를 첨부하고, 인터뷰의 경우는 질문을 첨부할 것)
    - VoC 응답 내용 및 분석 결과
    - 고객 요구사항(혹은 불만사항)에 대한 파레토 분석 결과

Workbook

Task 2. CTQ 정의	수행 템플릿
Activity 3. VoC 수집	

VoC 조사 보고서 작성

1. VoC 수행방법

- 조사 주제
- 조사 대상(모집단, 표본)
- 조사 기간
- VoC 조사 방법

2. VoC 수행 내용

- 인터뷰 수행 시 질의 내용
- 설문 수행 시 설문 내용

3. VoC 분석

- VoC 응답 내용
- 파레토차트 분석

4. 결론

※ 보고서 각 페이지 마다 Governing Message를 한 문장으로 기술하여 각 페이지의 핵심내용을 전달한다

(나) Activity 4. CTQ 정의

핵심품질특성(CTQ : Critical-to-Quality)이란 고객의 요구사항—혹은 불만사항이나 개선사항—을 충족시키기 위해 핵심적으로 관리해야 할 품질의 특성을 의미한다.

이러한 핵심품질특성인 CTQ는 두 가지 요건을 만족해야 한다. 첫째, CTQ는 고객의 요구사항을 직접적으로 충족시키는 품질특성이어야 한다. 다시 말해 CTQ를 집중적으로 관리하고 향상시킴으로써 고객의 요구사항이 직접적으로 충족되고 개선될 수 있어야 한다는 것이다. 둘째, CTQ는 측정 가능해야 한다. 즉 CTQ란 고객의 핵심요구사항(CCR/CBR)을 파악한 후 이를 충족시키기 위해 측정, 평가, 관리할 수 있도록 조작화한 계량적 척도를 의미하기 때문에 결국 고객이 중요시하는 제품이나 서비스의 내재된 품질특성으로 볼 수 있다. 다시 말해 CTQ란 고객의 핵심요구사항을 충족시키는 관리 가능한 계량적 척도를 의미한다고 할 수 있다. 우리는 CTQ의 관리를 통해 고객의 요구사항을 만족시키고자 하는 것인데, 정의(Define)단계의 핵심은 바로 이 CTQ를 선정하고 정의하는 것이다. CTQ를 잘못 선정하게 되면 아무리 CTQ를 잘 관리하고 개선해 내더라도 고객의 요구사항을 만족시키지 못하는 원치 않는 결과를 초래할 것이기 때문이다. 정의(Define)단계에서 가장 공을 들여야 하는 액티비티이기도 하거니와 품질개선 프로젝트의 성공여부를 좌우하는 가장 중요한 활동이라 할 것이다.

[그림 3-8]에 CTQ를 정의하기 위한 절차를 나타내었다. VoC 수집까지는 이전 액티비티에서 완료된 것이므로 CTQ 도출, CTQ 선정, CTQ 정의서 작성의 순서로 진행하면 될 것이다. CTQ 도출은 앞서 수집된 VoC를 통해 선정한 개선과제에 대해 고객핵심요구사항—CCR 혹은 CBR—을 정리한 후 CTQ 계통도를 활용하여 CTQ의 후보군을 도출한다. 앞서 설명한

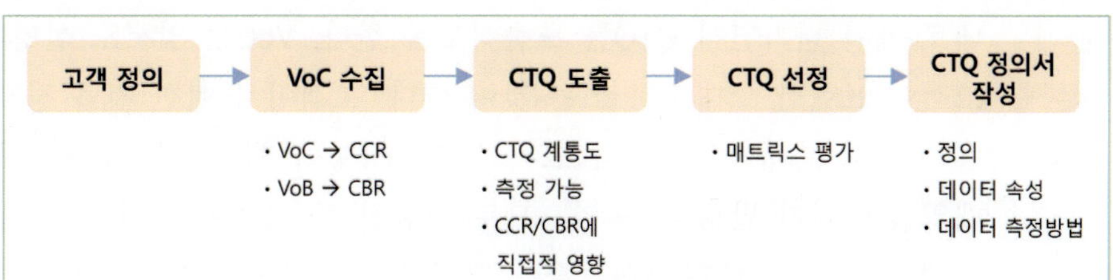

[그림 3-8] CTQ 정의 절차

CTQ의 두 가지 조건—측정 가능해야 함과 고객요구사항에 대해 직접적 영향을 미쳐야 함—에 부합하는 후보군들을 가능한 한 많이 도출하도록 한다. 그리고 CTQ 선정에서는 매트릭스 평가기법 혹은 KANO기법 등을 활용하여 도출된 CTQ 후보군에서 가장 적합한 CTQ를 선정한다. CTQ의 개수가 많은 것은 적절하지 못하며, 한 개 내지 두 개 정도가 적당하다. CTQ 선정이 완료되면 CTQ 정의서를 작성한다. 정의서를 작성하는 이유는 우리가 선정한 CTQ에 대해 조직의 모든 사람이 동일한 시각으로 CTQ를 해석할 수 있어야 하기 때문이다. 또한 CTQ는 계량화된 척도이기 때문에 데이터의 속성, 측정 도구와 방법 등에 대해 사전 정의되어야만 동일한 해석으로 CTQ를 측정하고 관리해 나갈 수 있기 때문이다. 본 액티비티에서 활용해야 하는 도구들의 상세한 내용은 〈사용 도구〉 섹션에 설명되어 있다.

〈사용 도구〉

① CTQ 계통도

VoC로부터 CTQ를 도출하는 논리적 전개 과정을 CTQ 계통도라고 한다. 앞서 VoC 분석 시 고객이 요구하는 VoC 항목에 대한 핵심요구사항(critical requirement)을 도출한다고 하였다. 즉 VoC는 고객요구사항을 고객의 목소리 그 자체로 표현하는 것이고, 핵심요구사항은 고객이 그러한 요구를 하는 진정한 이유를 의미한다. 다시 말해 VoC는 표면적인 요구사항이고 핵심요구사항은 요구사항에 대한 근본원인이다. 문제해결에 있어서는 표면적인 문제를 해결하기 위해 접근하기보다는 그러한 문제에 대한 근본적인 원인을 규명하고 근본적인 원인에 대한 해결책을 제시해야 문제를 근원적으로 해결할 수 있다. 따라서 CTQ 계통도도 VoC에 대한 근본원인을 찾아서 이를 해결하는 CTQ를 찾아나가는 논리적 전개 과정으로 생각하면 될 것이다. [그림 3-9]에 CTQ 계통도의 구조와 예시를 나타내었다. [고객의 소리(VoC/VoB)] → [핵심요구사항(CCR/CBR)] → [핵심품질특성(CTQ)]의 순서대로 채워 나가면서 CTQ를 도출하도록 한다. VoC는 앞서도 설명하였지만 고객이 표현한 그대로를 쓰는 것이 좋다. 고객이 표현한 것을 정제해서 사용하게 되면 정제과정에서 고객의 요구사항이 왜곡되고 조사자의 편견이 개입될 여지가 발생할 수 있으므로 가능한 한 고객이 표현한 그 자체를 표현해 주는 것이 좋다. 예를 들어 고객이 "애프터서비스받기가 불편하다"라고 이야기하였으면 그대로 CTQ 계통도의 고객의 소리란에 기술한다. 다음

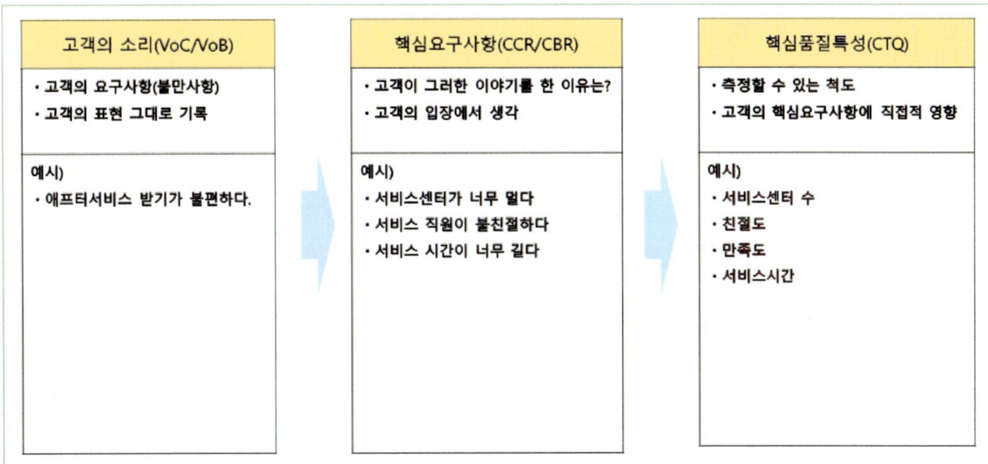

[그림 3-9] CTQ 계통도 및 예시

핵심요구사항에서는 고객이 왜 그렇게 이야기하였는지를 고객의 입장에서 생각하고 그 이유를 적는다. 앞서 VoC 수집 액티비티에서 이 부분도 같이 조사를 하였으므로 VoC 수집에서 조사한 내용을 기술하면 될 것이다. VoC 수집 시 미처 조사가 되지 못하였거나 추가적인 조사가 필요한 경우에는 고객을 대상으로 다시 조사하는 것이 적절하다. 경우에 따라서 조사자가 고객의 입장에 있다고 가정하고 기술하는 경우들도 있으나 그것은 조사자의 가설일 뿐이다. 그러한 경우에도 조사자의 가설이 실제로 고객들이 생각한 이유인지를 확인하는 과정을 반드시 거쳐야 한다. [그림 3-9]의 사례에서 고객들이 애프터서비스받기가 불편하다고 말한 이유는 "서비스센터가 너무 멀다, 서비스 직원이 불친절하다, 서비스 시간이 너무 길다"라는 세 가지 이유 때문에 그렇게 말한 것으로 확인되었다. 물론 이 세 가지 중 한 가지 이유 때문일 수도 있고 다른 이유 때문일 수도 있다. 핵심요구사항은 추정이 아니라 반드시 고객으로부터 확인해야 한다는 것을 기억해 두기 바란다. 핵심요구사항이 정리되면 이 핵심요구사항을 측정하고 평가할 수 있는 CTQ를 도출한다. 각 핵심요구사항에 대한 CTQ 후보군을 나열한 후 CTQ의 조건인 측정가능성과 핵심요구사항에 대한 직접적 영향 여부를 기준으로 CTQ로 부합한지 여부를 판단하면 될 것이다. 위의 예에서는 한 가지 VoC 항목에 대한 CTQ 도출의 논리적 과정을 설명하였지만 VoC의 항목이 여러 개일 경우 각각에 대해서 CTQ 계통도를 작성하여 CTQ 후보군을 도출해야 할 것이다.

② CTQ 매트릭스 평가

CTQ 계통도에서는 품질문제 해결을 위한 CTQ의 후보군을 도출하였다. 이러한 CTQ 후보군에서 한 개 내지 두 개 정도의 CTQ를 선별해야 하는데, 이때 사용할 수 있는 도구가 CTQ 매트릭스 평가이다. 앞서 〈Act 1. 대상 선정〉에서 수행했던 대안평가기법과 논리적 개념은 동일하다. 아래 〈표 3-7〉에 CTQ 매트릭스 평가 시 사용하는 평가표의 예시를 나타내었다. 아래의 예에서는 효과성, 측정가능성, 시급성 세 가지의 기준으로 평가하였다. 효과성은 고객의 핵심요구사항에 얼마나 직접적으로 효과를 미치는지를 평가하는 척도이다. 또 측정가능성은 측정을 얼마나 용이하게 할 수 있는지를 평가하는 척도이다. 마지막으로 얼마나 시급히 개선되어야 하는 품질특성인지를 시급성의 기준으로 평가하였다.[16] 총점이 가장 높게 나오는 순서대로 한 개 내지 두 개 정도의 CTQ를 선정하는 것이 적절하다.

〈표 3-7〉 CTQ 매트릭스 평가

CTQ 항목	평가 기준				순위
	① 효과성 (0~5)	② 측정가능성 (0~5)	③ 시급성 (0~5)	총점 (①+②+③)	

③ CTQ 정의서

앞서 선정된 CTQ는 조직 내·외부의 이해관계자와의 의사소통 및 관리를 위해 정의서의 형태로 정리해야 한다. 품질개선 프로젝트를 진행하고 있는 프로젝트 팀원이나 관련 참여자들은 CTQ의 의미를 명확히 이해할지

16) 앞서 〈Act 1. 대상 선정〉에서 수행한 대안평가기법에서는 각각의 평가기준에 대해 10점 척도를 사용하였고 총점은 각 평가기준의 곱으로 계산하였으나, 여기서 설명하는 CTQ 매트릭스 평가기법에서는 평가기준에 대해 5점 척도로 평가하고 총점은 각 평가점수의 합으로 계산하여 그 적용방법에 차이가 있다. 척도의 점수범위를 어떻게 할 것인지와 총점계산 방식을 합으로 할 것인지 곱으로 할 것인지 등은 프로젝트 팀이 적절히 결정하면 될 것이다. 이를테면 합산 방법을 합으로 할 경우 평가 대상 간에 차이가 두드러지게 나타나지 않아 결정에 어려움이 있을 수 있다. 이러한 경우 곱으로 총점을 산정하는 것이 선택에 적절한 방법일 수 있다.

몰라도 직접적 참여자가 아닌 경우에는 명확한 정의가 되어 있지 않을 경우 자의적으로 해석하여 향후 의사소통과 관리에 혼선을 초래할 수 있다. 또한 품질개선 프로젝트의 이후 단계에서도 혼선이 초래되는 경우들이 생길 수 있다. 따라서 누가 보더라도 명확하게 이해되고 통일된 의미와 측정·평가 단위로 사용될 수 있도록 사전에 정의해 두는 것이 바람직하다.

CTQ 정의서는 선정된 CTQ에 대해 정확한 의미를 기술하고 CTQ 데이터의 규격, 측정할 CTQ 데이터의 속성, 측정 방법과 평가 방법 등 필요한 사항들을 항목화하여 정의서 형태로 작성한다. 〈표 3-8〉에 CTQ 정의서의 항목과 예시를 나타내었다. 이 예시는 소방서에서 화재발생 시 현장에 도착하는 출동시간을 CTQ로 선정하여 CTQ 정의서 형태로 나타낸 사례이다. 이렇게 CTQ 정의서를 작성해 놓지 않으면 출동시간이라는 CTQ의 해석이 이해관계자에 따라서 달리 나타날 가능성이 많으므로 이 사례에서는 출동시간이라는 CTQ를 출동명령 발효시점부터 화재 현장에 도착하여 본부에 도착 보고하는 시점까지로 명확히 규정해 놓았으며, 측정단위, 측정도구, 측정 수기 등에 대해서도 상세히 정의해 놓았다. 이를 통해 CTQ와 관련한 의사소통과 관리에 있어서 통일성을 기할 수 있는 것이다.

〈표 3-8〉 CTQ 정의서 및 예시

CTQ 명		출동시간
CTQ 정의		출동명령 발효시점부터 화재 현장에 도착하여 본부에 도착 보고하는 시점까지 소요된 총시간
관리 항목	데이터 속성	연속형 데이터
	측정 단위	초
	규격	규격 상한 : 5분 00초 규격 하한 : N/A
	측정 도구	출동관리시스템의 로그 정보
	측정 주기	출동 시마다 측정
	평가 방법	N/A

Workbook

Task 2. CTQ 정의 Activity 4. CTQ 정의	수행 가이드

〈Activity 설명〉

수집된 VoC를 바탕으로 아래 사항을 수행하고 그 결과를 CTQ 정의서로 기술한다.

- CTQ 계통도
- CTQ 매트릭스 평가 및 선정
- CTQ 정의서

〈수행 가이드〉

① CTQ 계통도를 작성하여 VoC→CCR/CBR→CTQ 간의 논리적 관계를 구성한다.

- VoC 수집 시 CCR/CBR이 조사되지 않은 경우 별도의 조사나 추론을 실시해야 함
- CTQ는 반드시 CTQ 충족요건 두 가지를 만족시키는 것으로 정해야 함

② CTQ 매트릭스 평가를 실시하여 2~3개의 CTQ를 확정한다.

③ CTQ 규격을 포함한 CTQ 정의서를 작성한다.

Workbook

Task 2. CTQ 정의	수행 템플릿
Activity 4. CTQ 정의	

CTQ 정의

✓ CTQ 계통도

VOC/VOB		CCR/CBR		CTQ
	→		→	

CTQ 정의

✓ CTQ 매트릭스 평가

(평가: 5점 척도)

CTQ항목	중요성 (혹은 효과성)	측정 가능성	시급성	합계	순위

Workbook

Task 2. CTQ 정의 Activity 4. CTQ 정의	수행 템플릿

CTQ 정의

✓ CTQ 정의서

<table>
<tr><td colspan="2">CTQ 명</td><td></td></tr>
<tr><td colspan="2">CTQ 정의</td><td></td></tr>
<tr><td rowspan="6">관리 항목</td><td>데이터 속성</td><td></td></tr>
<tr><td>측정 단위</td><td></td></tr>
<tr><td>규격</td><td></td></tr>
<tr><td>측정 도구</td><td></td></tr>
<tr><td>측정 주기</td><td></td></tr>
<tr><td>평가 방법</td><td></td></tr>
</table>

3.2 측정(Measure)단계

측정단계는 앞 단계에서 정의한 개선과제와 관련된 프로세스의 현 상태를 조사하고, 앞서 정의한 CTQ의 현재 수준을 계량적으로 측정하는 단계이다. [그림 3-10]에서 보는 바와 같이 측정단계는 [Task 3. 분석계획]과 [Task 4. 현 수준 분석]의 두 가지 태스크로 구성되어 있으며, 각 태스크 또한 두 가지의 액티비티로 구성되어 있다. 단 [Task 4. 현 수준 분석]에서는 옵션으로 벤치마킹을 추가할 수 있다.

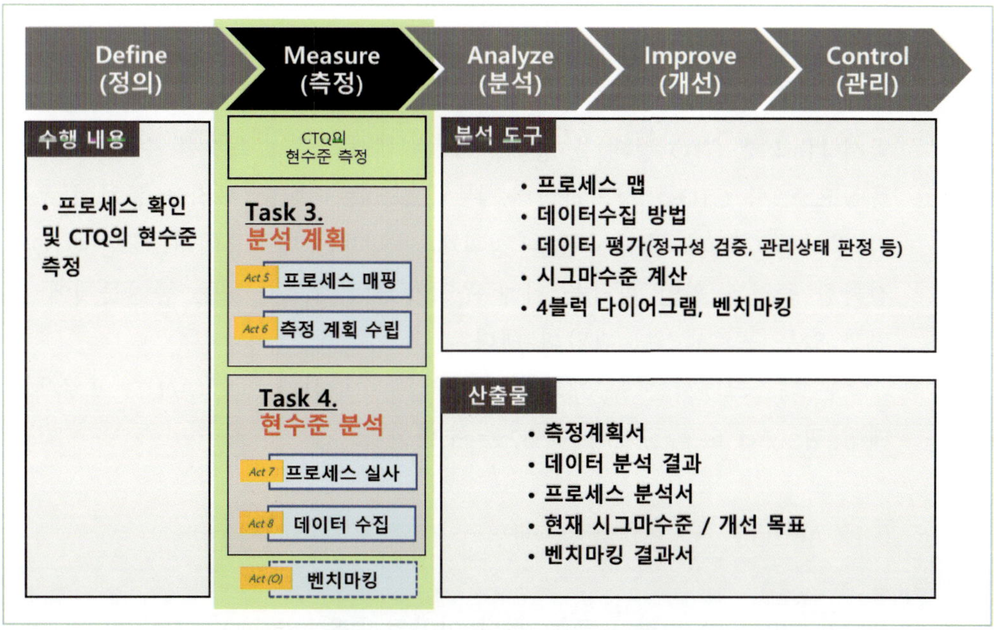

[그림 3-10] 측정단계 주요 내용

[Task 3. 분석계획]에서는 개선과제와 관련된 업무의 프로세스 시작부터 종료까지를 프로세스 맵(Process Map) 도구를 이용하여 그려보고 CTQ 데이터를 수집하기 위한 계획을 수립한다. 또한 [Task 4. 현 수준 분석]에서는 앞서 그린 프로세스 맵을 기반으로 현장에서 직접 프로세스 실사를 함과 동시에 CTQ 및 관련 데이터들을 수집한다. 현재 우리 수준에 대한

비교기준을 설정하고 모범사례의 참고를 위해 벤치마킹을 추가할 수도 있다. 결국 측정단계에서의 핵심은 CTQ와 관련한 개선업무의 프로세스를 정확히 분석하고 CTQ 및 관련한 데이터들을 정확히 측정해 내는 것이다.

측정단계에서의 두 가지 태스크를 수행하기 위해 [그림 3-10]에 나와 있는 바와 같이 프로세스 맵, 데이터 수집방법, 데이터 평가, 4-블록 다이어그램, 벤치마킹, 시그마수준 등의 도구를 사용하게 된다.

또한 측정단계의 두 가지 태스크를 수행한 후 도출되는 최종 산출 결과는 프로세스 분석과 데이터 측정 결과, 벤치마킹 결과 등이다. 그러면 지금부터 각 태스크의 구체적인 수행방법과 사용되는 도구들의 사용방법에 대해서 상세히 알아보기로 하자.

3.2.1 Task 3. 분석계획

앞서 [Task 2. CTQ 정의]를 통해 우리는 계량적으로 측정할 수 있는 핵심 품질요소, 즉 CTQ를 정의하였다. 본 태스크는 데이터 수집을 통하여 우리가 정의한 CTQ의 현재 수준을 정확히 파악하는 태스크이다. 또한 CTQ의 정확한 측정과 원인 파악을 위해 우리가 해결하고자 하는 품질문제에 관련한 업무 프로세스를 파악해 낸다.

본 태스크에서는 두 개의 액티비티를 수행한다. 즉, 〈Act 5. 프로세스 매핑〉과 〈Act 6. 측정계획 수립〉을 수행한다.

(가) Activity 5. 프로세스 매핑

프로세스(Process)란 하나 또는 하나 이상의 투입물(input)을 산출물(output)로 변환하는 과정을 의미하는데, 품질문제의 개선을 위해서는 우리가 개선하고자 하는 품질문제의 업무 프로세스를 정확히 파악해야 한다. 따라서 〈Act 5. 프로세스 매핑〉에서는 품질문제를 발생시키는 업무 프로세스를 대상으로 업무의 시작부터 종료까지 어떻게 업무가 수행되는지를 파악하여 품질문제의 발생지점과 원인 그리고 개선의 포인트를 찾는 시발점으로 삼는다.

프로세스 분석은 업무의 흐름(활동의 흐름)을 파악하고 각 흐름에서 문제가 발생되는 지점을 관리함으로써 전체 시스템의 성능을 개선해 나가는 것을 주요 목적으로 한다.

프로세스 분석의 기본적인 절차는 [그림 3-11]에 나타나 있다. 프로세스 매핑은 프로세스를 구성하는 하부 활동들을 확인하고 각 활동들의 순서 및 수행주체 등을 식별하여 시작점과 끝 지점을 하나의 연결된 형태로 나타내는 것이다. 이렇게 함으로써 분석의 대상이 되는 프로세스를 명확하게 나타낼 수 있다. 프로세스 매핑이 완료되면 각 활동들에 대한 흐름의 내용을 표시한다. 분석의 목적에 따라 흐름의 내용이 달리 표시될 수 있을 것이다. 예컨대 사이클 타임에 대한 분석 목적이면 시간이 흐름의 내용이 될 것이고 원가에 대한 분석이 주목적이라면 각 활동별 원가정보를 표시하면 될 것이다.[17] 다음으로 전체 프로세스 및 각 활동들에 대한 성과측정 등을 통해 문제를 식별하고 원인 분석 및 개선안을 도출해 낸다.

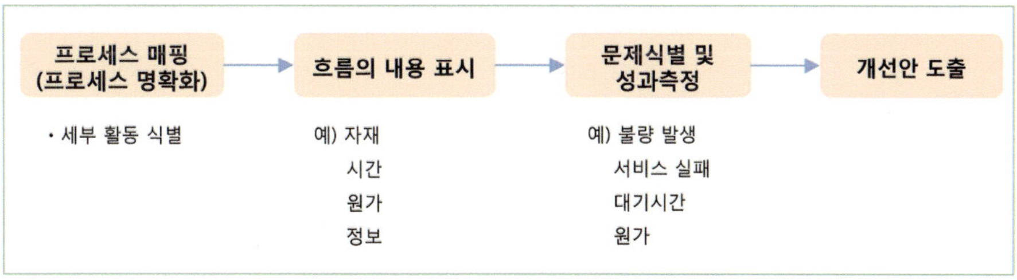

[그림 3-11] 프로세스 분석 절차

위에서 설명한 프로세스 분석의 절차는 사실상 〈Act 5. 프로세스 매핑〉과만 관련되는 것이 아니라, 이후의 액티비티들과 직접적으로 관련된다. 구체적으로 [그림 3-12]에 나타낸 바와 같이 프로세스 분석의 전체 절차는 사실상 〈Act 5. 프로세스 매핑〉과 〈Act 7. 프로세스 실사〉 및 이후의 분석 활동 모두와 연관되어 있다. 즉, 전반부의 두 가지 활동인 프로세스 매핑(프로세스 명확화)과 흐름의 내용 표시는 〈Act 5. 프로세스 매핑〉을 주로 수행하는 내용이며, 문제식별 및 성과측정, 개선안 도출은 〈Act 7. 프로세스 실사〉 이후의 활동들과 연관되어 있다. 그림에서 흐름의 내용 표시 부분이 중첩되어 있는 것은 프로세스 실사를 통해 사전 작성된 내용들의

17) 실제로 원가 분석을 목적으로 하는 프로세스 맵을 코스트 맵(Cost Map)이라 하여 기업의 원가 혁신을 위한 도구로 사용하는 경우도 많이 있다.

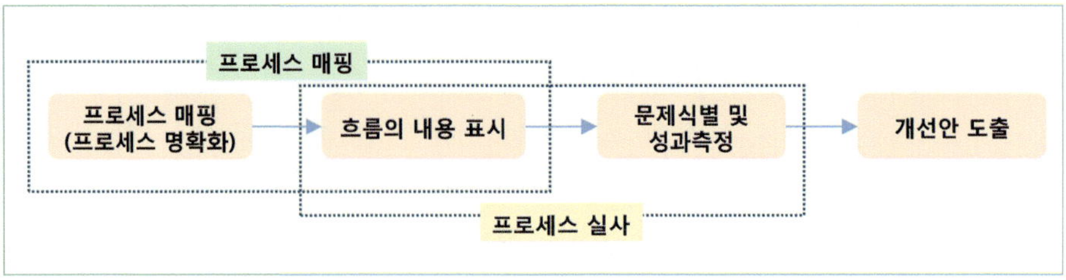

[그림 3-12] 프로세스 분석 절차와 액티비티들과의 관계

변경 내용이 현행화되어야 하기 때문이다.

프로세스 분석은 주로 프로세스 맵(Process Map)을 그리는 것으로 시작하는데, 프로세스 맵을 이용하여 프로세스를 한 장으로 그려 놓고 나면 개선과제의 대상이 되는 업무가 어떻게 흘러가는지를 한눈에 가시적으로 파악할 수 있을 뿐만 아니라 원인규명과 개선 포인트를 찾는 좋은 출발점이 될 수 있다. 이번 액티비티인 〈Act 5. 프로세스 매핑〉에서는 우리가 개선하고자 하는 품질문제와 관련된 업무 프로세스의 개략적인 흐름을 프로세스 분석 도구를 이용하여 한 장으로 나타내는 것을 주목적으로 하며, 이후 〈Act 7. 프로세스 실사〉를 통해 현재 액티비티에서 작성한 프로세스 맵을 정교화시킴과 동시에 이후 단계에서 각 프로세스에서의 현황과 문제의 원인을 찾음으로써 프로세스 분석을 완성하게 된다.[18]

프로세스 흐름을 분석하여 하나의 맵으로 나타내기 위해서는 CTQ와 관련한 개선 대상 업무에 대해 우선적으로 아래의 물음에 답하면서 분석의 대상이 되는 프로세스를 하나의 틀로 구성해 보면 될 것이다.

- 어떤 활동들로 이루어져 있는가?
- 각 활동들은 어떤 순서(흐름)로 진행되는가?
- 누가 그 활동을 하는가?
- 그 활동을 어떻게 수행하는가?
- 각 활동들의 투입(input)과 산출(output)은 무엇인가?
- 각 활동들의 성과를 무엇으로 측정하면 되겠는가?

18) 이러한 프로세스 분석 자체가 우리가 지금 수행하고 있는 품질개선 프로젝트의 한 종류라 할 수 있다. 사실상 우리가 수행하고 있는 DMAIC 방법론 자체가 프로세스 개선의 한 방법론이다.

〈사용 도구〉

① 프로세스 맵(Process Map)

프로세스 분석은 대상이 되는 프로세스를 하나의 맵(Map)으로 나타내는 것으로 시작한다. 분석의 대상을 하나의 그림으로 나타낼 수 있으면 전체 업무를 한눈에 조망할 수 있고 전체 관점에서 문제를 바라볼 수 있다. 이렇게 프로세스를 하나의 그림으로 나타낼 수 있게 해 주는 도구를 프로세스 맵이라 한다. 프로세스 맵은 사용 목적에 따라 SIPOC 다이어그램, 스윔레인 플로차트, 스파게티 다이어그램, 서비스 청사진 등 다양하게 존재한다. 개선하고자 하는 품질문제에 따라 적절한 프로세스 맵을 사용하면 될 것이다.

①-1. SIPOC 다이어그램(SIPOC Diagram)

SIPOC 다이어그램은 프로세스의 주요 정보를 포착하는 것을 주목적으로 하는 프로세스 분석 도구이다. 여기서 말하는 주요 정보란 공급자(Supplier), 투입물(Input), 프로세스(Process), 결과물(Output), 고객(Customer)의 다섯 가지를 말한다. 다섯 가지 요소의 알파벳 첫 글자를 따서 SIPOC이라고 명명한 도구이다. 앞서 프로세스란 하나 또는 하나 이상의 투입물을 산출물로 변환하는 과정이라고 정의한 바 있다. 이러한 정의에 비추어 볼 때 프로세스의 기본적인 구성요소를 SIPOC에서 정의하는 다섯 가지라 할 수 있을 것이다. [그림 3-13]에 SIPOC 다이어그램의 예시를 나타내었다. 이 예시는 농산물가공센터에서 농산품을 농가나 농산물시장 등으로부터 납품받

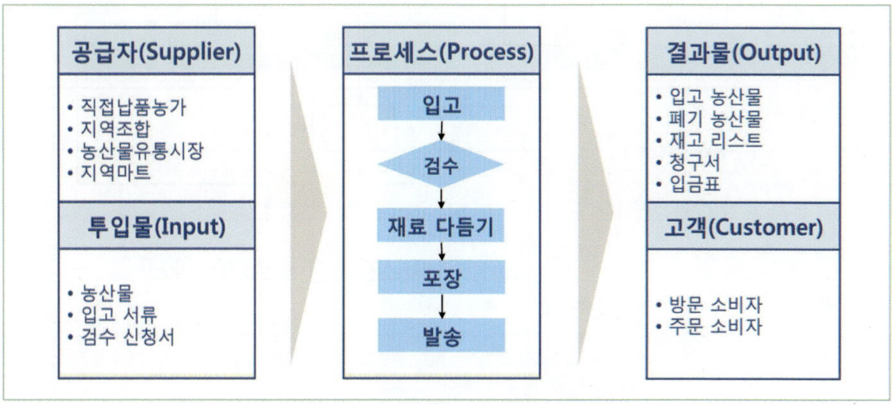

[그림 3-13] SIPOC 다이어그램 예시

은 후 가공 및 조리 과정을 거쳐 고객들에게 제공하는 간단한 프로세스를 SIPOC을 이용하여 나타낸 사례이다. 예시에서와 같은 동일한 형태로 SIPOC을 나타내어야 하는 것은 아니지만, SIPOC 프로세스 맵 한 장에 다섯 가지 요인이 일목요연하게 나타날 수 있도록 상황에 맞게끔 적절히 변형하여 사용하면 될 것이다.

①-2. 스윔레인 플로차트(Swim-lane Flow Chart)

스윔레인이란 수영 경기장에서 선수들을 구별할 뿐만 아니라 선수들의 진행방향을 나누기 위해 트랙을 구별해 놓은 부표를 의미한다. 프로세스를 구성하는 활동들도 여러 참여자—혹은 여러 부서—들 간의 상호작용으로 구성된다. 스윔레인 플로차트는 프로세스의 각 활동들이 '누구(Who)'에 의해 수행되는지 초점을 두고 분석하고자 하는 도구이다. [그림 3-14]와 같이 프로세스에 참여하는 참여자들을 구분하고 분석하고자 하는 전체 프로세스가 각 참여자별로 어떻게 연결되는지를 보고자 한다. 그림에서 네모 박스는 프로세스를 구성하는 활동들을 의미하며, 화살표는 활동들 간의 선후관계를 나타낸다.

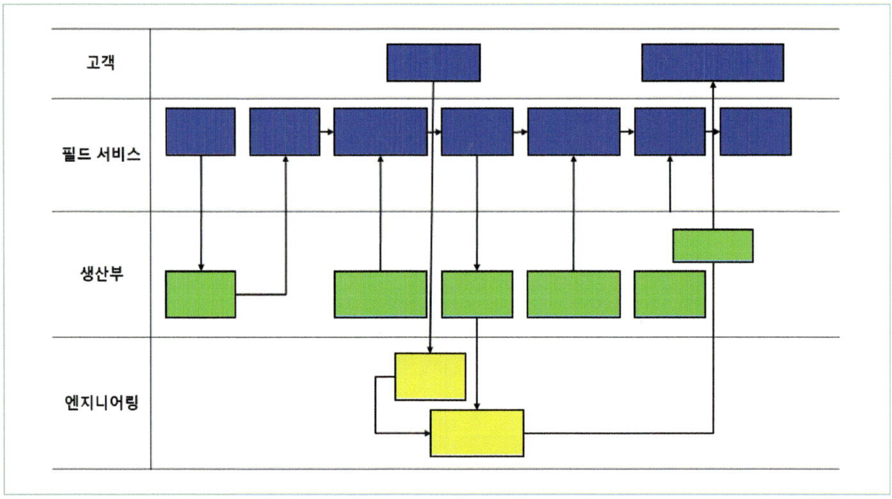

[그림 3-14] 스윔레인 플로차트 예시

①-3. 스파게티 다이어그램(Spaghetti Diagram)

스파게티 다이어그램은 공간적 배치와 작업의 흐름에 초점을 맞춘 프로세스 분석 도구이다. [그림 3-15]와 같이 작업장 배치를 그리고 난 후 자재의 흐름이나 작업의 흐름에 따른 인력의 이동 동선 등을 분석하여 혼잡이 발생하고 있거나 지연이 발생하고 있는 활동들을 식별하고 이에 대한 해결방안을 도출하는 용도로 사용될 수 있다. [그림 3-15]는 단일 층에 배치된 설비들을 기본으로 작업의 흐름을 나타내고 있는 예시이나, 복층으로 구성된 작업장에 대해서 스파게티 다이어그램을 사용하여 분석하면 어떤 작업과 어떤 설비를 각 층별로 분산해야 하는지에 대한 분석에 응용할 수도 있다.

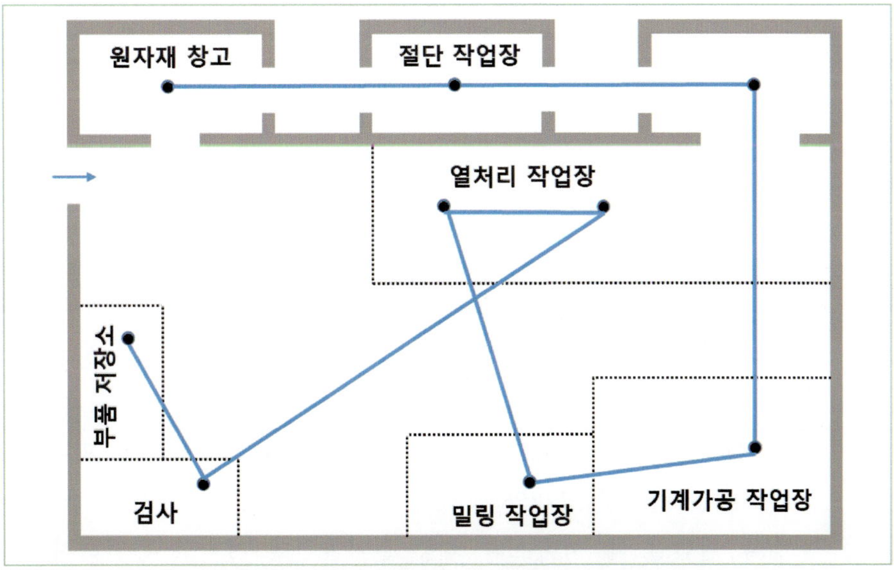

[그림 3-15] 스파게티 다이어그램 예시 1

또 다른 예시인 [그림 3-16]은 수업시간에 학생들과 실습을 위해서 일상생활에서 발생하는 일에 대해 스파게티 다이어그램으로 작성해 본 것이다. 집에서의 식사 준비 프로세스를 대상으로 주방설비 배치 및 작업자 동선에 대한 개선점을 찾아내는 사례에서 만들어 본 예시이다.

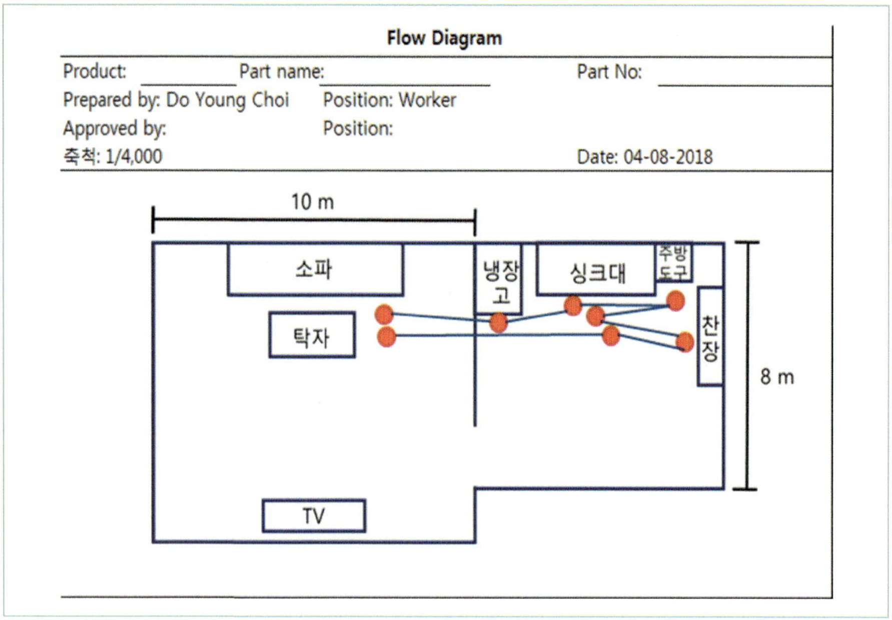

[그림 3-16] 스파게티 다이어그램 예시 2

①-4. 서비스 청사진(Service Blueprint)

서비스 청사진은 서비스 프로세스에 특화하여 만들어진 프로세스 분석 도구이다. 서비스 프로세스는 제조 프로세스와는 달리 크게 두 가지의 차이점이 있다. 첫째, 서비스 프로세스에는 고객이 직접 참여한다는 것이다. 즉, 서비스 프로세스는 고객과 서비스 제공자의 상호작용에 의해서 서비스가 완성된다는 특징을 가지고 있다. 따라서 서비스 프로세스 분석을 위해서는 반드시 고객의 행위가 고려되어야 한다. 둘째, 고객은 서비스 품질을 판단할 때 서비스의 최종 결과물만을 가지고 판단하지는 않는다는 것이다. 이 특징 또한 서비스 프로세스에 고객이 참여한다는 특징으로부터 발생하는 것인데, 고객은 서비스 과정에 직접 참여하기 때문에 서비스가 이루어지는 과정과 활동 하나하나에서 품질을 판단한다는 점이다.[19] 이러한 점을 고려하여 쇼스택이라는 학자가 기존의 프로세스 분석 도구에서 고객의 경험관점을 추가하여 서비스 청사진을 제안하였고 서비스 프로세스의 설계와 분석에 가장 많이 사용하는 분석 도구가 되었다.

19) 서비스 제공이 이루어지는 각 과정 하나하나에서 고객은 서비스를 경험하고 그것의 품질을 판단하게 된다고 하여 이를 진실의 순간(MOT : Moment of Truth)이라고 한다.

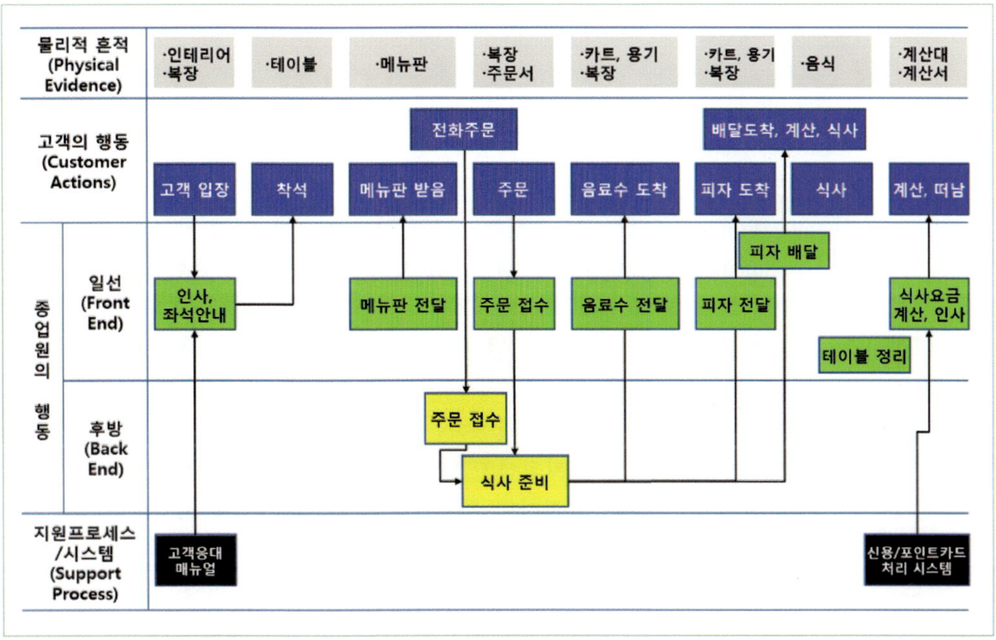

[그림 3-17] 서비스 청사진 예시

[그림 3-17]에서 보는 바와 같이 서비스 청사진은 물리적 흔적, 고객의 행동, 일선 종업원의 행동, 후방 종업원의 행동, 지원 프로세스 및 시스템이라는 다섯 가지의 구성요소로 이루어져 있다. 각 구성요소에 대한 상세한 설명은 〈표 3-9〉와 같다.

〈표 3-9〉 서비스 청사진의 구성요소

구성요소	설명	주체
고객의 행동 (Customer Actions)	서비스 프로세스 내에서 고객이 경험하게 되는 모든 선택, 행동, 상호작용 등을 말한다.	고객
일선 종업원의 행동 (Supplier Front-end Actions)	서비스 프로세스 내에서 고객과 직접 접촉하여 상호작용하는 고객접점의 현장에 있는 일선 종업원들의 선택, 행동, 상호작용 등을 말한다.	서비스 종업원
후방 종업원의 행동 (Supplier Back-end Actions)	서비스 프로세스 내에서 일선 종업원을 지원하는 후방 종업원들의 선택, 행동, 상호작용 등을 말한다.	서비스 종업원
지원프로세스/시스템 (Support Process/System)	서비스를 제공하는 전방 종업원과 후방 종업원들을 지원하기 위하여 이루어지는 서비스 조직의 간접적인 행위, 프로세스, 제도, 체계, 시스템 등을 말한다.	서비스 조직
물리적 흔적 (Physical Evidence)	서비스 프로세스 내에서 고객과 서비스 조직 간 상호작용이 이루어지는 환경을 말하는 것으로, 고객이 직접 보거나(see) 경험하게 되는(experience) 모든 물리적인 환경을 의미한다.	서비스 조직

서비스 청사진은 서비스 프로세스의 설계와 개선 모두에 적용할 수 있으며, 주로 실패가능점 분석(failure point analysis)과 대기가능점 분석(waiting point analysis) 두 가지 분석을 실시하여 현재 서비스 프로세스의 문제점을 찾아낸 후, 개선방안을 적용하여 새로운 서비스 프로세스를 재설계하는 순서로 이루어진다. 서비스 청사진의 작성방법은 아래와 같이 크게 3단계로 이루어지며, 서비스 청사진 작성 시 사용하는 부호와 각 구성요소에 대한 심벌은 [그림 3-18], [그림 3-19]와 같다.

- 1단계 : 서비스 제공 프로세스의 도식화(서비스 구성요소의 식별)
- 2단계 : 서비스 프로세스 분석
  - 실패가능점(fail points)과 대기가능점(waiting points) 분석
  - 서비스처리시간(processing time) 분석 및 표준처리시간 설정
  - 서비스 프로세스 개선방안 도출
- 3단계 : 서비스 재설계(Re-design)
  - 2단계에서 수행한 개선방안을 반영하여 서비스 프로세스 재설계

[그림 3-18] 서비스 청사진 작성 시 사용하는 부호

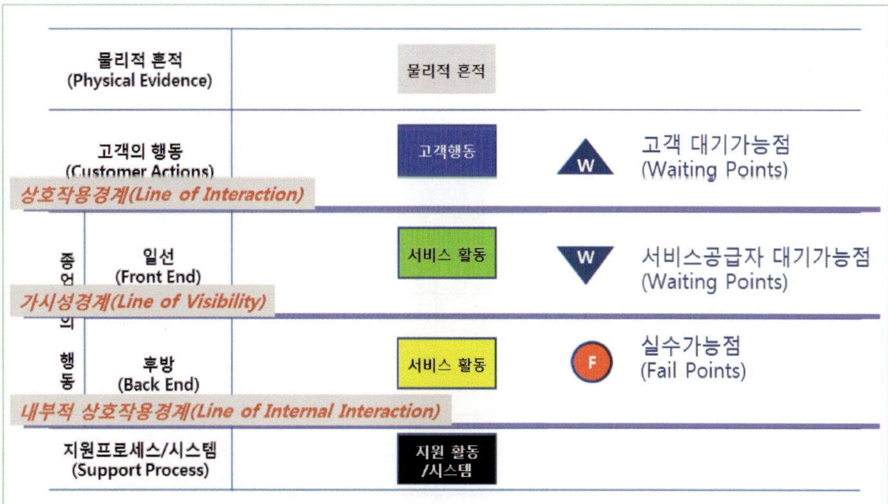

[그림 3-19] 서비스 청사진 구성요소의 도식화

(나) Activity 6. 측정계획 수립

이번 액티비티에서는 앞서 정의한 CTQ 및 프로세스 맵과 관련한 구체적인 데이터 수집계획을 수립한다. 여기서 말하는 프로세스 맵과 관련한 구체적인 데이터라고 하는 것은 프로세스를 구성하는 각 활동들에 대한 데이터를 의미한다. 우리는 앞서 〈Act 5. 프로세스 매핑〉에서 프로세스 매핑을 할 때 던져야 할 질문으로 "프로세스 성과를 무엇으로 측정할 것인가?"가 있다고 하였다. 즉 〈Act 6. 측정계획 수립〉에서 프로세스 맵과 관련한

데이터라는 것은 이 프로세스 성과를 나타내는 데이터라고 생각하면 될 것이다. 구체적으로 아래 두 가지 질문에 대한 답변을 정리하는 것이 이번 액티비티에서 하고자 하는 측정계획 수립이 된다.

- CTQ 데이터를 어떻게 수집할 것인가?
- 프로세스 맵을 통해 식별한 프로세스 활동 관련 데이터(예 : 프로세스 성과)를 어떻게 수집할 것인가?

이번 액티비티의 산출물은 측정계획서(혹은 데이터 수집계획서) 형태로 나타날 것인데, 이러한 측정계획에는 수집 대상(수집항목), 수집 장소, 수집 방법, 수집 기간, 샘플 크기 등이 포함되어야 한다. 아래 〈표 3-10〉과 같은 양식을 참조하여 측정계획(데이터 수집계획)을 수립할 수 있다.

〈표 3-10〉 측정계획

수집 대상	수집 장소	수집 방법	수집 기간	샘플 크기	담당자	비고
CTQ 1						
CTQ 2						
....						
프로세스 성과 1						
프로세스 성과 2						
....						
기타 데이터 1						
기타 데이터 2						

Workbook

Task 3. 분석계획 Activity 5. 프로세스 매핑 Activity 6. 측정계획 수립	수행 가이드

〈Activity 설명〉

- 프로세스 맵의 작성과 CTQ에 대한 데이터 수집계획을 작성한다.
- 본 액티비티를 수행하여 아래와 같은 결과를 도출해야 한다.
  - 프로세스 맵
  - CTQ 측정계획

〈수행 가이드〉

① **[프로세스 매핑]** 프로세스 분석 도구 중 하나를 선택하여 CTQ가 도출되는 프로세스를 작성할 것

- SIPOC 다이어그램, 스윔레인 플로차트, 스파게티 다이어그램, 서비스 청사진 중에서 하나를 선택하여 작성(다른 프로세스 맵이 적합할 경우 다른 도구를 사용해도 무방함)
- 본 태스크에서 수행하는 프로세스 분석은 간략분석이며, 다음 태스크인 [Task 4. 현 수준 분석] 수행 시 프로세스 실사를 통해 상세 프로세스를 다시 분석함

② **[측정계획 수립]** CTQ 데이터 수집계획을 작성한다.

- 데이터 수집계획에는 아래 내용이 반드시 포함될 것
  - 수집 대상, 수집 장소, 수집 방법, 수집 기간, 샘플 크기
  - 〈표 3-10〉 측정계획표를 참조하여 작성할 것

Workbook

Task 3. 분석계획 Activity 5. 프로세스 매핑 Activity 6. 측정계획 수립	수행 템플릿

프로세스 매핑

✓ 본문 참조하여 자유형식으로 작성

데이터 수집 계획

✓ 데이터 수집 계획

수집 대상	• • • •
수집 기간	•
수집 장소	• •
수집 방법	• • •
표본 및 크기	• •

3.2.2 Task 4. 현 수준 분석

본 태스크는 앞서 [Task 3. 분석계획]에서 작성한 프로세스 맵과 측정계획을 기반으로 현재의 프로세스를 현장에서 실제로 확인하고 CTQ 데이터를 실제로 수집하는 태스크이다.

본 태스크에서도 두 개의 액티비티를 수행한다. 즉, 〈Act 7. 프로세스 실사〉와 〈Act 8. 데이터 수집〉을 수행한다. 이 두 개의 액티비티는 순차적으로 실행할 수도 있지만 동시에 실행하는 것이 적절할 수도 있으니 프로젝트 상황에 맞게 동시에 수행해도 무방하리라 본다. 한편 본 태스크에서는 선택사항으로 벤치마킹을 포함시킬 수 있다. 벤치마킹이란 개선의 대상이 되는 조직 이외의 우수한 조직 현장을 찾아서 배워올 만한 것을 찾는 것이므로 프로젝트의 상황에 따라 벤치마킹을 포함하여 수행하면 문제의 발견과 개선방안의 도출에 도움이 될 것으로 판단된다. 본 교재에서는 선택사항으로 실행할 수 있도록 〈Act O. 벤치마킹〉으로 명명하여 방법론에 포함시켰다.

(가) Activity 7. 프로세스 실사

프로세스 실사란 앞서 〈Act 5. 프로세스 매핑〉에서 작성한 프로세스 맵에 대한 구체적 내용을 현장에서 직접 확인하고 필요한 정보를 수집하여 분석 대상이 되는 프로세스를 현행화하는 것을 의미한다. 〈Act 5. 프로세스 매핑〉에서 프로세스 맵을 작성할 때에는 대부분 기존에 작성되어 있는 업무 매뉴얼 등의 문건을 참조하거나 관련 담당자 혹은 관리자와의 인터뷰를 통해 개략적으로 작성되는 것이 보통이다. 담당자나 관리자들은 본인들의 업무 수행 방식에 익숙해져 있어서 본인들의 입장에서 프로세스 및 관련된 사항들을 진술하는 경향이 있을 수밖에 없다. 따라서 프로세스 실사를 통해서 기존에 작성한 프로세스 맵과 상이한 부분을 찾아낼 뿐만 아니라, 미처 발견되지 않았던 사항들도 발견할 수 있다. 이러한 과정을 통해 〈Act 5. 프로세스 매핑〉에서 작성한 프로세스 맵을 더 정교하고 현실적인 프로세스 맵으로 고도화시킬 수 있다.

(나) Activity 8. 데이터 수집

프로세스 실사와 동시에 혹은 프로세스 실사 후에 프로젝트 팀에서 설정한 CTQ에 대한 실제 데이터를 수집한다. 측정계획에 포함된 수집 장소, 수집 방법, 수집 기간, 샘플 크기 등에 대한 계획을 바탕으로 프로젝트 담당자가 직접 데이터를 수집할 수 있으며, 유관 부서에 이미 존재하는 데이터이거나 정보시스템에서 관리하는 데이터이면 이를 요청하여 확보하도록 한다.

데이터가 확보되면 수집된 데이터가 분석에 사용할 수 있는 수준인지 확인하기 위해 데이터의 안정성을 평가해야 하며, CTQ의 현 수준을 시그마수준으로 표현해 내도록 한다.[20] 또한 4-블록 다이어그램 등을 이용하여 CTQ에 대한 개선 목표를 설정하도록 한다. 목표 설정 시 만약 벤치마킹을 수행하였다면 벤치마킹 결과를 활용하도록 한다.

〈사용 도구〉

① 데이터 안정성 평가(정규성 및 관리상태 판정)

데이터 수집이 완료되면 CTQ의 현재 수준을 산정해야 한다. 그러나 수집된 데이터는 전체 모집단에 대한 데이터가 아니라 표본추출한 데이터이기 때문에 수집한 데이터가 왜곡 없이 모집단을 잘 대표할 수 있는 데이터인지를 확인해 보아야 한다. 이를 위해 수집한 표본데이터에 대한 정규성 확인과 아울러 수집된 데이터가 관리상태하에 있는 데이터인지 여부를 평가한다.

우선 수집된 데이터에 대한 정규성 확인은 모집단에 대한 대표성이 있는지와 표본의 개수가 적절한지를 판단하는 기준으로 삼을 수 있다. 정규성을 검증하기 위한 간편한 방법으로 보통 히스토그램을 보고 직관적으로 판단하거나, 정규성을 검증하는 통계량으로 판단한다.[21] 히스토그램으

---

20) 전사적으로 식스시그마 프로젝트를 수행하는 경우에는 전사적인 관리 및 평가를 위한 규격의 통일을 위해 시그마수준이라는 단위로 전환하는 것이 바람직하지만, 단편적으로 진행하는 품질개선 프로젝트일 경우 CTQ에 대한 현재 수준을 시그마수준으로 반드시 전환해야 할 필요는 없다.

21) 통계량을 이용한 정규성 검정으로 Shapiro-Wilks test, Kolmogorove-Smirnov test 등을 이용하여 데이터의 정규성을 검정할 수 있다. 또, 시각적으로는 히스토그램 외에 이론적인 분포와 표본의 분포를 비교하는 QQplot(Quantile-Quantile plot)이라는 그래프를 이용하여 정규성을 확인하기도 한다.

로 판단하는 방법은 [그림 3-20]의 왼쪽과 같이 히스토그램이 대푯값인 평균을 중심으로 정규분포와 비슷한 모양을 보이면 정규성이 있다고 판단할 수 있다. 오른쪽 그림처럼 한쪽으로 데이터가 치우쳐 있으면 정규성이 있다고 할 수 없으며, '1.3절 품질경영을 위한 통계적 개념의 기초'의 히스토그램 부분에서 설명한 바와 같이 봉우리가 두 개로 나타날 경우에는 두 가지 분포가 혼합되어 있는 혼합분포일 가능성이 높다.

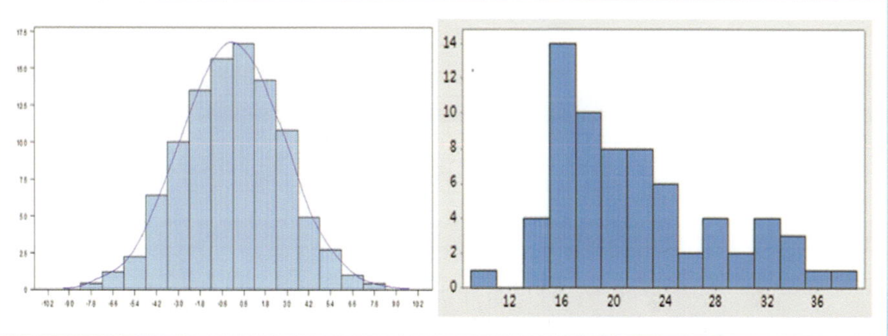

[그림 3-20] 데이터의 정규성 검증

다음으로 수집된 데이터가 관리상태하에 있는 데이터인지를 판단하기 위해 관리도를 작성해 보아야 한다. 관리도는 '2.1절 문제해결의 절차와 도구'에서 간단히 그 개념을 학습한 바 있다. 기본적으로 관리도의 개념은 관리한계범위인 관리상한선(UCL)과 관리하한선(LCL)을 정해두고, 관리한계범위 내에 데이터가 분포하면 관리상태하(in control)에 있다고 간주하고, 관리한계범위를 벗어나는 경우 이상상태(out of control)에 있다고 판단하는 개념이다. 데이터가 정규분포한다고 가정할 경우 이 관리한계의 범위를 표준편차의 상한, 하한으로 각각 세 배씩으로 설정하게 되면 수집되는 데이터의 99.7%는 이 한계범위 안에 존재하게 된다. 즉, 어떠한 데이터가 이 한계범위 밖에 존재한다는 것은 99.7%의 확률에도 들지 못하는 희귀한 경우이므로 이 데이터는 관리상태에 있는 데이터가 아닌 이상상태에 있는 데이터라고 판단하는 것이다. [그림 3-21]에 평균값관리도가 도식화되어 있는데, 각 시점마다 표본을 추출하여 그 표본의 평균값으로 관리도에 타점한다고 하면 표본분포이론에 따라 해당 표본평균값이 관리한계범위에 존재할 확률 $P\left(\bar{\bar{x}} - 3\frac{\sigma}{\sqrt{n}} \le \bar{x} \le \bar{\bar{x}} + 3\frac{\sigma}{\sqrt{n}}\right) = 99.7\%$가 된다. 따라서 수

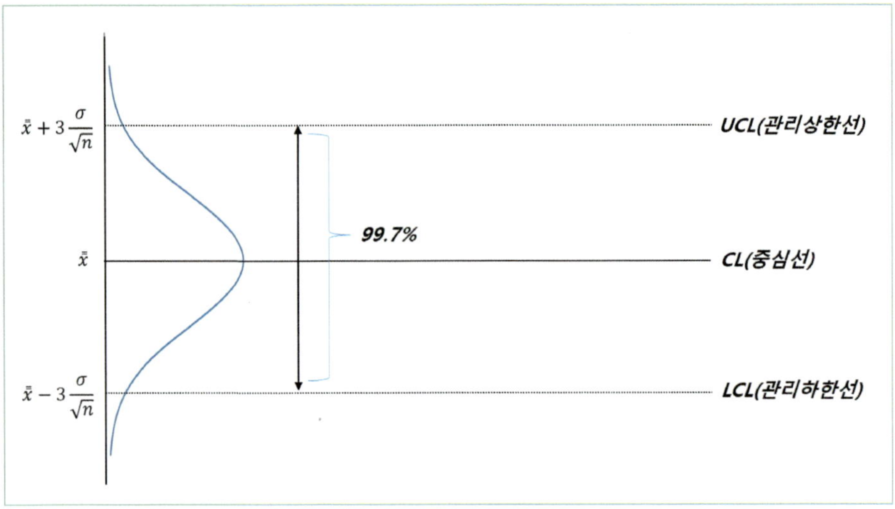

[그림 3-21] 관리도

집한 표본 중에 이 관리한계범위 안에 들지 않는 데이터가 있다면 이상 데이터로 간주해야 하므로, 해당 데이터를 제거하고 다시 계산하여 안정화된 데이터만을 가지고 분석에 사용해야 한다.

② CTQ 현 수준 계산(시그마수준의 계산)

수집한 데이터로 CTQ의 현재 수준을 나타낼 때에는 시그마수준이라는 단위로 나타낸다.[22] 시그마수준은 원래 프로세스의 능력을 측정하는 지표로, 표준정규분포(혹은 Z-분포)의 확률분포를 나타내는 변수이다. 따라서 시그마수준은 표준정규분포의 확률변수값인 z값을 산정하는 방식과 동일하게 계산한다. 프로젝트에서 정의한 CTQ의 성격에 따라 z값을 구하는 방식이 다를 수 있으므로 아래의 두 가지 경우를 참조하도록 한다.[23]

22) 품질개선 프로젝트마다 개선의 대상이 다르므로 당연히 각 프로젝트마다 CTQ의 측정 단위는 다를 수밖에 없다. 즉, 사이클 타임을 단축하고자 하는 프로젝트에서는 CTQ의 단위가 "초"와 같은 시간단위일 것이며, 원가를 절감하고자 하는 프로젝트에서는 CTQ의 단위가 "원"과 같은 화폐단위일 것이다. 전사적으로 식스시그마 경영을 추진하는 경우에, 기업 전체의 관리 통일성과 효율성을 위해 모든 프로젝트의 단위를 통일할 필요가 있다. 시그마수준이라는 단위는 이렇게 모든 프로젝트의 단위를 하나의 단위로 나타내어 관리의 통일성을 기하고자 하는 의도가 담겨져 있다. 만약 단위 프로젝트를 수행하는 경우라면 굳이 CTQ를 시그마수준이라는 단위로 꼭 변환해야 할 이유는 없다. 원래의 CTQ 단위로 프로젝트를 추진해도 충분하다.

23) 여기서 사용한 시그마수준 계산의 예들은 '홍인기(2015), 사례로 배우는 6시그마 레서피'의 사례 내용을 참조하여 작성되었다.

• 평균, 표준편차, 규격을 통해서 구하는 방법

A피자가게에서는 고객들의 배달시간에 대한 불만이 증가하여, 배달시간을 개선하고자 한다고 가정해 보자. CTQ는 배달시간으로 정하였고 CTQ의 현재 수준을 측정하기 위해 한 달 동안 배달시간을 측정하였다. 배달시간을 측정한 결과, 배달시간의 평균은 20분이었고, 표준편차는 5분으로 나타났다. 이 데이터는 정규성이 있는 것으로 나타나 표준정규분포를 따른다고 가정하였다. 또, 고객에게 30분 내 배달을 약속하고 있기 때문에 CTQ인 배달시간의 상한선(규격상한, USL : Upper Specification Limit)은 30분이다. 앞서 '2.2절 식스시그마 개요'에서 우리는 시그마수준이 의미하는 것을 이미 알아보았다. 즉, 시그마수준은 규격의 위치가 평균값의 위치와 비교하여 표준편차의 몇 배에 해당하는지를 나타내는 값이며, 이 위치의 차이가 가지는 표준편차 대비 배수가 크면 클수록 시그마수준은 증가하며 불량률은 감소한다는 것을 학습하였다.[24] [그림 3-22]에서와 같이 이 경우 시그마수준은 2인 것을 알 수 있으며, z값의 계산 공식인 $Z=(X-\mu)/\sigma$를 이용하여 바로 계산할 수 있다.[25]

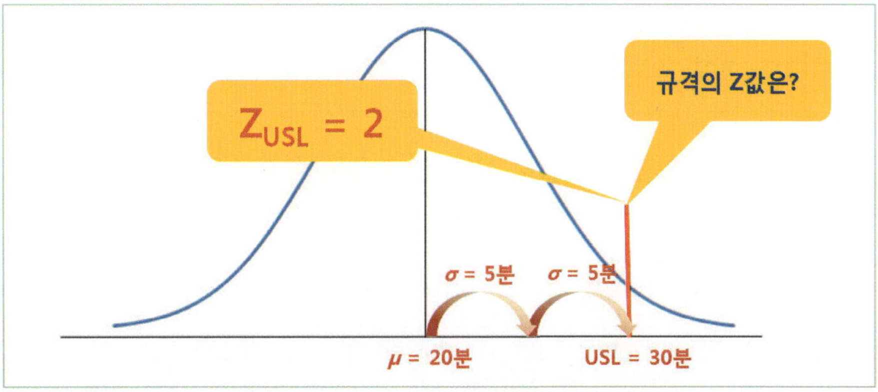

[그림 3-22] 시그마수준의 계산 ①

24) 즉, $z=\dfrac{USL-\mu}{\sigma}$ 가 CTQ의 현재 시그마수준이다. 여기서 시그마수준을 높이려면 분자인 $USL-\mu$를 크게 하거나 표준편차인 σ를 줄여야 하는데, 분자를 크게 만들기 위해 고객과 이미 약속되어 있는 USL을 증가시킬 수는 없다(고객에게 30분 내 배달해 주겠다고 약속을 했는데, 시그마수준을 높이기 위해 배달시간을 40분으로 늘릴 수는 없는 노릇이므로). 따라서 이 경우는 시그마수준을 높이려면 배달시간의 평균값(20분)을 줄이거나 배달시간의 표준편차를 줄여야 한다.

25) X값에 USL을 대입한 것이다.

MS Excel을 사용하여 시그마수준을 계산하는 방법

위와 같은 경우의 시그마수준은 MS Excel에서 제공하는 @NORM.DIST()함수와 @NORM.S.INV()함수를 사용하면 바로 계산할 수 있다.

- 먼저 USL에서의 누적확률을 구하기 위해 @NORM.DIST()함수의 인자를 대입한다. 즉, @NORM.DIST(x, mean, std, cumulative(1,0))에서, USL값, 평균값, 표준편차값 세 가지를 대입하고, 누적확률을 구해야 하므로 마지막 인수는 1을 대입한다. 아래와 같다.
  @NORM.DIST(30, 20, 5, 1)=0.97725
- 시그마수준을 계산하기 위해 @NORM.S.INV()함수에 인자로 위에서 구한 누적확률을 입력하여 구한다.
  @NORM.S.INV(0.97725)=2. 즉, 시그마수준은 2수준이다.

• 현재 프로세스의 불량률을 통해서 구하는 경우

시그마수준을 계산할 때 위에서 제시한 피자가게의 경우처럼 평균, 표준편차, 그리고 규격이 주어지는 경우는 많지 않다. 그러한 경우보다는 현재 프로세스의 불량률26)을 가지고 규격에 대한 z값을 역산하는 경우가 오히려 대부분이라 할 수 있다. [그림 3-23]에 나타난 바와 같이 어떤 프로세스가 있을 때 현재 프로세스의 불량률이 2.28%라고 가정하고 이 경우에 시그마수준을 계산해 보자. 이 경우 시그마수준을 계산해 보면 불량률 2.28%를 발생시키는 z값을 계산하여 이것을 시그마수준으로 사용하면 된다. [그림 3-23]에 어떤 의미인지를 나타내었으며, 시그마수준은 2.0으로 나오게 된다.

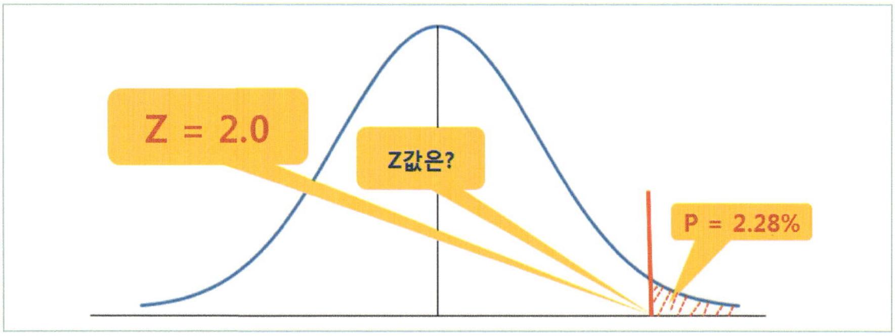

[그림 3-23] 시그마수준의 계산 ②

26) 서비스 프로세스인 경우에는 서비스 실패율, 실수율 등으로 불린다.

MS Excel을 사용하여 시그마수준을 계산하는 방법

위와 같은 경우의 시그마수준은 MS Excel에서 제공하는 @NORM.S.INV()함수를 사용하면 바로 계산할 수 있다.

@NORM.S.INV()함수에 입력시키는 인자는 누적확률이므로 아래와 같이 누적확률과 시그마수준이 계산된다.

- 우리가 구하고자 하는 z값에서의 표준정규분포 누적확률은 1−0.028=0.972이다.
- 이 누적확률을 함수에 대입하면, @NORM.S.INV(0.972)=1.999가 나온다. 이 값이 시그마수준이다.

③ 4-블록 다이어그램(4-Block Diagram)

CTQ의 현재 수준을 원래의 단위든 시그마수준의 단위든 확인을 하였다면, 이 현재 수준을 기준으로 개선목표를 설정할 수 있다. 4-블록 다이어그램은 이러한 개선목표를 설정하기 위해 사용할 수 있는 도구이다. 개선목표의 설정은 보통 벤치마킹(benchmarking)을 수행한 후, 벤치마킹에서 나온 결과값을 기준으로 하여 설정하는 경우가 일반적이다. 벤치마킹의 종류와 수행방법 등에 대해서는 다음 도구 설명에서 상세 설명하기로 하고, 여기서는 4-블록 다이어그램의 사용방법에 대해서만 설명한다.

우선 시그마수준을 나타내는 식인 $z=\dfrac{X-\mu}{\sigma}$가 의미하는 것을 다시 살펴보자. 시그마수준을 올리기 위해서는 분자인 $(X-\mu)$의 값을 크게 만들거나, 분모인 σ값을 작게 만들면 된다. 여기서 μ는 어떤 시스템—혹은 프로세스라고 해도 좋다—의 평균값이고, σ는 표준편차값이다. 어떤 시스템에서 평균값이라고 하는 것은 시스템의 성능 그 자체를 나타내는 의미이고, 표준편차값은 변동성을 나타낸다고 할 수 있다.[27] 우리가 이 시스템을 개선한다고 했을 때, 상대적으로 변동성인 표준편차를 개선하는 것이 시스템 자체의 성능인 평균값을 개선하는 것보다 쉬울 것이다. 4-블록 다이어그램은 이와 같이 어떤 시스템 혹은 프로세스의 평균에 집중하여 개

27) 피자 배달의 사례를 다시 생각해 보자. 배달시간의 평균이 20분이고 표준편차가 5분이라고 하는 것의 의미는 다음과 같다. 이 피자가게의 배달시스템의 평균적인 성능이 20분인데, 이것은 배달시킬 때마다 늘 평균값인 20분이 걸린다는 의미가 아니다. 이 피자가게의 배달시스템은 정규분포를 따른다고 가정했으므로, 배달을 시키면 배달건수의 68.2% 정도는 15분에서 25분 사이에 배달되며, 95.4% 정도는 10분에서 30분 사이에 배달된다는 의미이다. 즉, 배달시간은 변동성이 있으며, 이 변동성이 얼마나 큰 것인지는 표준편차값에 따라 달라진다는 의미이다.

선할 것인지, 아니면 변동성에 집중하여 개선할 것인지를 결정하는 데 도움을 주는 직관적 도구이다.

[그림 3-24]에 나타낸 바와 같이 CTQ의 현재 시그마수준이 a, b, c지점에 있다고 할 때, 개선목표의 방향을 어디로 설정할지 생각해 볼 수 있는 도구가 4-블록 다이어그램인 것이다. 여기서 Z_{ST}는 단기 시그마수준을 의미하고 Z_{LT}는 장기 시그마수준을 의미한다. 또, Z_{Shift}는 단기 시그마수준과 장기 시그마수준의 차이를 나타낸다.

- Z_{ST}
  - 단기 공정능력으로 기계설비와 기술 등 프로세스의 고유 기술수준을 의미한다.
  - 4.5를 기준으로 그 이상이면 기술수준이 뛰어난 것으로 판단하고, 그 이하이면 기술수준이 부족하다고 판단한다.
- Z_{LT}
  - 장기 공정능력을 의미한다.
- $Z_{Shift} = Z_{ST} - Z_{LT}$
  - 프로세스의 관리수준을 의미한다.
  - 1.5를 기준으로 그 이상이면 프로세스 관리수준이 우수하다고 판단하고, 그 이하이면 프로세스 관리수준이 낮다고 판단한다.

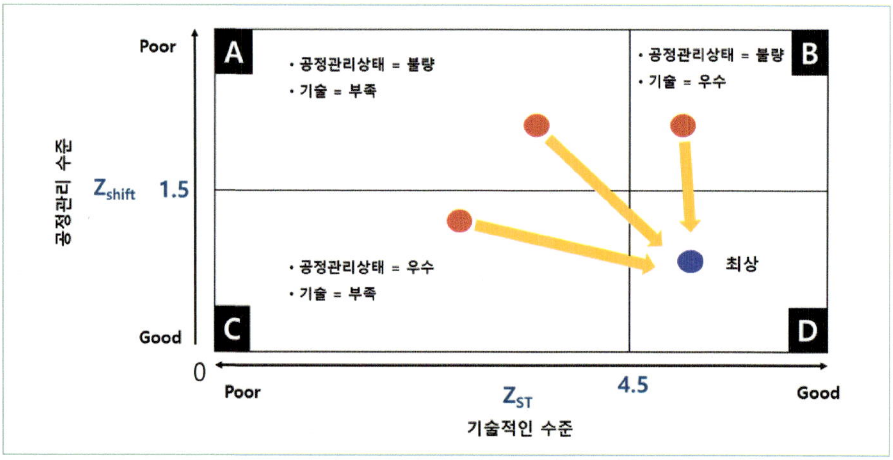

[그림 3-24] 4-블록 다이어그램

④ 벤치마킹(Benchmarking)

벤치마킹이란 개선하고자 하는 사항에 대해 우수한 비교 대상을 선정하여 그 비법을 배워 자신의 조직에 적용하고 개선하는 것을 말한다. 즉 최고의 수행사례(BP : Best Practice) 및 선진사례를 기반으로 그 비법을 도입하여 조직의 혁신을 꾀하고자 하는 기법이다.

이러한 벤치마킹은 크게 세 가지 유형이 있다.

- 내부조직 벤치마킹 : 자기 조직 내에서 최고성과를 내고 있는 업무나 부서를 대상으로 비교하고 그 비법을 전수받는 방법이다.
- 경쟁대상 벤치마킹 : 동종 산업의 수위 기업에 대해 비교하고 그 기법을 배우는 방법이다.
- 기능적 벤치마킹 : 동종 산업이 아닌 전 산업에 걸쳐 해당 업무에 대해 최고의 성과를 내고 있는 수위 기업을 비교의 대상으로 삼아 그 비법을 배우는 방법이다.

Task 4. 현 수준 분석 Activity 7. 프로세스 실사 Activity 8. 데이터 수집 Activity (0). 벤치마킹	수행 가이드

〈Activity 설명〉

데이터 분석계획에 따라 프로세스 실사 및 CTQ 데이터 수집을 실시한다. 필요 시 벤치마킹도 실시한다. 본 태스크를 수행 후 아래의 결과물을 도출한다.

- 수정된 프로세스 맵
- 프로세스 분석 결과
- 수집된 CTQ 데이터 셋
- 벤치마킹 보고서

〈수행 가이드〉

① **[프로세스 실사]** 〈Activity 5〉에서 도출한 프로세스 맵을 현장 실사를 통하여 구체화한다(현장 실사를 통하여 상세화하고 수정할 것은 수정함).
- 프로세스 실사를 통해 프로세스에서 발생하는 정보들을 식별할 것
  예) 실패발생점(fail point)이나 대기발생점(waiting point) 등 품질문제가 발생하고 있는 내용들을 식별할 것

② **[데이터 수집]** 〈Activity 6〉에서 수행한 데이터 수집계획(측정계획)에 따라 CTQ 데이터를 수집한다.
- 필요한 경우 프로세스를 구성하는 세부 활동별로 구분하여 CTQ와 연계된 데이터를 수집해야 함
- 수집된 데이터는 향후 분석할 수 있도록 MS Excel 등으로 코딩할 것

③ **[벤치마킹]** 적절한 벤치마킹 대상과 벤치마킹 내용을 정한 후 실시한다.
- 벤치마킹의 유형(내부적 벤치마킹, 경쟁사 벤치마킹, 기능적 벤치마킹)을 선택함
- 벤치마킹에서 확인할 사항을 사전에 체크리스트로 정리한 후 벤치마킹을 실시

Task 4. 현 수준 분석 Option. 시그마수준 산정 및 목표 구체화	수행 가이드

〈Activity 설명〉

수집한 데이터를 이용하여 현 CTQ 수준을 시그마수준으로 나타낸다. 또한 벤치마킹 등의 결과를 이용하여 목표수준을 설정한다.

〈수행 가이드〉

① **[시그마수준 산정]** 〈Activity 6〉에서 수집한 CTQ 현황 데이터를 이용하여 CTQ에 대한 현재의 시그마수준을 산정한다. 산정의 방식은 본문에서 기술한 아래의 두 가지 방법 중 하나를 사용한다.

- 평균, 표준편차, 규격을 통해서 구하는 방법
- 비율(불량률, 척도 등)로 구하는 방법

② **[목표 구체화]** 벤치마킹 결과를 참조하여 목표수준을 설정한다. 또한 목표수준을 시그마수준으로 표현한다.

3.3 분석(Analyze)단계

분석단계는 앞 단계에서 측정한 CTQ의 현재 수준과 프로세스 실사 내용을 바탕으로 CTQ에 영향을 미치는 원인들을 도출해 내는 단계이다. 또한 이러한 잠재적 원인 요소들 중 CTQ에 가장 영향력이 큰 요인을 식별해 내어 Vital Few(소수 핵심요인)을 선정해 낸다. [그림 3-25]에서 보는 바와 같이 분석단계는 [Task 5. 잠재원인 분석]과 [Task 6. Vital Few 선정]의 두 가지 태스크로 구성되어 있으며, 각 태스크 또한 각각 두 가지의 액티비티로 구성되어 있다.

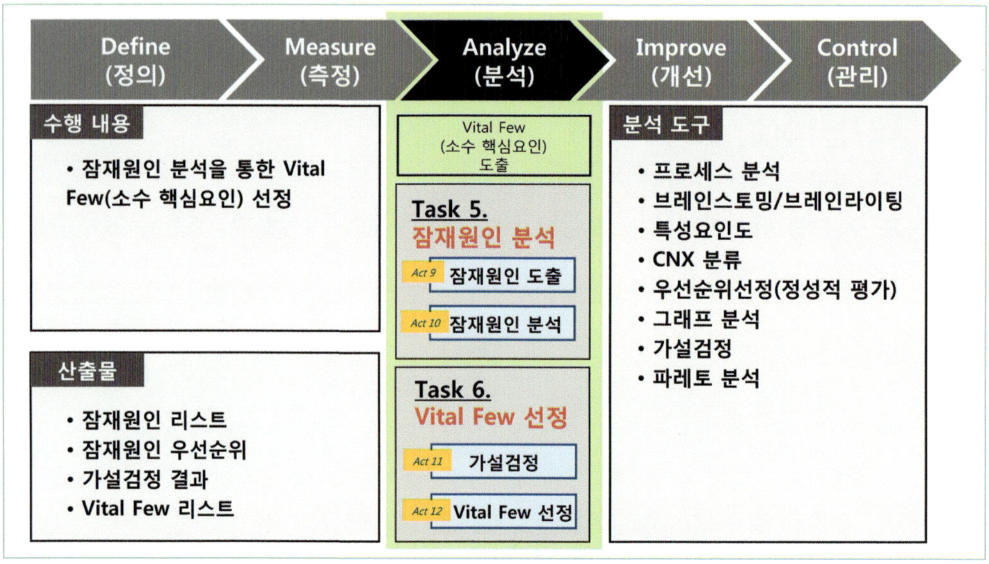

[그림 3-25] 분석단계 주요 내용

[Task 5. 잠재원인 분석]에서는 CTQ에 영향을 미치는 원인들을 가능한 한 많이 도출하도록 한다. 이러한 영향 요인들은 프로세스 실사를 통해 현장에서 발견해 내는 것들과 과거의 프로젝트 경험, 전문가의 조언 등을 통해 발견해 낼 수 있다. 또한 잊지 말아야 할 점은 현장 근무자들이나 관리자들이 그 원인을 가장 잘 알 수 있다는 점이다. 따라서 현장 근무자들과 관리자들의 의견을 반드시 청취해야 한다. 또한 [Task 6. Vital Few 선

정]에서는 앞서 도출된 잠재원인들을 평가하여 CTQ에 가장 영향력이 높은 잠재원인들을 발굴해 내는 것이 중요하다. 앞서 학습하였던 파레토 법칙이 여기서 다시 한 번 적용되는데, CTQ에 영향을 미치는 모든 요인을 개선한다는 것은 현실적으로 상당히 어려울 것이다. 따라서 우리는 영향력이 가장 큰 요인을 개선하여 그 효과를 극대화하고자 하는 것이다.

분석단계에서의 두 가지 태스크를 수행하기 위해 [그림 3-25]에 나와 있는 바와 같이 프로세스 분석, 브레인스토밍, 특성요인도, CNX 분류, 정성적 평가, 그래프 분석, 가설검정, 파레토 분석 등의 도구를 사용하게 된다. 분석단계에서 사용되는 도구들을 각 액티비티별로 정리하면 [그림 3-26]과 같다.

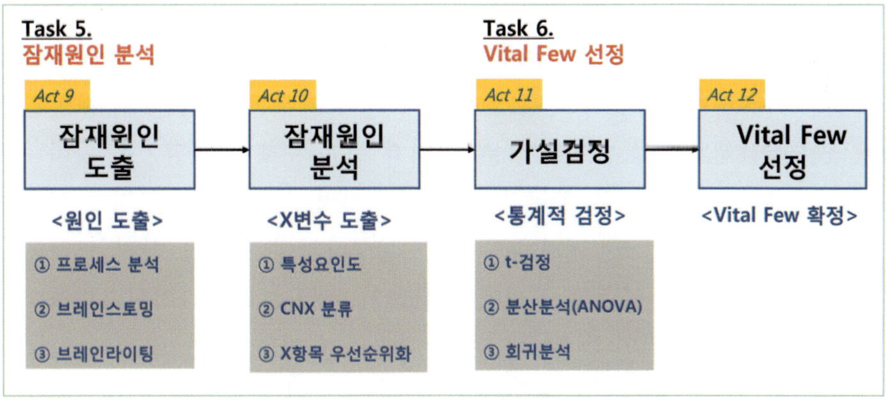

[그림 3-26] 분석단계의 액티비티별 사용 도구

또한 분석단계의 두 가지 태스크를 수행한 후 도출되는 최종 산출 결과는 잠재원인 리스트 및 우선순위, 가설검정 결과, Vital Few 리스트 등이다. 그러면 지금부터 각 태스크의 구체적인 수행방법과 사용되는 도구들의 사용방법에 대해서 상세히 알아보기로 하자.

3.3.1 Task 5. 잠재원인 분석

앞서 프로세스 실사 및 데이터 수집을 통해 우리는 계량적으로 분석할 수 있는 데이터들을 수집하였을 뿐만 아니라 현장에서의 업무 프로세스를 실제로 확인하였다. 본 태스크는 데이터 수집 및 프로세스 실사를 통하여 우리가 확인한 문제점의 원인이 되는 요소들을 찾아내는 태스크이다.

본 태스크에서는 두 개의 액티비티를 수행한다. 즉, 〈Act 9. 잠재원인 도출〉과 〈Act 10. 잠재원인 분석〉을 수행한다. 이 두 가지 액티비티를 통해 잠재원인의 발굴→잠재원인의 구조화→잠재원인에 대한 우선순위화→가설검정→Vital Few 확정을 수행한다.

(가) Activity 9. 잠재원인 도출

잠재원인 도출의 방법은 통상적으로 프로세스 분석을 실시하는 방법과 브레인스토밍을 통한 방법을 사용한다. 프로세스 분석은 정의단계에서 사용한 SIPOC 분석의 내용을 상세화하여 원인을 발굴해 내거나 앞 섹션에서 설명했던 여러 가지 프로세스 분석 도구를 사용할 수도 있다. 목적에 맞게 사용하면 될 것이다. 프로세스상 전체 업무를 정리한 후 현업관계자와 이해관계자를 대상으로 설문, 인터뷰 등을 수행하여 원인을 찾아내도록 해야 한다. 잠재원인을 발굴하는 두 번째 방법은 브레인스토밍을 사용하는 방법인데, 브레인스토밍을 자유롭게 실시하기에 제약을 가진 조직문화들이 있을 수 있다. 이러한 문제를 해결하기 위해 브레인라이팅기법을 사용하기도 한다. 잠재원인을 발굴하는 단계에서는 가능한 한 많은 원인들을 찾아내고, 이에 대한 근거들을 확보해 두는 것이 중요하다.

〈사용 도구〉

① 프로세스 분석

앞서 작성하였던 프로세스 맵은 프로세스 실사를 통하여 현행화되었을 뿐만 아니라 필요한 데이터와 정보들이 추가되어 정교화되었을 것이다. 품질개선 프로젝트를 추진하고 있는 팀은 이제 수정된 프로세스 맵만을 보고도 개선 대상이 되는 업무가 훤히 들어오게 될 것이다. 그리고 아직 정리되지는 않았으나 문제가 발생하는 지점, 문제의 원인, 개선방안에 대한 어렴풋한 기초 아이디어들이 떠오르고 있을 것이다. 이러한 것들은 프로세스 분석이라는 과정을 통하여 논리적으로 정리되고 문서화된다. 프로세스 분석의 방법에 대해서는 앞서 〈Act 5. 프로세스 매핑〉에서 정리한 바 있으나, 다시 한 번 설명하자면 프로세스 맵을 보면서 프로세스를 구성하는 각각의 활동과 구성요소들에 대해 그 원인들이 무엇인지 질문해 보면서 잠재원인을 발굴해 내도록 한다.

또는 프로세스 실사를 하는 과정에서 프로세스 각 활동별로 수집한 데이터들을 보면서 실패가 발생하고 있는 지점이나 대기시간이 발생하고 있는 지점들을 찾아내면서 그 원인들을 발견해 내는 것도 한 방법이라 할 수 있다.

② 브레인스토밍(Brainstorming)

브레인스토밍은 프로젝트 팀원들 간 자유롭게 생각과 아이디어를 내면서 CTQ에 영향을 미치는 요인들을 도출해 내는 방법이다. 브레인스토밍의 목적은 다다익선(多多益善)이다. 즉, 아이디어가 많으면 많을수록 좋다는 것이다. 따라서 아이디어를 내는 사람들이 자유로운 분위기 속에서 가능하면 많은 아이디어를 낼 수 있도록 이끌어 가는 것이 무엇보다 중요하다. 아래 [그림 3-27]에 브레인스토밍의 진행순서와 기본원칙을 정리하였다.

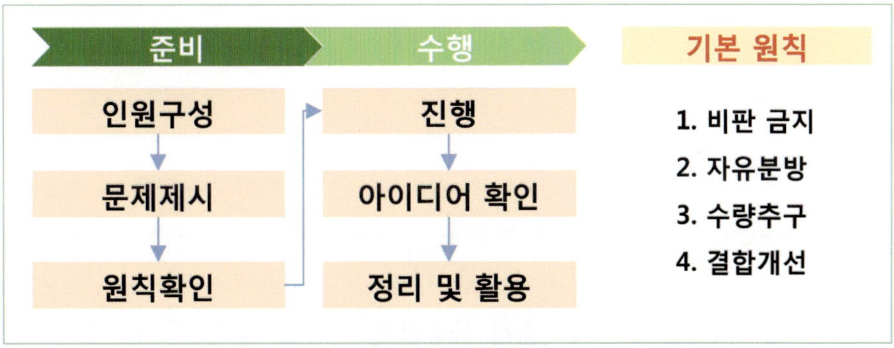

[그림 3-27] 브레인스토밍 진행순서 및 기본원칙

③ 브레인라이팅(Brainwriting)

브레인스토밍은 분위기상 자유롭게 의견이 개진되지 못할 가능성이 있다. 따라서 이러한 가능성을 사전 차단하기 위해 최근에는 브레인라이팅 기법을 사용하는 경우들이 늘고 있다. 브레인라이팅은 기본적으로 진행방식은 브레인스토밍과 동일하지만 말을 하지 않고 글로 적어서 진행한다는 점이 가장 큰 차이점이라 할 수 있다.

이러한 브레인라이팅을 수행하는 구체적인 방법으로 통상 6-3-5 방법을 많이 사용한다. 6명의 참가자가 각자 3개의 아이디어를 5분 동안 생각한 후 각자의 종이에 적어 내는 방법이다. 일단 5분 동안 적은 후 자신이 가지고 있던 종이를 옆 사람에게 전달한다. 그러면 다른 사람이 적은 3개의 아이디어가 적힌 종이를 받게 되는데, 이때 참가자들은 다른 사람이 적은 3개의 아이디어를 확장하여 다시 5분 동안 아이디어를 도출하여 3개를 적는다. 이런 식으로 한 바퀴를 회전하면 짧은 시간 안에 많은 아이디어를 도출하는 효과를 얻을 수 있다.

참가자	아이디어1	아이디어2	아이디어3
1			
2			
3			
4			
5			
6			

18개 X 6매 = ?
(아이디어)

[그림 3-28] 브레인라이팅 진행 순서

(나) Activity 10. 잠재원인 분석

〈Act 10. 잠재원인 분석〉은 앞서 도출한 잠재원인들을 구조화한 후 Vital Few의 대상이 되는 후보군을 정리하는 액티비티이다. 잠재원인들을 구조화시키고 분류하는 방법으로 특성요인도—인과관계도(cause & effect diagram)와 같은 말이다—를 흔히 사용하며, 후보군 정리 및 우선순위화를 위해서는 CNX 분류기법을 사용한다.

〈사용 도구〉

① 특성요인도(C&E Diagram, Fish-bone Diagram)[28]

브레인스토밍 혹은 브레인라이팅을 통하여 원인들을 도출해 내고 나면 이들을 구조적으로 정리해 보아야 한다. 이럴 때 사용하기에 적합한 도구가 특성요인도이다. [그림 3-29]에 나타낸 바와 같이 어떤 현상의 결과를 오른쪽 끝—생선 머리 부분—에 두고 왼쪽의 생선뼈대에 해당하는 부분에

28) '2.1절 문제해결의 절차와 도구'의 인과관계도 설명에서 이미 다룬 내용이다.

결과를 유발시키는 원인들을 나열하는 논리적 정리기법이다. 원인들을 정리해 놓은 부분은 생선의 큰 뼈부터 작은 뼈로 분기되어 나가듯이, 큰 원인과 그에 따른 세부 원인들이 꼬리를 물고 이어지도록 그림으로써 세부적인 원인 항목들을 파헤쳐 나가기에 좋은 정리기법이다.

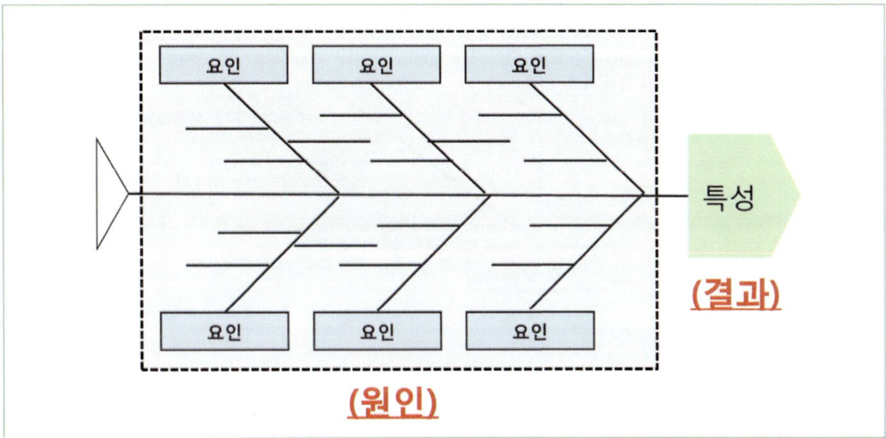

[그림 3-29] 특성요인도의 구조

이러한 구조를 이해하면서 [그림 3-30(a)]와 [그림 3-30(b)]를 보면 특성요인도를 어떤 식으로 활용하는지 이해가 쉬울 것이다. (a)는 앞서 본 그림이며, (b)는 비효율적인 회의가 발생하는 원인이 무엇인지를 특성요인도로 작성한 예시이다.

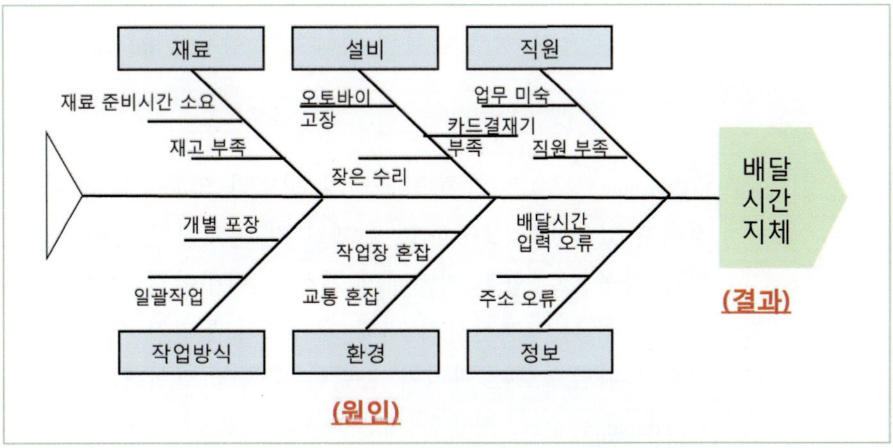

[그림 3-30(a)] 특성요인도의 예시

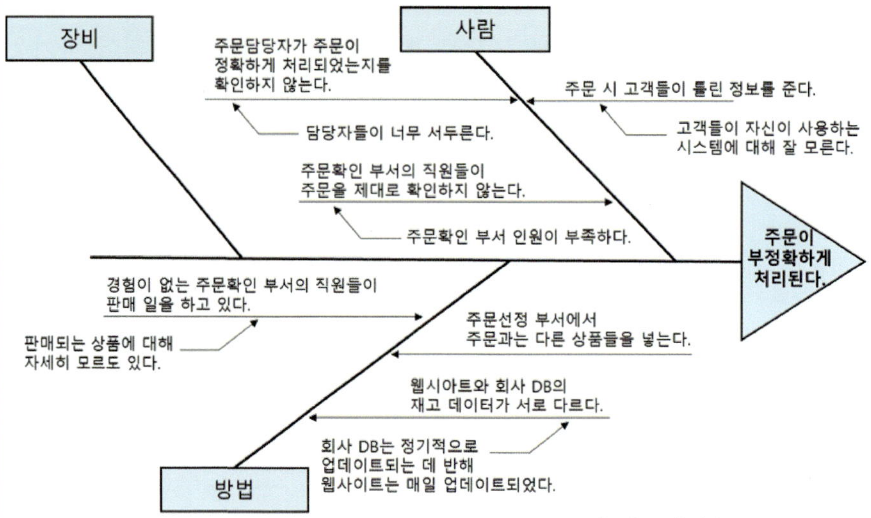

(출처 : 김태웅(2015), p.215)

[그림 3-30(b)] 특성요인도의 예시

② CNX 분류기법

앞서 수행한 브레인스토밍, 브레인라이팅, 특성요인도 작성 등을 통해 잠재적인 원인들을 도출하고 구조적으로 정리한 후에는, 이러한 잠재원인들을 실행가능성 측면에서 분류하고 우선순위를 정해 보아야 한다. 이럴 때 사용하는 것이 CNX 분류기법이다. CNX 분류기법은 앞서 정의한 잠재원인들을 실행가능성 측면에서 C, N, X라고 하는 세 가지 항목으로 분류한 후 잠재원인들을 분류하고 우선순위화하는 기법이다. 각 분류 항목의 의미는 다음과 같으며, X로 분류된 항목들이 향후 Vital Few의 후보군으로 선정된다.

- C(Constant, 상수) : 기존에 관리의 방법과 업무수행 절차, 규격 등이 정해져 있음에도 불구하고, 실제로 잘 지켜지지 않아 문제를 발생시키는 항목으로 향후 지켜지면 개선이 이루어질 항목을 말한다.
- N(Noise, 잡음) : 개선하기 위해 대규모의 투자가 수반되거나, 현재의 기술과 자금으로는 관리가 곤란한 항목을 말한다.
- X(Variable, 변수) : 적절한 개선방안의 도출을 통해 향후 관리와 개선의 가능성이 있는 항목으로 이 항목에 포함되는 원인들이 잠재원인

의 후보가 될 수 있다.

이 X로 분류된 항목들이 실제로 어느 정도의 영향력 있는 원인인지에 대한 상세 분석이 필요한 항목이며, 이들이 다음 태스크에서 Vital Few로 선정될 후보군이 된다. 이들에 대해 이후 정량적 분석 및 가설검정을 실시하여 영향력이 가장 높은 잠재원인을 Vital Few로 선정하게 된다. [그림 3-30(a)]에서 예시를 든 특성요인도의 잠재원인 변수들을 가지고 CNX 분류한 예시를 아래 [그림 3-31]에 나타내었다. 위에서 작성한 특성요인도를 그대로 활용하여 각 항목마다 C, N, X 각각을 간편하게 표기하는 방식이 [그림 3-31(a)]이다. 이런 방식보다는 [그림 3-31(b)]와 같이 표의 형태로 나타내면서 현재의 수준과 개선방향에 대해 분석과 아이디어를 요약해 주는 방식이 더 많이 쓰인다. 어떤 방식이든 프로젝트 팀에서 선택하여 응용하면 좋을 것이다. 만약 CNX 분류 결과 X항목으로 분류된 항목들이 많은 경우에는 다음 단계로 진행하기 전에 X로 분류된 항목들을 평가하여 우선순위를 정해두는 것이 프로젝트의 효율적 추진에 도움이 될 수 있다.

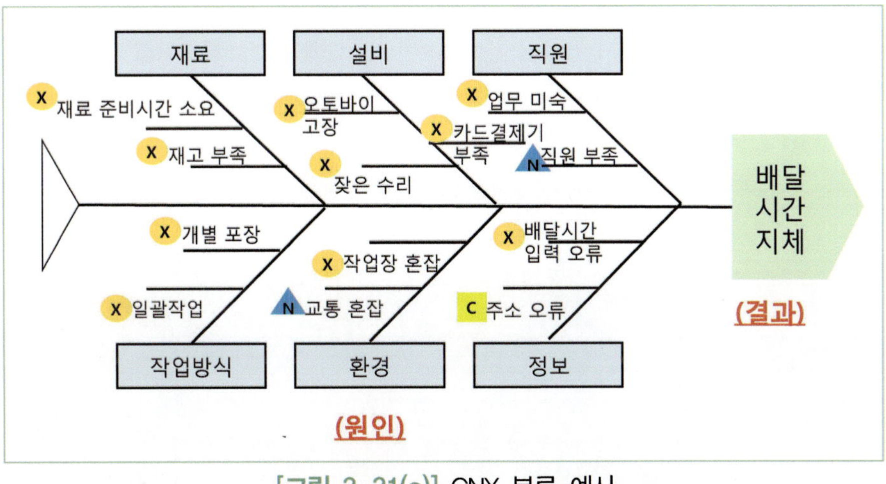

[그림 3-31(a)] CNX 분류 예시

잠재원인 변수	CNX 분류	현수준	개선방향
업무미숙	X	직원간 숙련도 차이가 큼	업무숙련도 향상을 교육 방안 시행
직원부족	N	직원 증원 곤란	단기 혹은 시간제 직원 고용 제도화 촉진
오토바이 고장	X	예방정비 없으며, 고장 시 수리 시행	예방정비 제도 도입
잦은 수리	X	조리 기구 노후화에 따른 설비 중단 과다	예방정비 및 노후화 장비 교체 추친
재고 부족	X	재고부족 항목들 다수 발생	항목별 재고관리기법 차등화하여 주요 품목 중점 관리
...	...	...	...
...	...	...	...
...	...	...	...
...	...	...	...
교통 혼잡	N	출,퇴근 시간 교통 혼잡으로 배달 시간 예측이 어려움	시간대별 배달시간 보증제 차등화 시행
주소 오류	C	주문 시 주소변경여부 미확인	주문 시 주소변경 여부 확인

[그림 3-31(b)] CNX 분류 예시

Workbook

Task 5. 잠재원인 분석 Activity 9. 잠재원인 도출 Activity 10. 잠재원인 분석	수행 가이드

〈Activity 설명〉

CTQ에 대한 잠재원인을 도출한 후 구조화 및 평가를 통해 잠재원인을 우선순위화한다.

〈수행 가이드〉

① **[잠재원인 도출]** CTQ의 잠재원인을 발굴해 내기 위해 브레인스토밍 혹은 브레인라이팅을 실시한다.
- 프로젝트 팀원 간 실시하는 것을 원칙으로 하되 기타 전문가나 실무 담당자가 참석하는 것도 좋다.
- 지금까지 실시한 프로세스 실사 결과, 인터뷰 결과, 설문조사 결과 등을 토대로 실시한다.
- 브레인스토밍 혹은 브레인라이팅의 원칙을 준수하여 실시한다.

② **[잠재원인 구조화]** 특성요인도를 작성하고 CNX 분류를 실시하여 도출한 잠재원인들을 구조화한다.

③ **[정성적 평가 및 우선순위화]** CNX 분류를 통해 X로 분류된 항목에 대해 정성적 평가를 실시하고 우선순위화한다.

Workbook

Task 5. 잠재원인 분석 Activity 9. 잠재원인 도출 Activity 10. 잠재원인 분석	수행 템플릿

잠재원인 도출

✓ **Brain-storming / Brain-writing**

(출처 : qualitygurus.com)

잠재원인 분석

✓ **특성요인도(Fishbone Diagram)**

→ **특성요인도를 작성하고 특성요인도 상에 CNX 분류를 할 것**

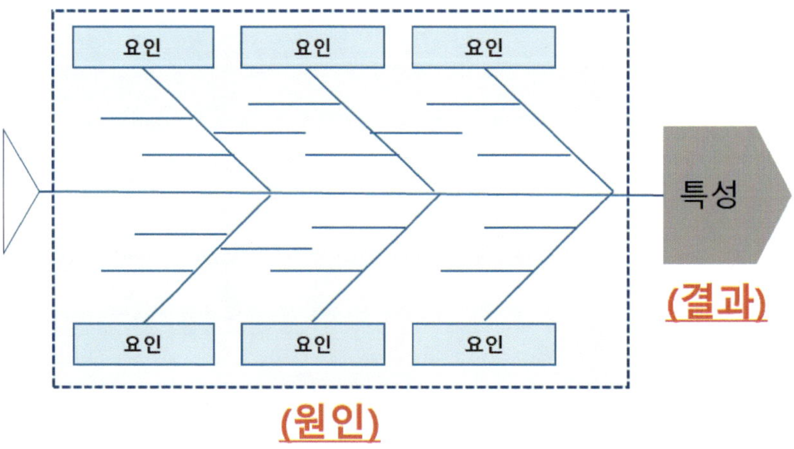

Workbook

Task 5. 잠재원인 분석 Activity 9. 잠재원인 도출 Activity 10. 잠재원인 분석	수행 템플릿

잠재원인 분석

✓ CNX 분류표

잠재원인 변수	CNX 분류	현수준	개선방향

잠재원인 분석

✓ 정성적 평가 및 우선순위화

선정된 잠재원인 (X항목)	평가기준				평점	우선순위

3.3.2 Task 6. Vital Few 선정

[Task 6. Vital Few 선정]에서는 우선 [Task 5. 잠재원인 분석]에서 도출한 잠재원인들에 대해 실제로 CTQ에 영향을 미치는지, 또 얼마나 영향을 미치는지에 대한 가설을 설정한다. 그리고 설정된 가설을 검정하기 위해 분석계획을 수립하고, 데이터 분석을 통하여 최종적으로 Vital Few를 확정한다. 즉, Task 5에서 선정된 잠재원인들에 대해 데이터를 기반으로 상세 분석을 실시한 후, 가장 영향력이 높은 잠재원인들을 식별해 내는 태스크이다. 여기서 가장 영향력이 높은 잠재원인들을 Vital Few라고 한다.

(가) Activity 11. 가설검정

우리는 이전 태스크에서 CTQ에 영향을 미칠 것이라 판단되는 잠재원인들을 도출하였다. 잠재원인이라는 것은 이름 그대로 CTQ에 영향을 미칠 것으로 판단되는 잠재적인 원인들이다. 이러한 잠재원인들이 실제로 CTQ에 영향을 미치는지는 데이터를 수집한 후 통계적 분석을 수행하여 입증해야 한다. 따라서 잠재원인들이 CTQ에 어떠한 방식으로 영향을 미칠 것인지에 대한 가설을 미리 설정하고, 이에 대한 데이터를 수집하여 CTQ에 대한 진짜 원인인지를 과학적인 방법으로 증명하는 것이 이번 액티비티에서 수행해야 할 내용이다.

- 분석계획 수립 및 데이터 분석 : 상세한 분석을 요하는 잠재원인들은 데이터를 통해 실제로 잠재원인인지와 얼마나 중요한 원인인지를 규명해야 한다. 과거에 수집된 데이터가 있으면 바로 활용하면 좋겠지만, 데이터가 없는 경우 가설을 검정할 수 있는 새로운 데이터를 수집해야 한다. 상세 분석을 위한 분석계획의 수립이라고 하는 것은 ① 잠재원인 각각에 대한 가설을 하나의 문장으로 서술하고, ② 각각의 가설을 통계적으로 검정할 수 있는 가설검정 방법을 선택하는 것을 말한다. 여기서 말하는 가설(hypothesis)이란 우리가 도출한 잠재원인이 CTQ에 직접적인 영향을 미치는지에 대한 가정을 문장으로 기술해 놓은 것을 말하는 것이다. 또한, 가설검정이라고 하는 것은 우리가 기술해 놓은 가정이 통계적인 기법을 통해 성립하

는지 여부를 실제 수집한 데이터로 확인하는 과정을 말한다. 다시 요약하자면, 〈Act 11. 가설검정〉은 우리가 도출한 잠재원인 변수 각각에 대해 가설을 수립한 후 이 가설들을 입증할 통계적 기법을 결정하고, 어떤 변수와 데이터로 검정할 것인지에 대한 세부계획을 수립한 후 실제 데이터를 수집하여 통계분석을 실행하고 그 결과를 해석해 내는 활동들을 말한다. [그림 3-32]의 예시는 앞서 작성했던 피자가게의 배달시간 지체요인에 대한 잠재원인 변수들 각각에 대해 가설, 가설검정기법 등을 포함한 분석계획을 수립한 내용이다.

순번	잠재원인변수	가설	가설검정 기법	검정일정
1	업무 미숙	종업원 근속기간에 따라 배달시간에 차이가 있는가?	2-sample t	8. 10 ~ 8. 20
2	포장방식	포장방법에 따라 배달시간에 차이가 있는가?	2-sample t	8. 12 ~ 8. 19
3	재고부족	자재 종류에 따라 재고충족시간에 차이가 있는가?	ANOVA	8. 10. ~ 8. 30
4	...	...	...	...
5	...	...	...	...
6	...	...	...	...

[그림 3-32] 가설검정을 위한 분석계획 예시

〈사용 도구〉

① 그래프 분석

데이터를 통한 통계적 가설검정에 앞서 변수 간의 관계를 직관적으로 판단하기 위해 산점도(scatter plot) 등과 같은 그래프를 그려 변수 간의 관계를 분석하는 것을 그래프 분석이라 한다. 우리는 CTQ와 잠재원인들 간의 관계를 규명하고자 하는 것이므로 종속변수(반응변수)를 CTQ로 하고 독립변수(설명변수)를 잠재원인으로 하는 그래프를 그려 판단하도록 한다.

② 가설검정

가설검정은 그래프 분석이나 산점도 등 직관적인 그래프 분석을 실시한 후, 의미 있는 요인들에 대해 상세한 통계분석—상관분석, t-검정, 분산분석(ANOVA), 회귀분석 등—을 실시하는 것이 일반적이다. 가설검정에 주로 사용하는 분석방법은 [그림 3-33]과 같다. 독립변수와 종속변수의 성격과 검정하고자 하는 가설의 내용에 따라 적절한 분석방법을 선택하여 사용하도록 한다. 이후부터는 가설검정에 가장 흔히 사용하는 t-검정, 분산분석(ANOVA), 회귀분석(Regression Analysis) 등의 개념과 MS Excel을 통해 수행하는 방법을 설명한다.

		독립변수	
		범주형 자료	연속형 자료
종속변수	범주형 자료	교차분석	로지스틱 회귀분석 판별분석 군집분석
	연속형 자료	t-test 분석 분산분석(ANOVA)	상관관계분석 회귀분석

[그림 3-33] 대표적인 가설검정 방법

가설검정 ① : t-검정

t-검정은 두 집단 간의 평균차이를 검정하기 위한 분석방법이다. 우리가 품질개선을 위한 가설을 수립할 때 두 집단 간에 차이여부를 데이터로 확인해야 한다면 t-검정을 사용해야 한다. 예를 들어 근무시간대에 따라—오전 근무자와 오후 근무자—불량률에 차이가 있을 것이라는 가설을 설정했다면, 오전 근무자 집단과 오후 근무자 집단이라는 두 집단의 불량발생 데이터를 수집한 후 두 집단 간 비교를 수행하면 된다.

MS Excel의 〈데이터 분석〉 패키지를 활용하여 t-검정을 수행하는 방법을 살펴보자(첨부된 t-test.xls 파일을 사용한다.). 본 예제는 어느 대학교의 수업에 두 분반 학생들 간 성적에 차이가 있는지 여부를 t-검정을 통해 분석하는 사례이다.

• MS Excel 파일을 열면 아래 그림과 같은 데이터가 나올 것이다.

	A	B	C
1	분반	성적	
2	1	85	
3	1	88	
4	1	92	
5	1	85	
6	1	76	
7	1	82	
8	1	85	
9	1	84	
10	1	80	
11	1	95	
12	2	70	
13	2	92	
14	2	60	
15	2	83	
16	2	85	
17	2	89	
18	2	70	
19	2	75	
20	2	53	
21	2	80	
22			

데이터를 살펴보면 1분반에서 표본추출한 10명의 성적과 2분반에서 표본추출한 10명의 성적이 나와 있다. 우리가 t-검정을 통해 하고자 하는 것은 1분반의 평균성적과 2분반의 평균성적이 통계적으로 볼 때 차이가 있는지 없는지를 확인하는 것이다.

• 다음으로 MS Excel의 [데이터]→[데이터 분석] 메뉴를 클릭한다. 앞서 〈데이터 분석〉 패키지를 설치하였을 경우에 이 메뉴가 나온다. 만약 이 메뉴가 나오지 않는다면 아직 〈데이터 분석〉 패키지가 설치되지 않은 것이니 앞 장으로 돌아가서 설치하기 바란다.

• [통계 데이터 분석] 메뉴가 실행되면 아래 그림과 같이 통계분석 수행이 가능한 [분석 도구] 창이 뜬다. 여기서 [t-검정 : 등분산 가정 두집단]을 선택하고 [확인]을 클릭한다.

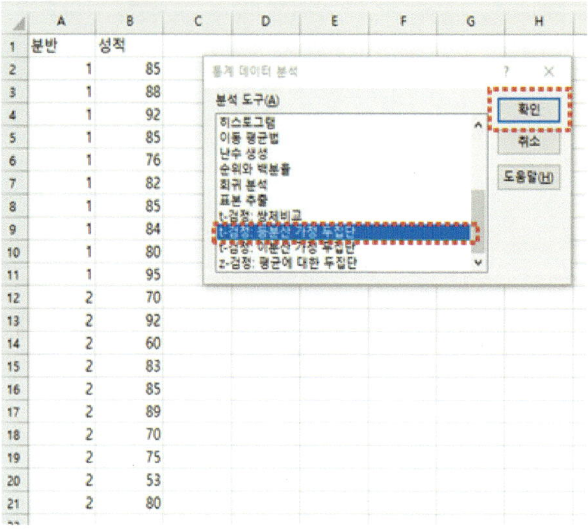

• [t-검정 : 등분산 가정 두집단] 창이 아래와 같이 뜨면 변수 1과 변수 2에 데이터를 입력해야 한다. 변수 1에는 1분반의 성적 데이터를 입력하고 변수 2에는 2분반의 성적 데이터를 입력해 주면 된다. 입력하는 방법은 아래 그림과 같이 변수 1 입력창의 마지막에 있는 버튼을 클릭한 후, MS Excel 데이터 시트에서 1분반의 성적에 해당하는 셀들만 범위를 설정하면 된다. 범위설정 이후에는 다시 데이터 입력 창의 오른쪽 버튼을 클릭한다. 이렇게 하면 변수 2를 입력할 수 있게 원래 창으로 돌아간다. 아래 그림 ①~④에 이 과정이 도시되어 있으며, 데이터 입력이 완료되면 ⑤와 같이 [확인]을 클릭한다. 그리하여 MS Excel은 최종적으로 ⑥과 같은 분석결과를 제시해 줄 것이다.

①

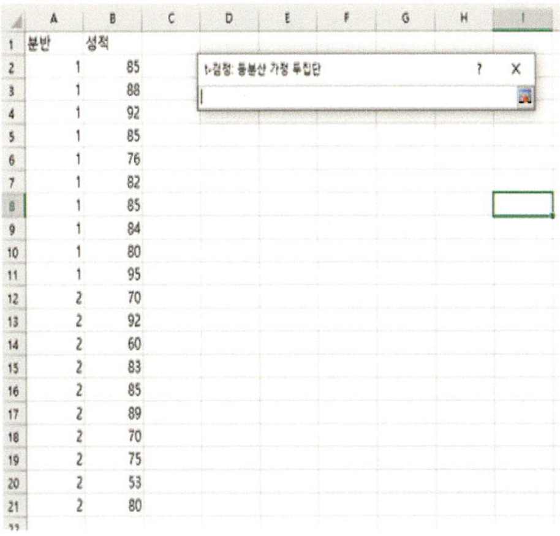

②

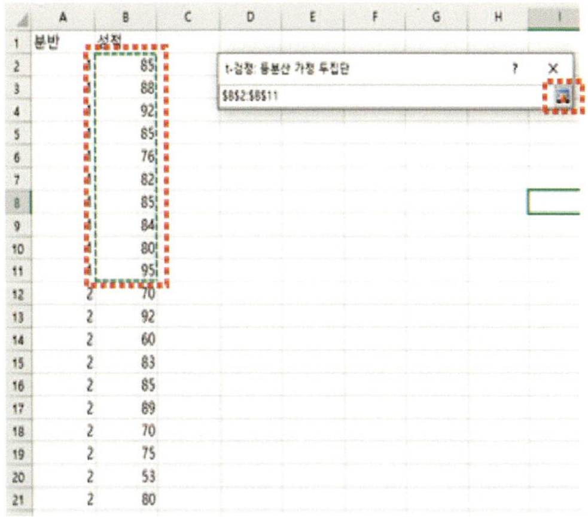

③

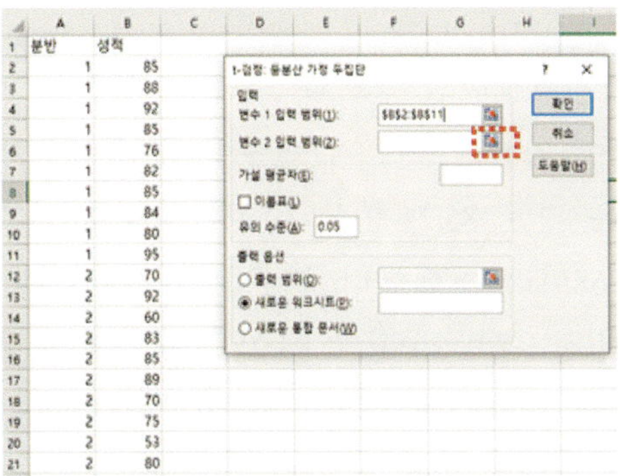

④

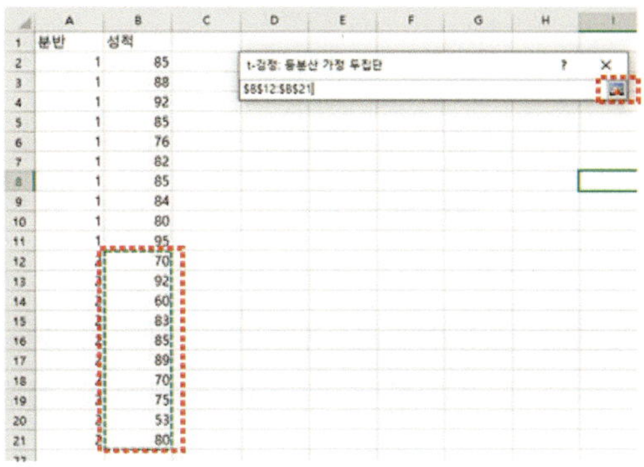

⑤

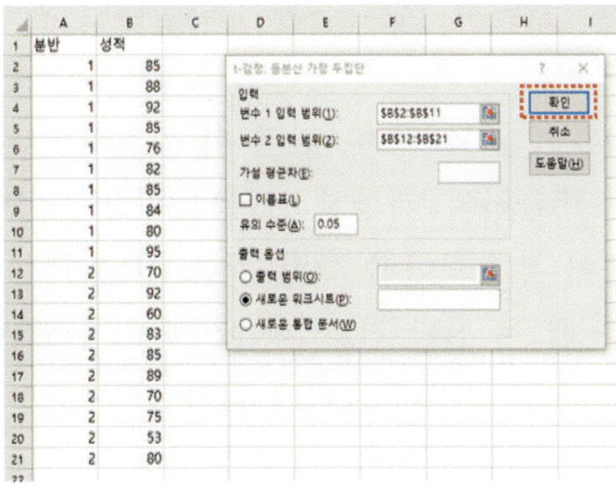

⑥

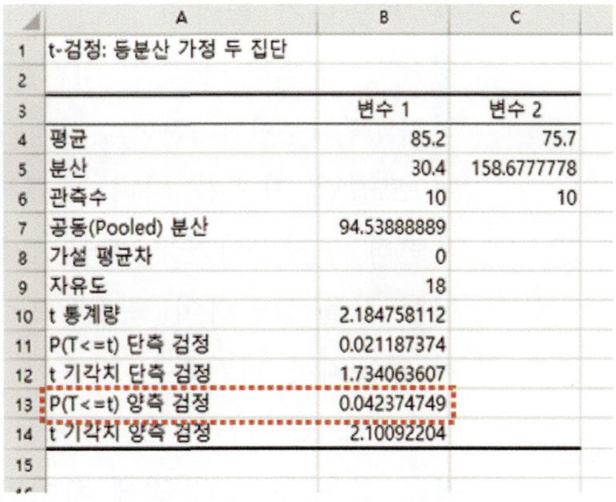
t-검정: 등분산 가정 두 집단
변수 1
변수 2
평균 85.2 75.7
분산 30.4 158.6777778
관측수 10 10
공동(Pooled) 분산 94.53888889
가설 평균차 0
자유도 18
t 통계량 2.184758112
P(T<=t) 단측 검정 0.021187374
t 기각치 단측 검정 1.734063607
P(T<=t) 양측 검정 0.042374749
t 기각치 양측 검정 2.10092204

• 분석결과 해석을 위해 최종 분석된 t-검정의 결과화면 ⑥을 다시 보자.

	A	B	C
1	t-검정: 등분산 가정 두 집단		
2			
3		변수 1	변수 2
4	평균	85.2	75.7
5	분산	30.4	158.6777778
6	관측수	10	10
7	공동(Pooled) 분산	94.53888889	
8	가설 평균차	0	
9	자유도	18	
10	t 통계량	2.184758112	
11	P(T<=t) 단측 검정	0.021187374	
12	t 기각치 단측 검정	1.734063607	
13	P(T<=t) 양측 검정	0.042374749	
14	t 기각치 양측 검정	2.10092204	
15			

이 결과에서 변수 1과 변수 2는 각각 1분반의 성적과 2분반의 성적을 의미한다. 결과표에서 보는 바와 같이 기본적으로 각 변수에 대한 평균과 분산을 제시해 주고 있다. 1분반은 평균 85.2, 분산 30.4의 분포를 가지고, 2분반은 평균 75.7, 분산 158.68이라는 데이터 분포를 가지고 있다. t-검정을 통해 확인하고자 하는 것은 1분반의 평균 85.2와 2분반의 평균 75.7이 통계적으로 차이가 있는지를 판단하는 것이다. 수치만 보면 85.2와 75.7은 분명히 다른 숫자이므로 당연히 차이가 있지 않느냐고 반문할지 모른다. 그러나 이것은 두 가지 의미에서 생각해 볼 필요가 있다. 첫째, 데이터가 흩어져 있는 정도—분산을 의미한다—를 감안한다면 과연 평균만 가지고 1분반의 성적이 2분반의 성적보다 높다고 할 수 있을 것인가?(즉, 1분반과 2분반의 성적은 다른 것인가?) 둘째, 만약 이 성적의 평균이 모집단 전체가 아니고 표본을 추출하여 계산한 표본의 평균이라면 우연히 성적차이가 나게끔 표본들이 추출되어서 그런 것은 아닌가? 이러한 것을 감안하여 통계적으로 볼 때 두 집단 간의 차이가 의미가 있는지 없는지를 판단하는 기준이 필요하다. 그것이 그림에 나와 있는 p값이다. 사회 조사나 품질경영에서는 통상 p값이 0.05(5%) 혹은 0.01(1%)보다 작을 경우 두 집단 간에 차이가 있다고 판단한다.[29] 이번 사례에서는 그림에서 보는 바와 같이 p값이 0.0423으로 나타나 0.05보다 작으므로 1분

29) 물론 더 엄격하게 적용하는 경우 0.001(0.1%)까지 요구하는 경우도 있다.

반과 2분반 간에는 평균성적에 차이가 있다고 판단할 수 있다.

다음으로 KESS를 이용하여 t-검정을 수행해 보자. 동일한 데이터로 수행하므로 실행순서와 MS Excel에서 차이나는 점을 위주로 살펴보도록 하자.

- 데이터는 동일한 데이터를 사용한다. 다만, KESS를 활용하기 위해서는 아래 그림처럼 데이터의 셀기입 형태를 아래와 같이 제일 첫 행에 변수명을 쓰고, 둘째 행부터 관측데이터를 기입해 놓아야 한다.

	A	B	C
1	1분반	2분반	
2	85	70	
3	88	92	
4	92	60	
5	85	83	
6	76	85	
7	82	89	
8	85	70	
9	84	75	
10	80	53	
11	95	80	
12			
13			

- 메뉴에서 [추가 기능]→[통계분석]→[t-검정]→[이표본 검정]을 선택한다.

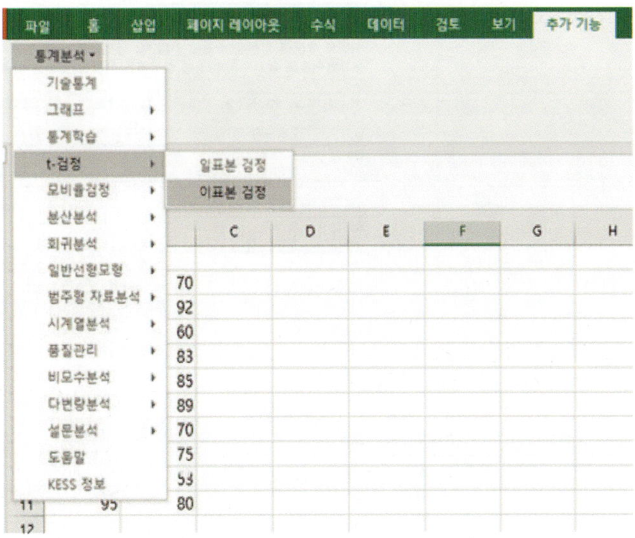

• KESS 입력 창이 뜨면, 아래와 같이 선택변수에 있는 변수명을 클릭하여 분석변수로 옮긴다. 또, 검정방법은 독립비교를 선택한다.

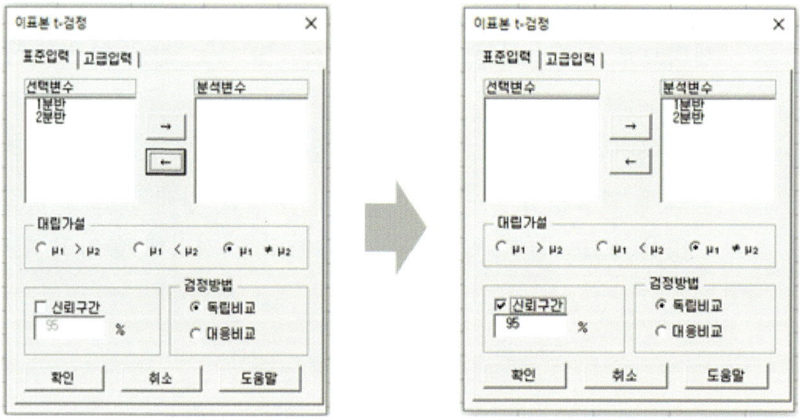

• [확인]을 누르면 아래와 같이 t-검정 분석결과가 MS Excel 시트에 나타난다. 통계량의 값들은 앞서 MS Excel에서 나온 결과와 동일함을 확인할 수 있다.

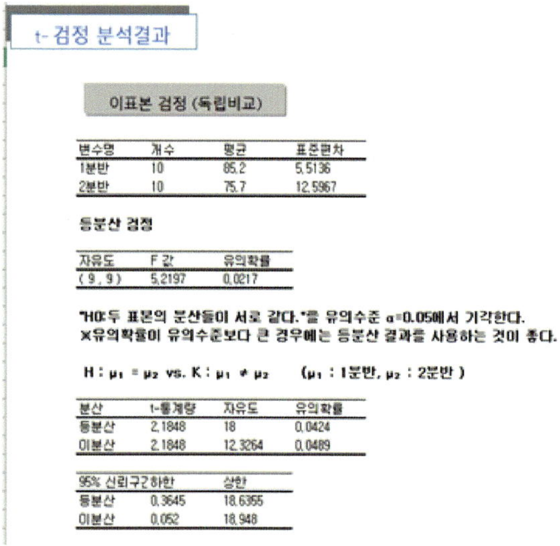

t-검정 분석결과

이표본 검정 (독립비교)

변수명	개수	평균	표준편차
1분반	10	85.2	5.5136
2분반	10	75.7	12.5967

등분산 검정

자유도	F 값	유의확률
(9 , 9)	5.2197	0.0217

"H0: 두 표본의 분산들이 서로 같다."를 유의수준 α=0.05에서 기각한다.
※유의확률이 유의수준보다 큰 경우에는 등분산 결과를 사용하는 것이 좋다.

H : $\mu_1 = \mu_2$ vs. K : $\mu_1 \neq \mu_2$ (μ_1 : 1분반, μ_2 : 2분반)

분산	t-통계량	자유도	유의확률
등분산	2.1848	18	0.0424
이분산	2.1848	12.3264	0.0489

95% 신뢰구간	하한	상한
등분산	0.3645	18.6355
이분산	0.052	18.948

가설검정 ② : 분산분석(ANOVA)

분산분석은 세 집단 이상에서 집단 간 평균에 차이가 있는지를 검정하는 분석기법이다. 예를 들어 A, B, C 세 공장 간에 불량률의 차이가 있는지를 동시에 검정하고자 할 때 사용할 수 있다.

MS Excel의 〈데이터 분석〉 패키지를 활용하여 분산분석을 수행하는 방법을 살펴보자(첨부된 anova.xls 파일을 사용한다.). 본 예제는 어느 실험실에서 압력상태에 따라 생산량이 달라지는지를 확인하고자 하는 사례이다. 압력상태를 세 가지 상황으로 구분하고(MS Excel 파일에서는 1, 2, 3으로 구분되어 있다), 각각의 평균에 차이가 있는지를 분산분석을 통해 확인할 것이다.

- MS Excel 파일을 열면 아래 그림 ①과 같은 데이터가 나올 것이다. 세 가지 압력상태(1, 2, 3) 각각에 대한 생산량 데이터임을 확인할 수 있다. MS Excel로 분산분석을 수행하기 위해서는 데이터의 포맷을 바꿔주어야 하는데, 그림 ②와 같이 압력상태(1, 2, 3)별로 구분하여 데이터를 다시 정렬시켜 주도록 한다.

①

	A	B
1	압력	생산량
2	1	97
3	1	90
4	1	86
5	1	98
6	1	101
7	1	102
8	2	108
9	2	99
10	2	112
11	2	115
12	2	109
13	2	120
14	3	104
15	3	111
16	3	100
17	3	106
18	3	99
19	3	93
20		

②

G	H	I
1	2	3
97	108	104
90	99	111
86	112	100
98	115	106
101	109	99
102	120	93

• 다음으로 MS Excel의 [데이터] → [데이터 분석] 메뉴를 클릭한다.

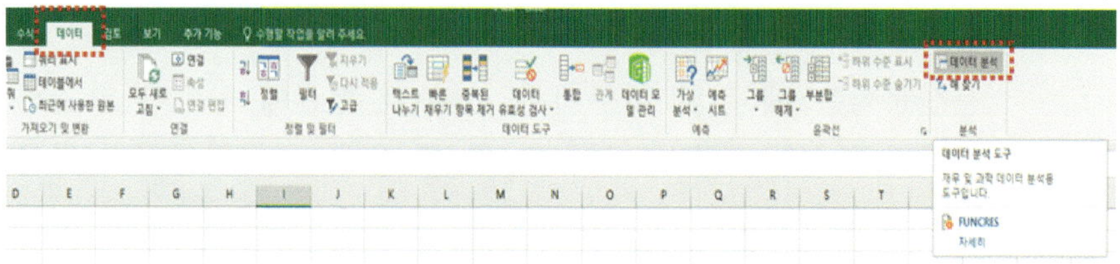

• [통계 데이터 분석] 창이 뜨면 분석 도구에서 [분산분석 : 일원배치법]을 선택하고 [확인]을 클릭한다.

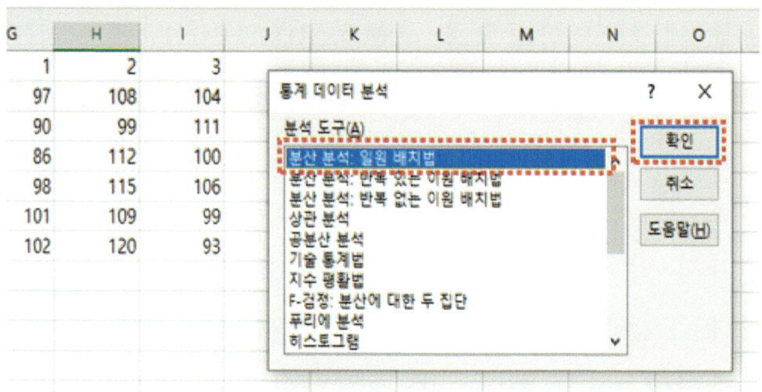

• 아래 그림과 같이 입력범위 셀 옆의 아이콘을 클릭한다.

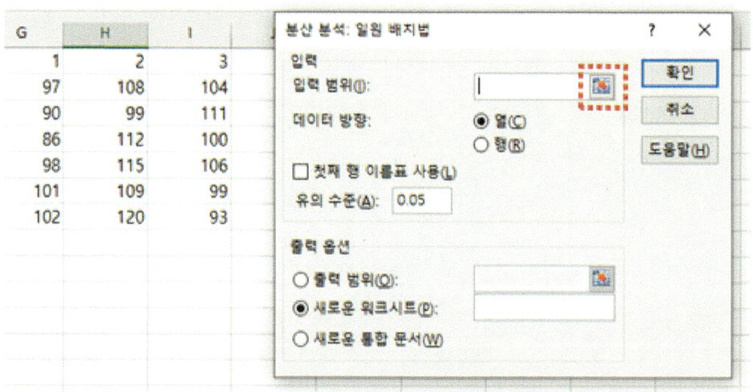

• 데이터 입력 창이 뜨면(그림 ③) MS Excel 시트에서 데이터가 포함된 셀 전체를 선택한다(그림 ④). 여기서 주의할 것은 압력상태를 나타내는 레이블인 1, 2, 3도 같이 선택했다는 것이다. 보고서상에 레이블을 표기해 주기 위해서 선택한 것이니 굳이 선택하고 싶지 않은 경우에는 선택하지 않아도 무방하다.

③

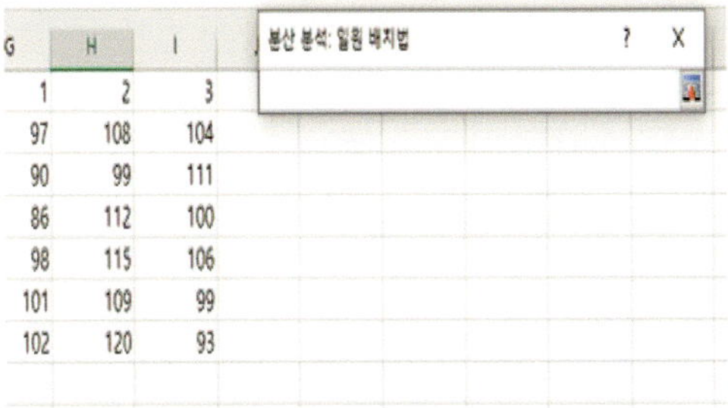

④

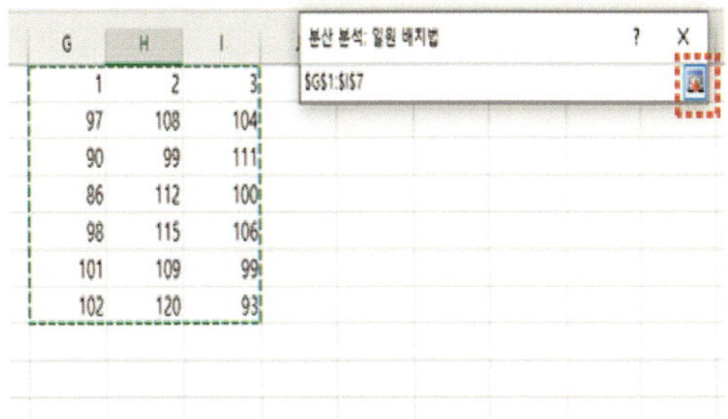

• 다시 [분산분석] 창으로 돌아오면 [첫째 행 이름표 사용]에 체크 표시를 해 준다. 여기에 체크 표시를 하는 이유는 앞서 데이터 선택 시 압력상태를 나타내는 레이블 1, 2, 3을 같이 선택했기 때문이다. 만약 압력상태를 나타내는 레이블을 선택하지 않은 경우에는 여기에 체크 표시를 하면 안 된다. 여기에 체크 표시를 하게 되면 MS Excel을 설정해 준 데이터 범위에서 제일 윗줄을 레이블로 인식하기 때문에 계산에 오류가 생기게 된다. 마지막으로 [확인]을 클릭한다.

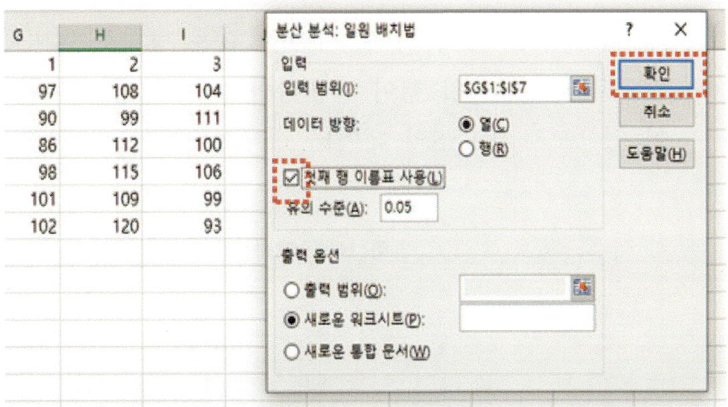

• 아래 그림과 같이 분산분석 결과가 나타날 것이다. 요약표에 보면 압력상태 1, 2, 3 각각에 대한 평균과 분산이 계산되어 있다. 우리가 확인하고자 하는 것은 압력상태 1, 2, 3의 평균 간에 차이가 있는지를 알고 싶은 것이다. 앞서 t-검정에서 설명한 바와 같이 분산분석에서도 p값으로 판단할 것이다. 분산분석이라고 되어 있는 표에 보면 p값이 나와 있다. 이 예에서 p값은 0.005104로 나타났다. 가설검정의 기준값인 0.05보다 작은 수치이므로 우리는 압력상태 1, 2, 3에서의 평균생산량은 차이가 있다는 결론을 얻을 수 있다.

	A	B	C	D	E	F	G
1	분산 분석: 일원 배치법						
2							
3	요약표						
4	인자의 수준	관측수	합	평균	분산		
5	1	6	574	95.66666667	40.26666667		
6	2	6	663	110.5	50.7		
7	3	6	613	102.1666667	38.96666667		
8							
9							
10	분산 분석						
11	변동의 요인	제곱합	자유도	제곱 평균	F 비	P-값	F 기각치
12	처리	663.4444444	2	331.7222222	7.659055926	0.005104	3.68232
13	잔차	649.6666667	15	43.31111111			
14							
15	계	1313.111111	17				
16							
17							

다음으로 KESS를 이용하여 분산분석을 수행해 보자. 동일한 데이터로 수행을 하며 MS Excel에 비해 좀 더 많은 통계량과 정보들을 제공해 주므로 어떤 차이가 있는지를 실제 수행해 보면서 확인해 보기 바란다.

- KESS에서 입력받기 위해 아래와 같은 형태로 데이터를 변형한다. 기본적으로 KESS는 첫 행이 변수명이고 둘째 행부터 관측치를 기록하게 되어 있으므로, KESS의 데이터 형태로 고치도록 한다.30)

	A	B	C	D
1	압력상태1	압력상태2	압력상태3	
2	97	108	104	
3	90	99	111	
4	86	112	100	
5	98	115	106	
6	101	109	99	
7	102	120	93	
8				
9				

- 메뉴에서 [추가 기능]→[분산분석]→[일원배치법]을 선택한다.

30) KESS를 포함해서 대부분의 데이터 분석 소프트웨어는 데이터를 제일 첫 행에 변수명, 둘째 행부터 관측 데이터를 기입한다. MS Excel은 계산을 위한 스프레드시트 소프트웨어로 최초 개발되었기 때문에 약간의 차이가 날 수 있다.

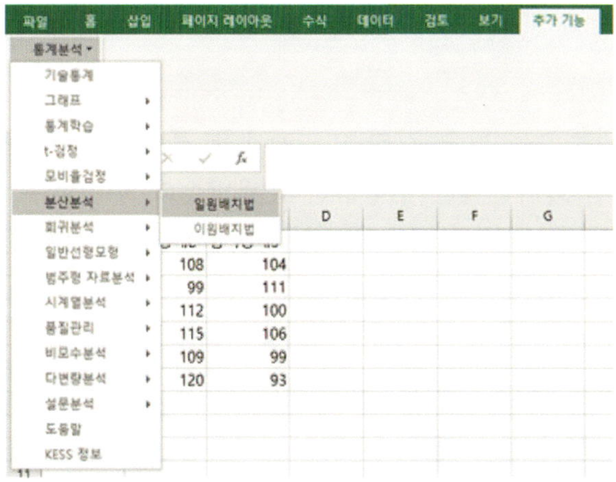

• KESS 창이 뜨면 선택변수에 있는 변수들을 인자수준으로 옮긴다.

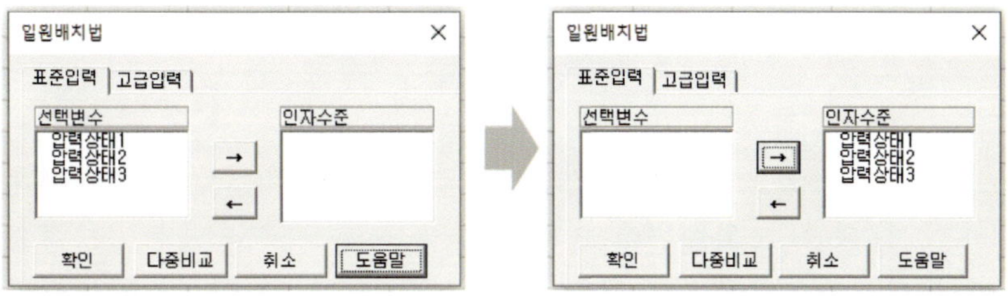

• [확인]을 누르면 아래와 같이 분산분석 결과가 나타난다. MS Excel의 결과보다 더 많은 분석을 수행할 수 있음을 알 수 있다. 등분산 검정을 위한 Levene's test 결과도 함께 나타나며, 세 집단에 대한 평균비교를 위한 상자그림(boxplot)도 도식화시켜 준다.

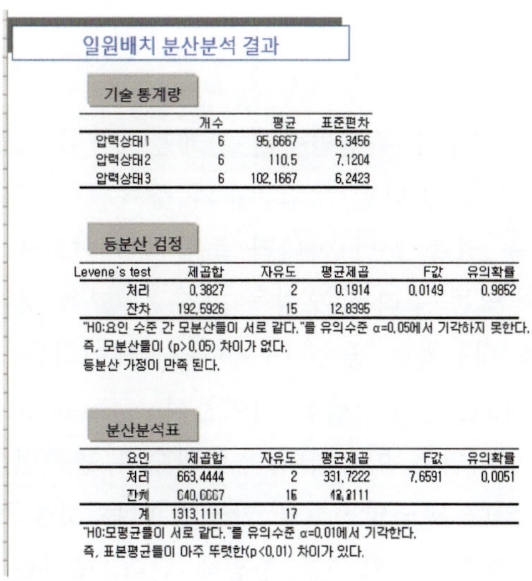

일원배치 분산분석 결과

기술 통계량

	개수	평균	표준편차
압력상태1	6	95,6667	6,3456
압력상태2	6	110,5	7,1204
압력상태3	6	102,1667	6,2423

등분산 검정

Levene's test	제곱합	자유도	평균제곱	F값	유의확률
처리	0,3827	2	0,1914	0,0149	0,9852
잔차	192,5926	15	12,8395		

"H0:요인 수준 간 모분산들이 서로 같다."를 유의수준 α=0,05에서 기각하지 못한다.
즉, 모분산들이 (p>0,05) 차이가 없다.
등분산 가정이 만족 된다.

분산분석표

요인	제곱합	자유도	평균제곱	F값	유의확률
처리	663,4444	2	331,7222	7,6591	0,0051
잔차	649,6667	15	43,3111		
계	1313,1111	17			

"H0:모평균들이 서로 같다."를 유의수준 α=0,01에서 기각한다.
즉, 표본평균들이 아주 뚜렷한(p<0,01) 차이가 있다.

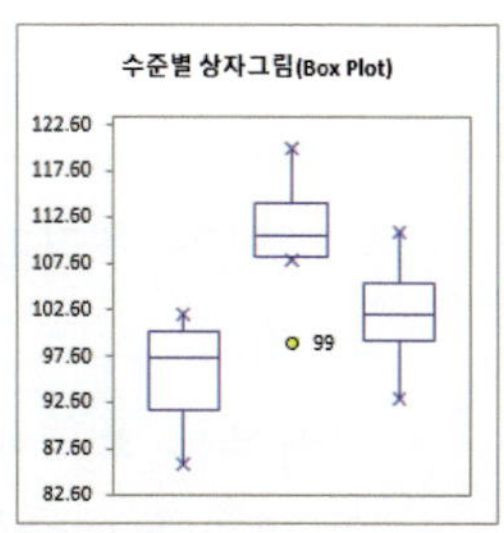

가설검정 ③ : 회귀분석

회귀분석은 변수 간의 인과관계를 분석하기 위한 대표적인 통계분석기법이다. 회귀분석을 수행하면 독립변수와 종속변수 간의 함수식인 회귀방정식을 추정할 수 있는데, 이 회귀방정식을 이용하여 우리는 크게 두 가지 측면에서 활용이 가능하다. 우선, 독립변수가 종속변수에 미치는 영향력의 크기를 확인할 수 있다. 즉, 독립변수 한 단위의 변화가 종속변수에 얼마만큼의 영향을 미치는지를 알 수 있다. 그리고 회귀방정식을 통하여 아직 발생하지 않은 경우에 대해서 예측을 수행할 수도 있다. 그래서 우리는 이 회귀방정식을 예측모형이라고 부를 수 있는 것이다. 독립변수가 종속변수에 미치는 영향을 예를 들어 보면 아래 [그림 3-34]와 같은 것들이 있을 수 있다.

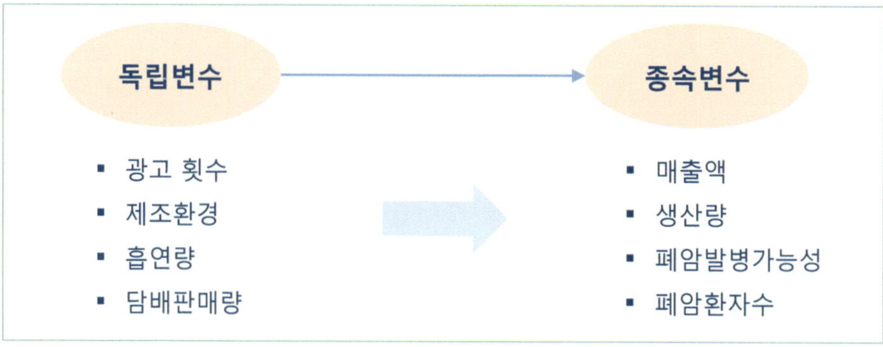

[그림 3-34] 독립변수와 종속변수의 관계

만약 우리가 종속변수와 독립변수의 관계를 $y = \alpha + \beta x$와 같은 형태의 방정식으로 나타낼 수 있다면 독립변수와 종속변수 간의 영향력을 계량적으로 표현해낼 수 있을 뿐만 아니라 독립변수 변화에 따른 종속변수의 변화를 예측할 수 있는 수리적 모형을 가질 수 있을 것이다. 이렇게 독립변수와 독립변수에 대응하는 종속변수에 대한 데이터를 가지고 위와 같은 방정식을 계산해 내는 통계기법을 회귀분석(regression analysis)이라고 한다. 즉, 회귀분석은 데이터를 이용하여 독립변수와 종속변수의 관계를 가장 잘 나타내 줄 수 있는 회귀방정식을 만들어 내는 것을 목표로 하며, 이를 위해 회귀방정식 계수인 α와 β를 추정해 낸다. 우리는 회귀계수를 도출하는 이론적인 부분은 생략하고 MS Excel을 이용해서 회귀방정식을 구하는 방법과 그 해석에 대해서 알아볼 것이다.

우리가 사용하고자 하는 예제는 사무실을 구성하고자 할 때 면적이 넓을수록 전기사용량이 많이 드는지 그 영향 관계를 알아봄과 동시에 어떤 면적의 사무실을 구성할 때 어느 정도의 전기용량을 설계해야 하는지를 예측하는 모형을 알고 싶은 사례이다.

- MS Excel 파일을 열면 아래 그림과 같은 데이터가 나올 것이다. 각 면적에 대응하는 전기사용량을 수집한 데이터임을 확인할 수 있다.

	A	B
1	면적	전기사용량
2	27	95
3	52	215
4	39	150
5	32	148
6	25	138
7	45	180
8	38	172
9	55	235
10	35	152
11	42	195
12		

- 다음으로 MS Excel의 [데이터]→[데이터 분석] 메뉴를 클릭한다.
- [통계 데이터 분석] 창이 뜨면 분석 도구에서 [회귀분석]을 선택하고 [확인]을 클릭한다.

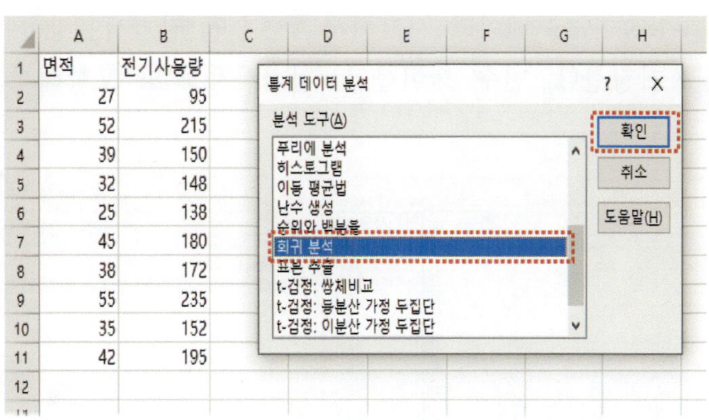

• [회귀분석] 창이 뜨면 Y변수와 X변수에 대한 데이터를 각각 입력해야 한다. 우선 Y변수 데이터 입력을 위해 [Y축 입력 범위] 셀 옆의 아이콘을 클릭한다.

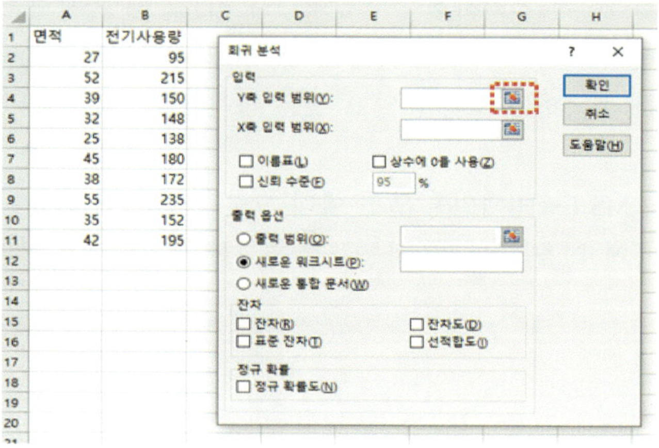

• 아래와 같이 [회귀분석] 창이 뜰 것이다.

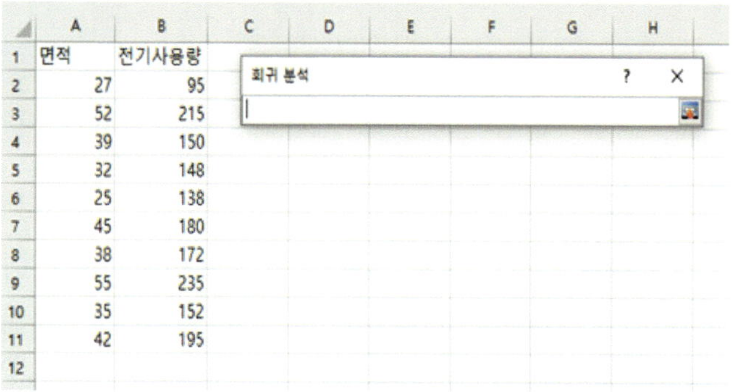

• MS Excel 데이터 시트에서 Y변수인 전기사용량 데이터 전체를 범위로 지정한다. 변수 레이블인 '전기사용량'도 포함해서 범위를 지정하도록 한다.

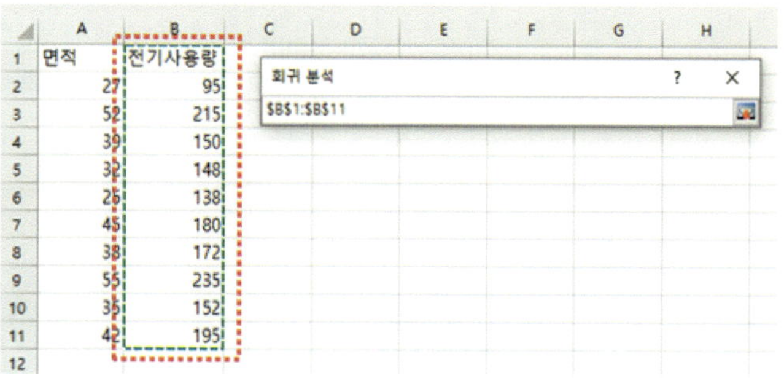

- 다시 [회귀분석] 창으로 돌아가면 이제는 X변수의 범위를 지정해야 한다. Y변수에 대한 데이터 범위를 지정한 방식과 동일하게 수행하도록 한다.

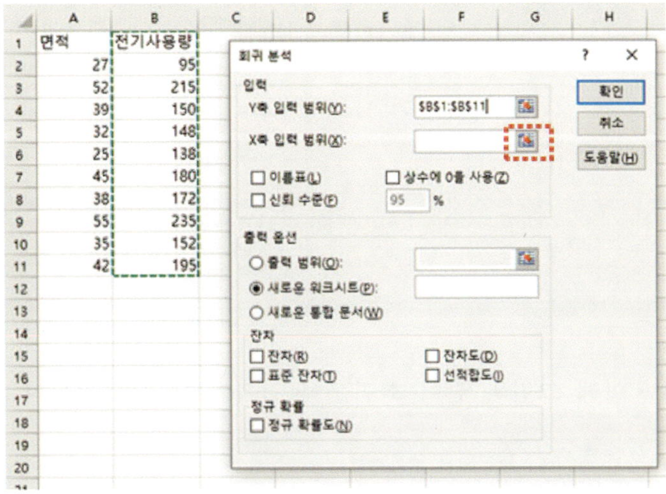

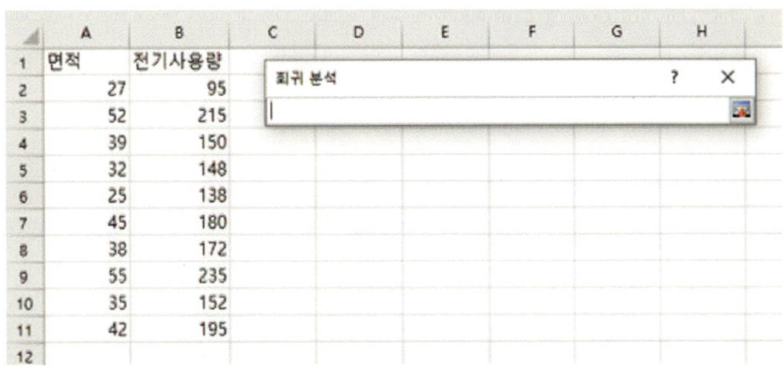

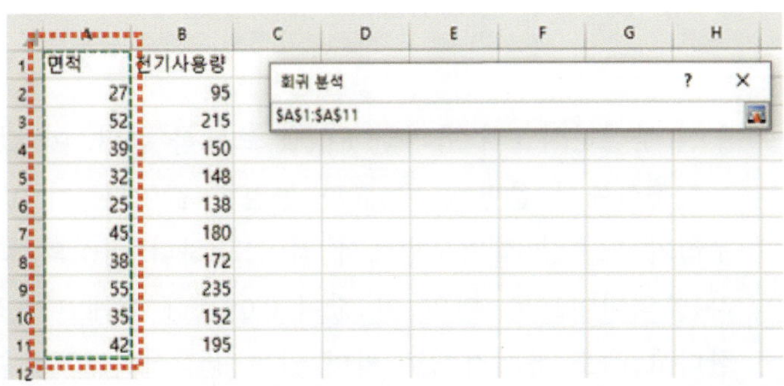

- 변수의 데이터 범위가 완료되고 [회귀분석] 창으로 다시 돌아오면 [이름표] 앞에 체크 표시를 하도록 한다. 앞서 데이터 범위 지정 시 레이블도 포함하였기 때문에 반드시 체크를 해 주어야 한다. 마지막으로 [확인]을 클릭한다.

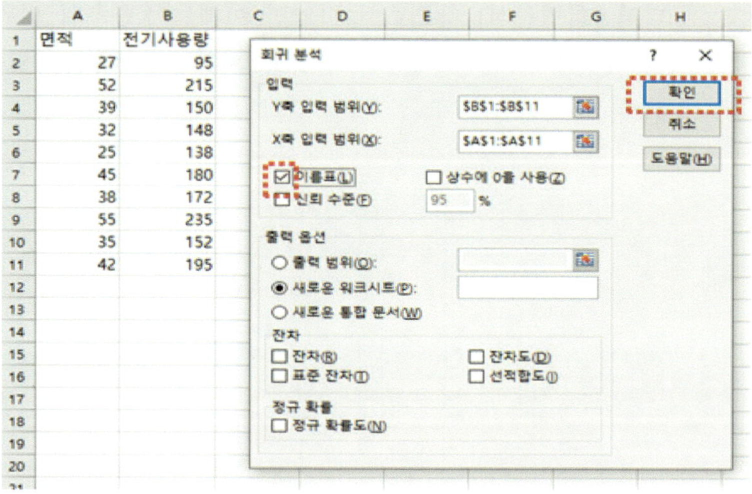

• 아래 그림과 같이 회귀분석 결과가 나타날 것이다.

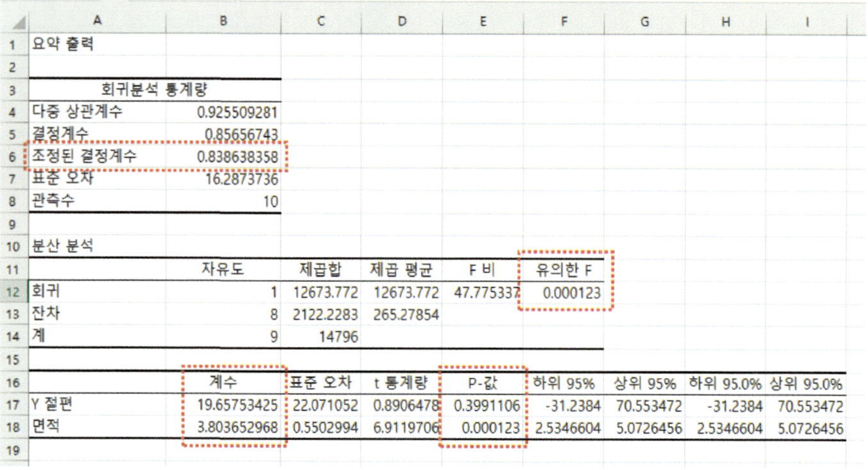

요약 출력

회귀분석 통계량	
다중 상관계수	0.925509281
결정계수	0.85656743
조정된 결정계수	0.838638358
표준 오차	16.2873736
관측수	10

분산 분석

	자유도	제곱합	제곱 평균	F 비	유의한 F
회귀	1	12673.772	12673.772	47.775337	0.000123
잔차	8	2122.2283	265.27854		
계	9	14796			

	계수	표준 오차	t 통계량	P-값	하위 95%	상위 95%	하위 95.0%	상위 95.0%
Y 절편	19.65753425	22.071052	0.8906478	0.3991106	-31.2384	70.553472	-31.2384	70.553472
면적	3.803652968	0.5502994	6.9119706	0.000123	2.5346604	5.0726456	2.5346604	5.0726456

우선 분산분석표의 유의한 F값을 보도록 한다. 이 값은 앞서 t-검정이나 분산분석에서 설명했던 p값과 동일한 값이다. 이 값이 0.05보다 작아야 우리가 도출한 회귀모형에서 적어도 하나 이상의 회귀계수가 0이 아니라는 의미이므로, 만약 이 값이 0.05보다 크게 나오면 회귀방정식을 구한다고 해도 통계적으로 의미 있는 방정식이라 할 수가 없다. 이 예제에서는 유의한 F값이 0.000123으로 0.05보다 작기 때문에 통계적으로 의미 있는 회귀방정식을 도출했다고 할 것이다.

다음으로 맨 아래에 있는 표에서 회귀계수를 확인한다. 면적에 대한 계수가 3.804이고 Y절편에 대한 계수가 19.658이므로 회귀방정식은 $y = 19.658$

$+ 3.804x$가 된다. 이것의 의미는 전기사용량 $= 19.658 + 3.804 \times$ 면적이라는 의미로 면적이 1단위 증가할 때마다 전기사용량은 3.804단위 증가한다는 것을 알려 준다. 즉, 면적이라는 독립변수 1단위가 전기사용량이라는 종속변수에 얼마만큼 영향력을 주는지를 이 회귀방정식을 통해 알 수가 있다. 또한, 만약 우리가 면적 100단위의 사무실을 개설하고자 한다면 최소한 404.058 ($=19.658+3.804\times100$) 이상의 전기용량을 설계해야 함을 예측할 수도 있다.

MS Excel에서 산출해 주는 통계분석표에서 다음으로 눈여겨보아야 하는 것은 계수들 각각에 대한 p값이다. 계수 각각에 대한 p값들 또한 0.05보다 작아야 통계적으로 유의미한 것이며, 만약 이 값이 0.05보다 크다면 그 변수는 회귀모형에 부적합한 변수라는 의미이다. 또 결정계수는 회귀방정식이 설명해 주는 설명력을 의미한다. 이 사례에서는 조정된 결정계수가 0.839로 나타나는데, 이것은 독립변수로서 종속변수를 약 83.9% 설명 가능하다는 것을 의미한다.

위에서 우리는 사무실의 면석이 전기사용량에 영향을 미치는 것을 알아보았는데, 이런 경우는 하나의 독립변수(사무실 면적)가 하나의 종속변수(전기사용량)에 미치는 영향에 대한 회귀분석이다. 그러나 현실적으로 생각해 보면 전기사용량에 영향을 미치는 요인은 사무실 면적 하나만 있지는 않을 것이다. 즉, 근무하는 직원수, 일일 근무시간 등 다른 요인들이 전기사용량이라는 종속변수에 동시에 영향을 미칠 것이다. 이와 같이 여러 독립변수가 동시에 하나의 종속변수에 영향을 미치는 경우에 대해서도 알아볼 필요가 있다. 앞의 경우와 같이 하나의 독립변수가 하나의 종속변수에 영향을 미치는 경우에 대한 분석을 단순회귀분석(single linear regression)이라 하고, 여러 독립변수가 하나의 종속변수에 영향을 미치는 경우에 대한 분석을 다중회귀분석(multiple linear regression)이라 한다. 다중회귀분석의 개념을 도식화해 보면 [그림 3-35]와 같이 나타낼 수 있을 것이다. [그림 3-35]를 보면, 매출액에 영향을 미치는 요인은 광고 횟수, 기온, 가격 등 여러 요인이 있으며 이러한 요인들의 영향관계를 동시에 보고자 하는 것이 다중회귀분석이다. 이 경우 다중회귀분석을 통한 독립변수들과 종속변수에 대한 회귀방정식의 형태는 아래와 같이 나타낼 수 있을 것이다.

$$y = \alpha + \beta_1 x_1 + \beta_2 x_2 + \beta_3 x_3 + \cdots + \beta_n x_n$$

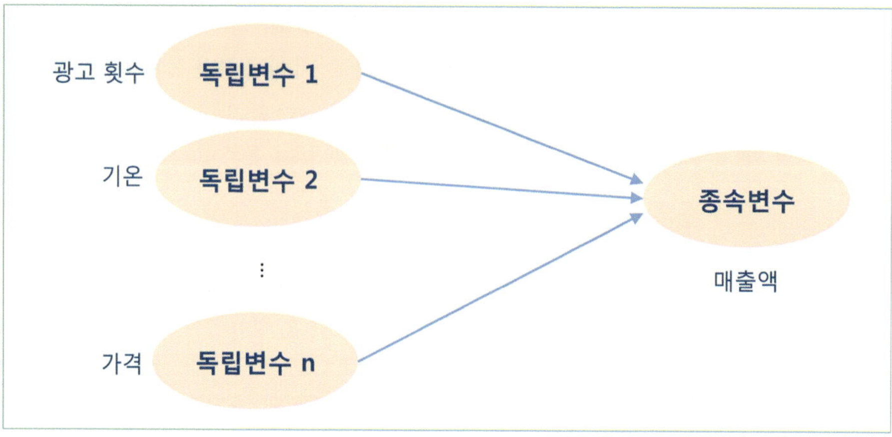

[그림 3-35] 다중회귀분석에서 독립변수와 종속변수의 관계

그러면, MS Excel을 이용하여 다중회귀분석을 수행하는 방법을 알아보도록 하자. 기본적으로는 앞서 학습한 단순회귀분석과 분석방법은 동일하다. 다중회귀분석은 키, 몸무게, 허리둘레 변수에 대한 데이터로 실습해보도록 하자. 대부분의 의류회사에서는 표준화된 신체체형에 따라 기성복을 제작하는데, 청소년의 키는 몸무게와 허리둘레에 영향을 받는다고 가정하고 아래와 같이 30명의 데이터를 수집하였다고 하자.

• 먼저 MS Excel 시트에 30명에 대한 데이터를 아래와 같이 입력한다.

	A	B	C	D
1	키	몸무게	허리둘레	
2	176	80	87	
3	172	75	85	
4	182	85	89	
5	160	40	65	
6	163	55	69	
7	165	55	73	
8	168	55	73	
9	163	50	71	
10	182	90	91	
11	148	40	60	
12	170	75	78	
13	166	70	77	
14	172	70	81	
15	160	45	67	
16	163	55	70	
17	170	70	85	
18	182	90	98	
19	174	75	82	
20	164	55	73	
21	160	45	71	
22	174	85	96	
23	178	90	85	
24	175	85	86	
25	182	85	92	
26	174	85	80	
27	171	80	81	
28	174	75	78	
29	175	80	91	
30	165	50	73	
31	165	55	71	
32				

• 메뉴의 [데이터]→[데이터 분석]을 선택하면 아래와 같이 [통계 데이터 분석] 창이 뜬다. [회귀분석]을 선택하자.

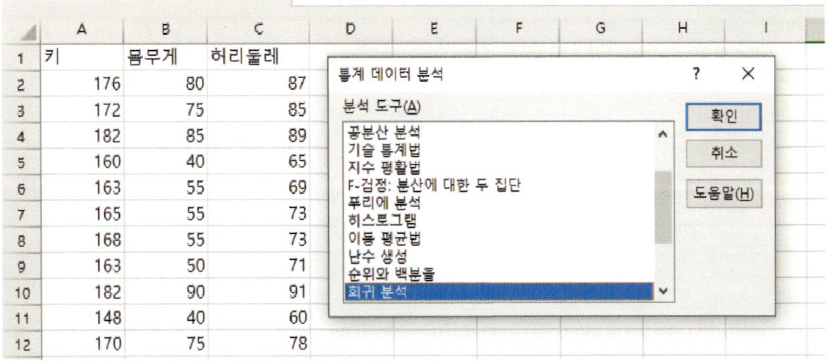

• [통계 데이터 분석] 창에서 종속변수와 독립변수의 데이터 셀을 모두 선택한다. 단순회귀분석을 수행할 때와 차이점은 독립변수가 두 개이므로 X축 입력범위를 설정할 때 독립변수인 몸무게와 허리둘레 데이터가 포함되어 있는 전체 범위를 설정해야 한다.

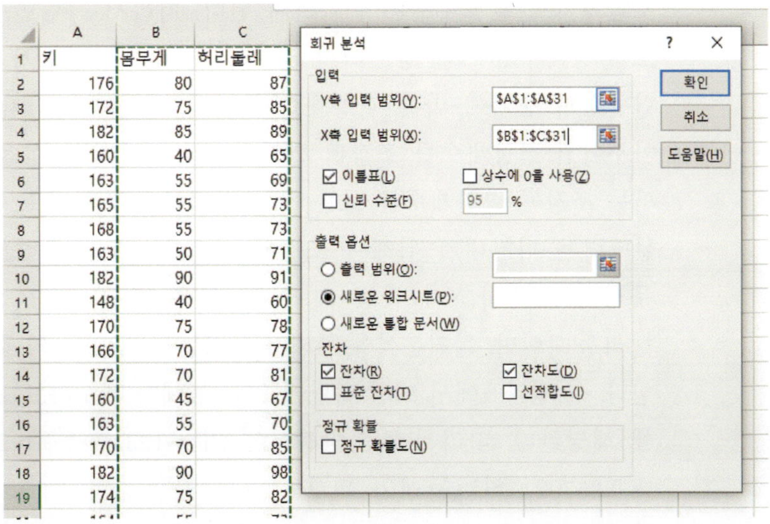

• [회귀분석] 창에서 필요한 값들을 선택하면 아래와 같이 결과화면이 나타난다. 다중회귀분석에서는 결과표를 읽고 해석할 때 몇 가지 사항에 대해 유의해야 한다. 아래 결과표를 보면서 확인해 보도록 하자.

요약 출력

회귀분석 통계량	
다중 상관계수	0.942221
결정계수	0.887781
조정된 결정계수	0.879469
표준 오차	2.779926
관측수	30

분산 분석

	자유도	제곱합	제곱 평균	F 비	유의한 F
회귀	2	1650.711	825.3555	106.8008	1.5E-13
잔차	27	208.6557	7.727988		
계	29	1859.367			

	계수	표준 오차	t 통계량	P-값	하위 95%	상위 95%	하위 95.0%	상위 95.0%
Y 절편	123.6787	6.093712	20.29612	7.02E-18	111.1754	136.182	111.1754	136.182
몸무게	0.260952	0.07735	3.373664	0.002257	0.102243	0.41966	0.102243	0.41966
허리둘레	0.35702	0.132463	2.695237	0.011955	0.085228	0.628812	0.085228	0.628812

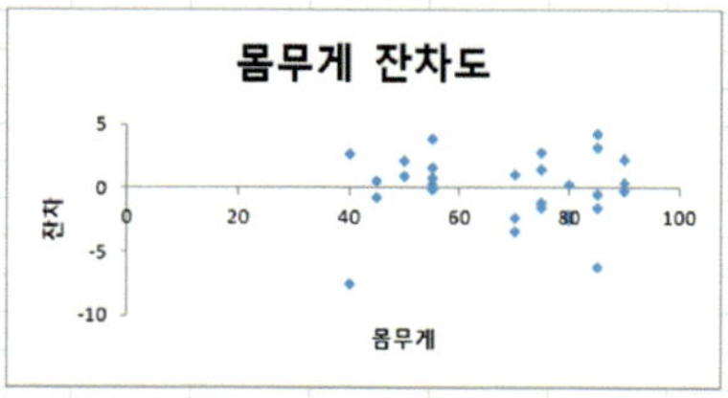

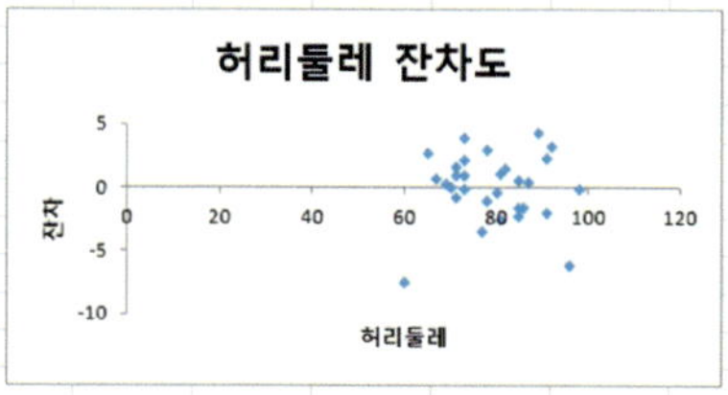

- 앞서 우리는 회귀방정식의 설명력을 결정계수를 통해 알 수 있다고 하였다. 결과표를 보면 결정계수는 0.887781로 나타나 있다. 그런데 결정계수 밑에 조정된 결정계수라고 표시된 것이 있다. 일반적으로 독립변수의 개수가 증가하면 종속변수를 크게 설명해 주지 못하는 독립변수가 포함되어도 결정계수는 증가하게 된다. 따라서 독립변수가 증가하더라도 결정계수가 크게 증가하지 않도록 조정해 줄 필요가 있다. 이렇게 독립변수의 증가에 따른 결정계수 증가의 영향이 커지지 않도록 조정이 이루어진 결정계수를 조정된 결정계수라고 한다. 모형을 비교하기 위해서는 조정된 결정계수를 보는 것이 적절하므로 우리도 이 회귀방정식의 설명력을 나타내기 위해서 조정된 결정계수를 사용하도록 한다.
- 우리가 도출하고자 하는 회귀방정식은 키 $= \alpha + \beta_1 \times$ 몸무게 $+ \beta_2 \times$ 허리둘레이며, 회귀분석을 통해서 우리는 α, β_1, β_2의 값을 각각 구해야 한다. 위 결과표에서 제일 하단에 있는 표에서 계수라고 표시된 값들이 이에 해당한다. 따라서 회귀방정식은 키 $= 123.6787 + 0.260952 \times$ 몸무게 $+ 0.35702 \times$ 허리둘레가 된다.
- 다중회귀분석에서 회귀계수를 해석할 때는 유의할 필요가 있다. 몸무게의 회귀계수 0.260952의 의미는 다른 독립변수가 고정되어 있다고 할 때,[31] 몸무게 한 단위가 종속변수인 키에 미치는 영향을 나타낸다. 마찬가지로 허리둘레의 회귀계수 0.35702의 정확한 의미는 다른 독립

31) 다른 독립변수가 동일한 값일 경우라는 의미이며, 통계학적인 표현으로는 다른 독립변수를 통제한다고 표현한다.

변수인 몸무게가 동일한 경우에 허리둘레 한 단위가 종속변수인 키에 미치는 영향을 의미한다.

- 위 결과표에서 각 계수값들에 대한 p-값이 표시되어 있다. 즉, 표본데이터를 가지고 분석한 회귀계수이므로 통계적으로 유의미한지를 검정하는 값이다. 단순회귀분석에서와 동일하게 p-값이 0.05보다 작을 경우 통계적으로 유의미하다고 한다.
- 위 결과표의 가운데에 분산분석표가 있다. 이 분산분석표는 회귀방정식에서 적어도 하나의 변수가 통계적으로 의미가 있는 변수인지를 검정하는 통계량이다. 유의한 F라고 표기되어 있는 값이 p-값을 의미하며, 앞서와 동일하게 이 값이 0.05보다 작을 경우 최소한 하나의 독립변수는 유의미하다고 볼 수 있다.

다음으로 KESS를 이용해 다중회귀분석을 실시하는 방법도 살펴보자. 단순회귀분석 방법도 다중회귀분석과 독립변수의 개수를 선택하는 부분만 제외하고는 동일하므로 다중회귀분석 수행방법만 여기서 설명한다.

- 메뉴의 [추가 기능]→[통계분석]→[회귀분석]→[회귀분석]을 선택한다.

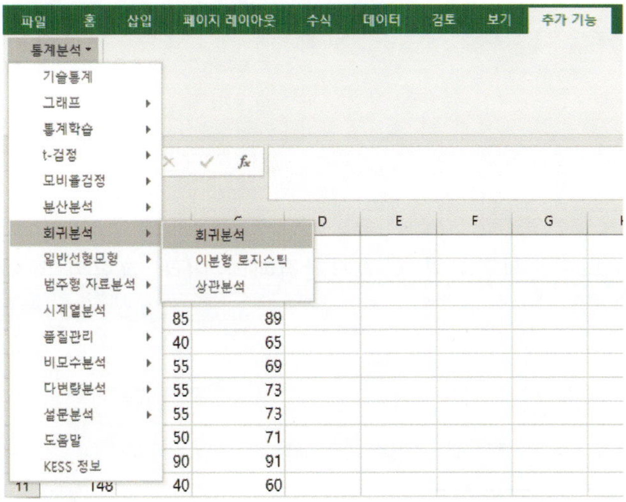

• [회귀분석] 창이 뜨면 선택변수에서 종속변수와 독립변수를 아래 그림의 오른쪽처럼 이동시킨다.

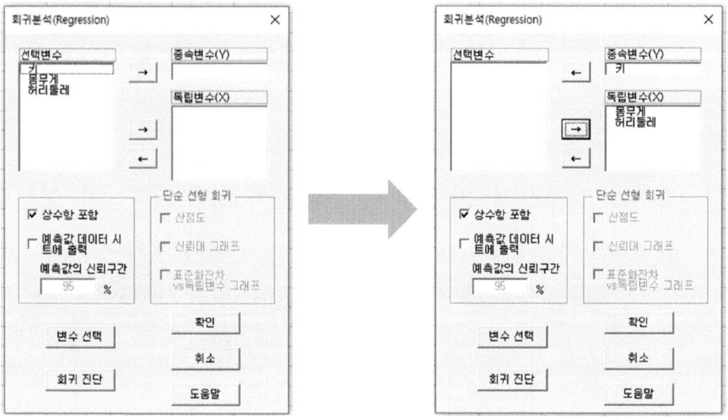

• 왼쪽 하단부에 있는 [회귀진단]을 누르고 필요한 통계량과 그래프들을 선택한다.

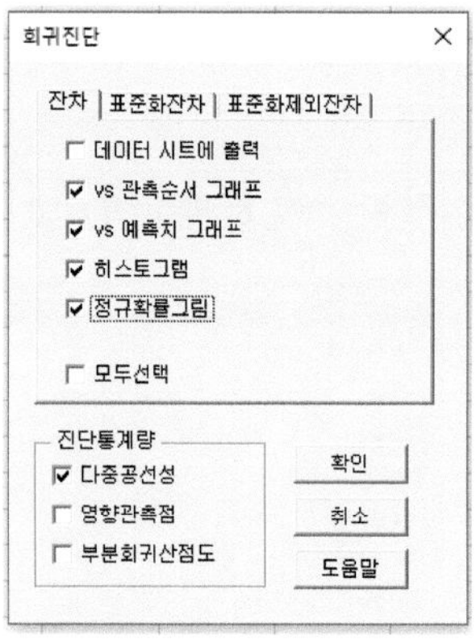

• 회귀분석결과와 회귀진단결과가 아래 그림과 같이 표시된다.32)

32) 본서에서 학습하고 있는 회귀분석은 좀 더 엄밀히 얘기하자면 선형회귀분석(linear regression analysis)이다. 선형회귀분석은 엄격한 가정을 가지고 있다. 즉 선형성(linearity), 독립성(independence), 정규성(normality), 등분산성(equal variance) 등을 만족해야 한다. 회귀분석 후 이러한 가정들이 만족되는지를 확인해야 한다. 그러한 절차가 회귀진단이다. KESS를 사용하면 본서에 포함시키지는 않았지만 이러한 회귀진단을 실시하는 통계량과 그래프들을 제공받을 수 있다. 물론 MS Excel에서도 회귀진단과 관련한 정보를 일부 제공한다.

회귀분석결과

분산분석표

요인	제곱합	자유도	평균제곱	F 값	유의확률
회귀	1650,7110	2	825,3555	106,801	< 0,0001
잔차	208,6557	27	7,7280		
계	1859,3667	29			

Root MSE	2,7799
결정계수	0,8878
수정결정계수	4,2543

모수 추정

변수명	추정값	표준오차	t-통계량	유의확률
절편	123,67871	6,09371	20,296	< 0,0001
몸무게	0,26095	0,07735	3,374	0,0023
허리둘레	0,35702	0,13246	2,695	0,0120

회귀진단결과

잔차그래프

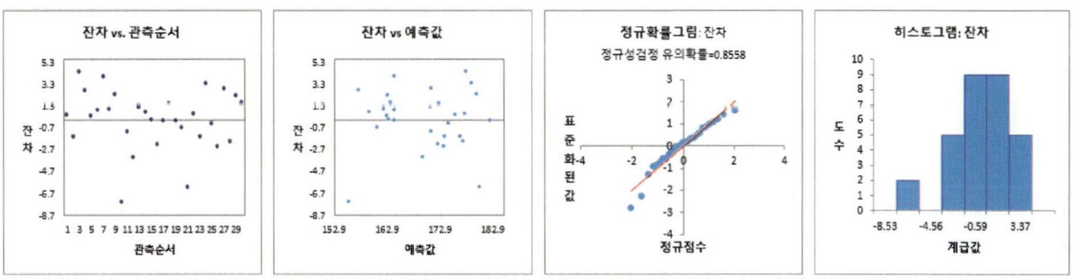

다중 공선성

변수명	분산팽창 인자
상수항	0,0000
몸무게	6,0574
허리둘레	6,0574

분산팽창인자 > 10 이면 다중공선성에 심각한 문제가 있다고 판정한다.

번호	고유값	상태지수	분산비율 상수항	몸무게	허리둘레
1	2,9715	1,0000	0,0008	0,0010	0,0003
2	0,0270	10,4946	0,1221	0,1704	0,0001
3	0,0015	44,1095	0,8772	0,8286	0,9996

고유값이 평균 크기인 1에 비해 심각하게 작을 경우
상태지수의 값이 10보다 클 경우
분산비율이 80-90% 이상으로 나타나는 설명변수의 개수가 둘 이상인 경우
다중공선성의 문제가 있다고 판정한다.

(나) Activity 12. Vital Few 선정

〈Act 11. 가설검정〉에서 통계적으로 의미가 있다고 판단된 잠재원인들만이 실제로 CTQ에 영향을 미치는 원인들이다. 가설검정을 통과하지 못한 잠재원인들은 직관적으로는 원인이라 생각할 수 있을지 모르지만, 과학적인 방

법으로 입증할 수 없기 때문에 우리는 원인으로 인정하지 않는다. 가설검정을 통과한 잠재원인들 중에서 CTQ에 영향력이 가장 큰 항목들을 Vital Few(소수 핵심요인)라 하며, 파레토 법칙에 입각하여 본 액티비티에서는 Vital Few를 선정하는 활동을 수행한다.

- Vital Few 확정 : 잠재원인이라고 도출한 항목들 중 CTQ에 실제로 큰 영향력을 미치는 핵심원인을 찾아내기 위해서는, 앞선 단계에서 도출한 잠재원인 X항목들에 대해 통계적 가설검정 절차를 수행해야 한다. 이를 통해서 가설검정을 통과한 항목들만을 선별하며, 여기서 소수 핵심요인인 Vital Few를 선정한다. Vital Few를 선정하기 위해 구체적으로 아래의 절차를 따르면 된다.

① 도출한 잠재원인 변수들 중 X항목들에 대해 수집된 데이터를 바탕으로 계량화한다.
② 결과변수인 CTQ와 원인변수인 잠재원인들 간의 상호관계성을 확인한다.
③ 인과관계를 입증하기 위해서는 추가로 해당 분야에 대한 도메인 지식, 프로세스 지식 등이 필요하다. 특정 잠재원인 변수가 결과변수에 영향을 미치는지에 대한 통계적 확인까지 완료되면, 잠재원인 X는 소수 핵심요인 Vital Few가 된다.

그런데 위와 같이 선정한 Vital Few가 다수일 경우, 모든 원인을 한꺼번에 개선하는 것은 현실적으로 쉽지 않다. Vital Few 하나하나에 대해 개선방안—혹은 개선과제—하나 이상씩을 도출해 내야 하기 때문이다. 이러한 경우 앞서 학습한 바 있는 파레토 법칙에 입각하여 가장 영향력이 높은 잠재원인 X 두 개 내지 세 개 정도를 Vital Few로 선정하는 것이 바람직하다. [그림 3-36]에 배달시간 지체의 잠재원인들에 대해 파레토 분석을 통해 Vital Few를 선정하는 예시가 도식화되어 있다.

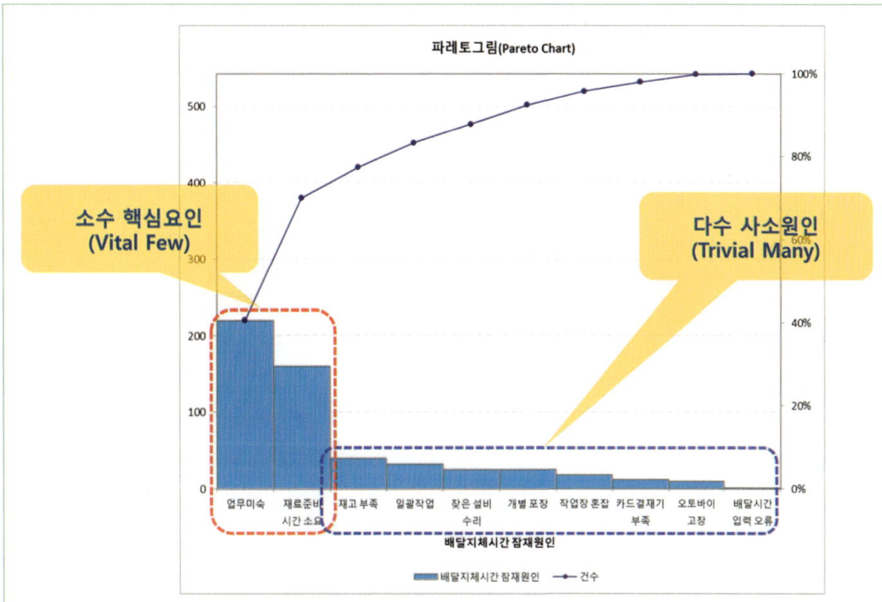

[그림 3-36] 파레토 분석을 통한 Vital Few 선정 예시

〈사용 도구〉

① 파레토 분석

가설검정을 통과하여 CTQ의 원인임이 통계적으로 입증된 원인들만을 대상으로 파레토 분석을 실시하고 이 중 2~3개를 Vital Few로 선정한다. 파레토 분석의 방법은 이미 설명하였으므로 상세한 설명은 생략한다.

Workbook

Task 6. Vital Few 선정 Activity 11. 가설검정 Activity 12. Vital Few 선정	수행 가이드

〈Activity 설명〉

잠재원인들의 CTQ에 대한 영향여부에 대해 가설을 설정하고 통계적 방법으로 검정한다. 통계적으로 유의미한 잠재적 원인들 중 가장 영향력이 큰 잠재원인들을 Vital Few로 최종 선정한다.

〈수행 가이드〉

① **[데이터 분석계획 수립]** 잠재원인의 분석대상을 선정하고 데이터 분석계획을 수립한다.
- 데이터 분석계획에는 잠재원인 변수/가설수립/가설검정 기법 선정이 포함되어야 한다.

② **[가설검정]** 데이터 분석을 실시하여 가설을 검정한다. 필요 시 가설검정하기 위한 데이터를 다시 수집할 수도 있다.

③ **[Vital Few 선정]** 가설검정의 결과를 바탕으로 최종적인 Vital Few를 선정한다.

Workbook

Task 6. Vital Few 선정 Activity 11. 가설검정 Activity 12. Vital Few 선정	수행 템플릿

가설검정

✓ 데이터분석 계획 수립

순번	잠재원인변수	가설	가설검정 기법	검정일정

가설검정

✓ 데이터분석(가설 검정)

Workbook

Task 6. Vital Few 선정 Activity 11. 가설검정 Activity 12. Vital Few 선정	수행 템플릿

Vital Few 선정

✓ Vital Few 선정

순번	Vital Few 항목	선정 근거
1		
2		
3		
4		
5		

3.4 개선(Improve)단계

개선단계는 앞 단계인 분석단계에서 선정한 Vital Few 각각에 대해 개선안을 도출하고 개선안을 검정하는 단계이다. 해결하고자 하는 품질문제에 대한 근본적인 해결책이 만들어지는 단계로서 프로젝트 활동 중 가장 창의성이 요구되는 단계라 할 수 있다. [그림 3-37]에서 보는 바와 같이 개선단계는 [Task 7. 개선안 도출]과 [Task 8. 개선안 상세화]의 두 가지 태스크로 구성되어 있다.

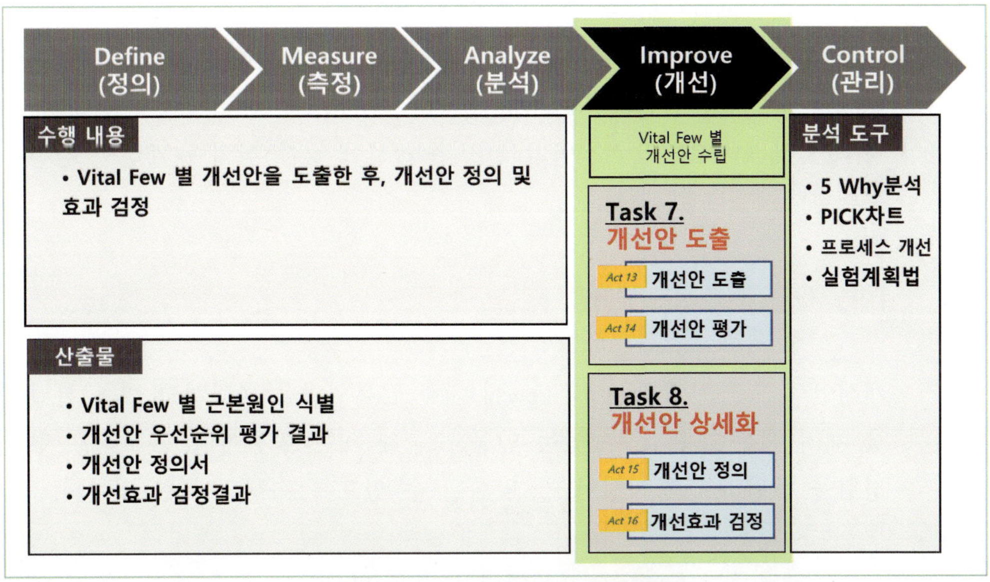

[그림 3-37] 개선단계 주요 내용

[Task 7. 개선안 도출]에서는 Vital Few별로 근본원인을 분석한 후 그 근본원인을 제거할 수 있는 개선안을 도출해야 한다. 도출된 개선안들에 대해 평가 후 [Task 8. 개선안 상세화]에서 개선안별로 상세한 내용 정의 및 실행계획을 수립하고 실제로 CTQ 개선의 효과가 있는지를 과학적인 방법을 동원하여 검정해야 한다.

3.4.1 Task 7. 개선안 도출

앞서 우리는 CTQ에 가장 큰 영향을 미치는 것으로 입증된 Vital Few(소수 핵심요인)를 도출하였다. 이제는 이 Vital Few에 대해 개선안을 도출해야 한다. Vital Few가 CTQ에 대한 영향요인이기 때문에 여기서 바로 개선안을 도출하면 된다고 생각할 수 있으나 사실 Vital Few는 표면적으로 드러난 원인에 지나지 않는다. 이렇게 표면적으로 드러난 원인에 대해서 바로 처방을 하게 되면 그 근본원인이 사라지지 않아 동일한 문제나 유사한 문제가 제거되지 않을 가능성이 높다. 따라서 우리는 이러한 Vital Few에 대해서도 이러한 Vital Few가 발생하는 원인에 대해서 그 근본원인이 무엇인지 깊이 있게 추적하여 그 개선방안을 찾아야 한다.

본 태스크에서도 두 개의 액티비티를 수행한다. 즉, 〈Act 13. 개선안 도출〉과 〈Act 14. 개선안 평가〉를 수행한다. 이 두 가지 액티비티를 통해 Vital Few별 근본원인 분석(5-Why 분석) → 개선안 평가를 통한 우선순위 설정(PICK 차트) → 최적 개선안의 선정 → 개선안 상세 정의 → 개선안 검정을 수행한다.

(가) Activity 13. 개선안 도출

개선안의 도출은 우선 Vital Few에 대한 근본원인을 파악하고 그 근본원인을 제거 혹은 개선할 수 있는 안을 도출해 내는 활동이다. 프로젝트 팀의 경험을 동원하고 창의성이 잘 발휘될 수 있도록 수행해야 할 것이다.

- 개선안 도출방법 : 개선안의 도출을 위해서는 소수 핵심요인인 Vital Few별로 분리하여 그 근본원인을 찾는 데서부터 시작한다. 다시 한 번 강조하지만 Vital Few를 찾았다고 해서 바로 그에 대한 개선안을 직접적으로 찾는 것은 바람직하지 않다. 표면적인 해결책이 될 가능성이 높아, 문제가 개선되지 않고 계속 발생할 가능성이 높기 때문에 반드시 근본원인을 찾는 과정을 거치는 것이 바람직하다. 근본원인을 찾기 위해 가장 흔히 사용하는 도구는 5-Why 기법이다. 5-Why 기법의 상세한 적용방법과 사례는 아래의 사용 도구에서 상세히 설명하기로 한다. 일단 5-Why 기법 등을 통해 근본원인이 규명되면

이 근본원인을 해결하기 위한 개선 아이디어들을 강구한다. 개선 아이디어를 도출하기 위해서는 프로젝트 팀 내·외부의 전문성, 경험, 창의성 등이 모두 동원되어야 한다.[33] 또, 도출되는 개선아이디어들은 Vital Few별로 나올 수도 있지만, 복수개의 Vital Few 모두에 해결책이 되는 아이디어도 도출될 수 있다. [그림 3-38]에 Vital Few로부터 근본원인에 대한 분석을 거쳐 개선 아이디어를 도출하는 예시를 들었다. 앞서의 예와 같이 피자가게의 배달시간 지체와 관련해 도출했던 Vital Few를 기반으로 근본원인과 개선 아이디어를 도출해 내는 논리적 과정이 예시로 제시되어 있다.

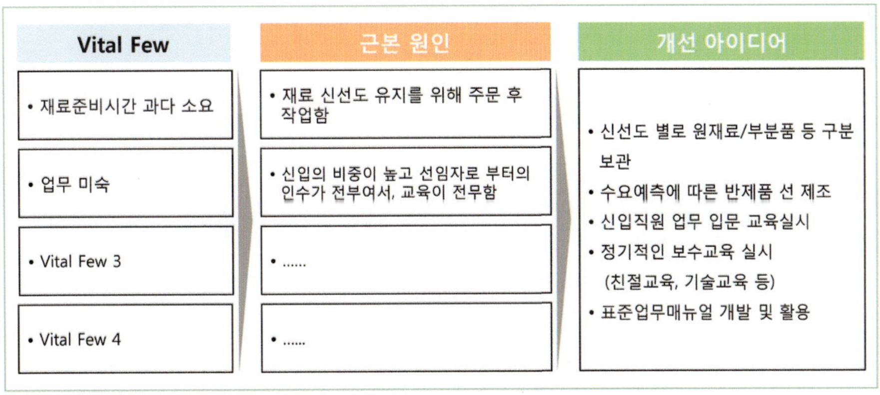

[그림 3-38] 개선안 도출을 위한 도식 예시

〈사용 도구〉

① 5-Why 분석

Vital Few에 대한 근본원인을 고민하기 위해 보통 5-Why 기법을 많이 사용한다. 5-Why 기법이란 문제해결을 위해서는 문제의 결과에서 거꾸로 다섯 번 반복하여 생각하는 기법이다. 5-Why 기법을 설명할 때 흔히 드는 사례가 미국의 제퍼슨기념관의 돌기둥 부식 문제에 대한 해결사례이다. 제퍼슨기념관에서는 돌기둥이 부식되어 미관상 보기가 흉해 민원이 들어오고 있었다. 이 문제를 어떻게 해결했을까? 제퍼슨기념관의 관계자들이 확

33) 개선 아이디어를 도출하기 위한 방법론들로 창의적 사고법, TRIZ, 디자인씽킹 등 여러 가지가 제시되고 있다. 본서에서 구체적인 내용을 설명하지는 않지만, 관심 있는 독자들은 추가로 학습하면 도움이 될 것이다.

인해 본 결과 돌기둥이 부식되는 이유는 강한 세제로 청소를 했기 때문이었다. 그렇다면 이 문제를 해결하기 위해서는 세제를 다소 약한 것으로 교체하면 해결되지 않겠는가? 5-Why 기법에서는 이렇게 표면적인 해결책을 제시하는 것으로는 문제를 근본적으로 해결할 수 없다고 본다. 즉 최소한 다섯 번 정도 그 원인을 깊게 파고들어야 근본적인 문제를 해결할 수 있다고 보는 것이다. 결론부터 말하면 제퍼슨기념관의 돌기둥 부식문제는 기념관의 전등 불빛을 두 시간 늦게 켜는 것으로 해결하였다. 문제와 해결방안이 무슨 관계가 있는 것인가라고 생각이 드는가? 아래 [그림 3-39]를 보면 5-Why 기법을 통해 어떻게 해결방안이 도출되었는지를 이해할 수 있을 것이다. 이렇듯 어떤 문제의 해결을 위해서 그 근본원인이 발견될 때까지 계속해서 왜(Why)를 반복하는 것이 5-Why 기법의 핵심이다.

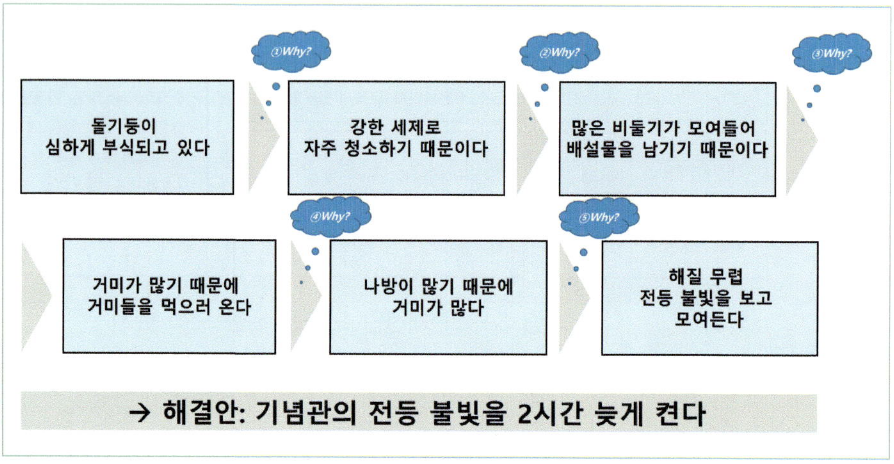

[그림 3-39] 제퍼슨기념관의 5-Why 기법 예시

(나) Activity 14. 개선안 평가

〈Act 13. 개선안 도출〉을 통해 Vital Few별로 하나 혹은 여러 개의 개선안이 도출되었을 것이다. 도출된 개선안을 모두 합하면 상당수가 되기 때문에 조직이 가진 자원의 한계를 생각할 때 개선안에 대해서도 우선순위를 매겨 실행할 필요가 있다. 따라서 〈Act 14. 개선안 평가〉는 여러 개선안들에 대한 평가를 통해 우선순위화를 수행한다.

- 개선안 평가 : 개선안의 평가가 필요한 이유는 한정된 자원으로 최대의 효과를 내기 위해서는 개선안에 대한 우선순위를 정하여 세부적인 추진계획을 세워야 하기 때문이다. 도출된 개선안을 평가하기 위해서는 다양한 방법이 사용될 수 있다. 앞선 장들에서 이미 학습하였던 점수부여법(scoring method)이 가장 보편적으로 사용되는 평가기법이며, 아래에서 설명될 PICK 차트도 활용도가 높은 평가도구이다. 프로젝트 상황에 따라 적절히 사용하면 될 것이다. 요컨대, 개선안 평가를 통해 정의되어야 할 사항은 어떤 평가기준을 사용하여 평가를 하였으며, 그 결과 각각의 개선안의 우선순위가 어떻게 되는지를 명확히 설명하는 것이다.
- 최적안 선정 : 도출된 개선안들의 우선순위가 결정되면 이제는 최적안을 선정해야 한다. 최적안의 선정을 위해서는 프로세스 개선기법, 실험계획법(DoE : Design of Experiment) 등을 주로 사용한다. 프로세스 개선은 앞서 학습하였던 프로세스 분석 도구인 프로세스 맵을 이용하여 수행한다. 프로세스를 구성하는 활동은 크게 세 가지로 구분해 볼 수 있는데, 즉 ① 부가가치를 창출하는 활동(value-added activities), ② 부가가치를 창출하지 않는 활동(non valued-added activities), ③ 부가가치를 창출하지 않지만 필요한 활동(non value-added but necessary activities)이 그것이다. 프로세스 맵 분석을 통해 프로세스를 구성하는 각 활동들을 이 세 가지 활동으로 구분한 후, 부가가치를 창출하지 않는 활동은 제거하고, 부가가치를 창출하지 않지만 필요한 활동에는 최소한의 자원이 할당되도록 조정하며, 부가가치를 창출하는 활동에 조직의 자원이 집중될 수 있도록 프로세스를 개선하는 것을 프로세스 개선기법이라 한다. 또한, 실험계획법은 문제를 발생시키는 요인들에 대해 통제된 환경에서 실험을 통하여 조절함으로써 최적조건을 찾아내는 기법을 말한다. 즉, 조절 가능한 변수에 대해 최적의 조건을 실험을 통해 찾아냄으로써 최적안을 선정해 내는 것이다.

〈사용 도구〉

① PICK 차트

PICK 차트는 개선안을 평가하여 우선순위를 선정하는 직관적 도구이다. 아래 [그림 3-40]에서 보는 바와 같이 실행용이성과 효과성 두 축을 기준으로 2×2 매트릭스를 만들어 사분면을 구성한 후, 앞서 도출한 개선안들 각각을 이 사분면의 하나에 위치시켜 평가하는 방법이다. 네 개의 사분면은 [그림 3-40]과 같이 각각 실행(Implement), 도전(Challenge), 가능성(Possible), 포기(Kill)로 명명되며, 각 개선안이 어느 사분면에 위치하느냐에 따라 우선순위가 설정된다.

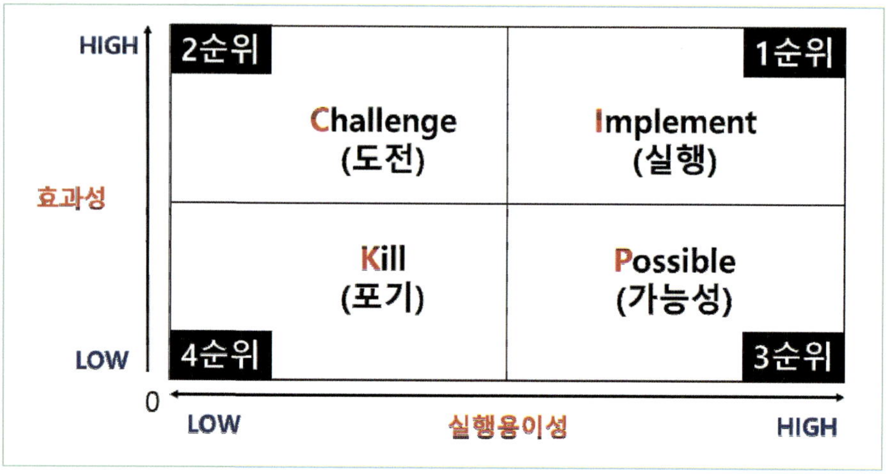

[그림 3-40] PICK 차트

여기서 한 가지 생각해 보고자 하는 것은 우리가 태스크들을 수행해 가는 논리적 절차에 대한 것이다. 여기까지 프로젝트를 진행하면서 눈치를 챘겠지만 우리는 대부분의 경우 직관적 도구를 사용하여 유형을 분류한 후, 통계적 혹은 계량적 방법을 사용하여 우리의 직관적 결과를 사용해도 좋은지 아닌지를 검정하는 순서로 태스크들을 수행해 나가고 있다는 점이다. 이러한 논리적 구조가 경영현장에서 문제를 해결해 나가는 과학적 절차라는 점을 강조하고자 한다.

② 프로세스 개선

프로세스 개선은 앞선 단계의 태스크에서부터 연속적으로 계속해서 수행하고 있는 분석기법이다. 우리가 이미 작성해 놓은 프로세스 맵을 놓고 아래와 같은 기준으로 프로세스 개선을 통해 문제를 해결할 수 있는 방안이 있는지를 탐색해 보도록 한다.

- 부가가치가 없는 업무의 제거[34)]
- 프로세스의 세분화 혹은 통합

프로세스 개선의 예시를 [그림 3-41]에 제시하였으니 어떠한 방식으로 현행 프로세스를 분석하여 개선방안을 도출하는지를 눈여겨보기 바란다. 이 예시에서는 피자가게에서 주문을 처리하는 서비스 프로세스를 서비스 청사진으로 분석한 예시를 나타내었다. 위의 프로세스는 현재의 고객 서비스 프로세스이며, 아래의 방식은 개선안이 적용된 고객 서비스 프로세스이다. 이 예시를 보면 고객 주문에 대한 응대는 매장방문 주문에 대한 서비스와 전화주문에 대한 서비스 두 가지로 구분되어 있으며, 기존의 서비스 프로세스에서 대기가능점(waiting points) 분석과 실패가능점(fail points) 분석을 통해 식별한 문제 활동을 프로세스 개선을 통해 어떻게 해결할 것인지에 대한 개선안의 도출이 표시되어 있다. 이렇듯 이전 태스크에서 작성한 프로세스 맵을 놓고 개선방안을 적용한 프로세스를 다시 도출하는 것이 프로세스 분석을 통한 개선안 도출의 방식이다.

34) 프로세스 분석에서 업무는 크게 세 가지로 구분한다. 가치를 창출하는 업무(value-added task), 가치를 창출하지 못하는 업무(non value-added task), 핵심가치는 아니나 필요한 업무(non value-added necessary task)가 그것이다. 프로세스 분석의 주요 목표 중 하나는 프로세스에서 낭비를 제거하는 것이다. 따라서 이러한 관점에서 보자면 가치를 창출하지 못하는 업무는 제거되어야 할 업무이며, 가능한 한 많은 자원이 가치를 창출하는 업무에 집중되도록 개선해야 한다. 이러한 아이디어를 〈Act 14. 개선안 평가〉의 프로세스 개선기법에서 사용하면 될 것이다.

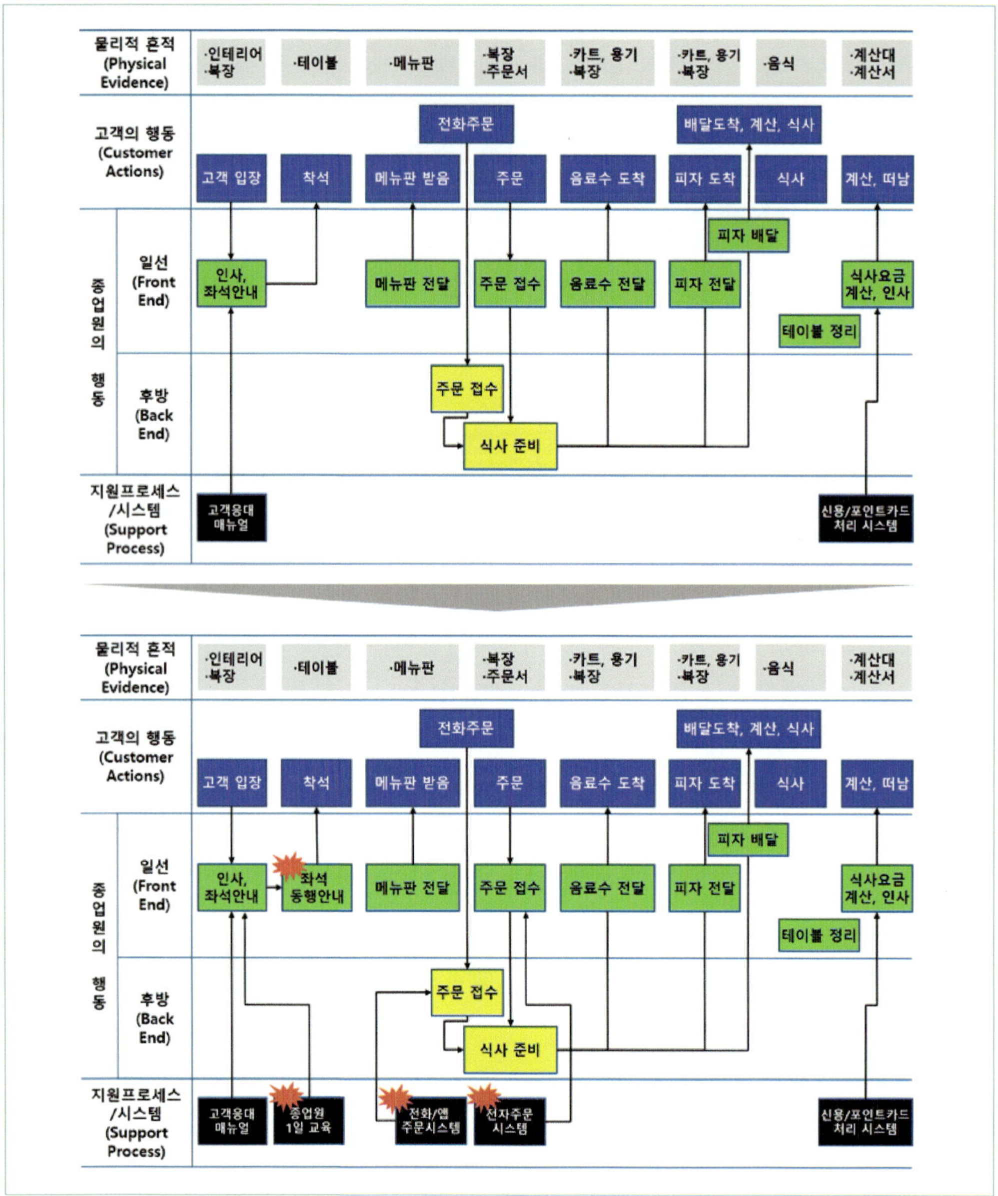

[그림 3-41] 프로세스 개선 예시

③ 실험계획법

실험계획법은 앞서 기술한 바와 같이 통제 가능한 변수를 식별한 후, 실험을 통하여 이 변수에 대한 최적조건을 찾아내는 기법이다. 즉, 조절 가능한 변수에 대해 최적의 조건을 실험을 통해 찾아냄으로써 최적안을 선정해 내는 것이다.

Workbook

Task 7. 개선안 도출 Activity 13. 개선안 도출 Activity 14. 개선안 평가	수행 가이드

〈Activity 설명〉

Vital Few별로 근본원인을 분석한 후 근본원인을 제거하거나 개선할 수 있는 개선 아이디어를 도출한다. 본 태스크 수행 후 개선 아이디어들과 개선안에 대한 우선순위가 도출되어야 한다.

〈수행 가이드〉

① **[5-Why 분석]** Vital Few 각각에 대해 5-Why 분석을 실시하여 근본원인을 도출한다. 5-Why 분석은 팀원 전체 토론을 통해 실시하도록 한다.

② **[개선 아이디어 도출]** Vital Few별로 근본원인이 도출되면 해당 근본원인을 제거할 수 있는 개선 아이디어를 창의적으로 도출한다. 전문가의 자문도 활용할 수 있다.

③ **[개선안 평가]** PICK 차트를 통해 개선안을 평가하고 개선안의 우선순위를 정한다.

Workbook

Task 7. 개선안 도출	수행 템플릿
Activity 13. 개선안 도출 Activity 14. 개선안 평가	

개선안 도출

✓ 근본원인 분석 – 5Why 분석

→ Vital Few 별로 5 Why 분석을 실시할 것

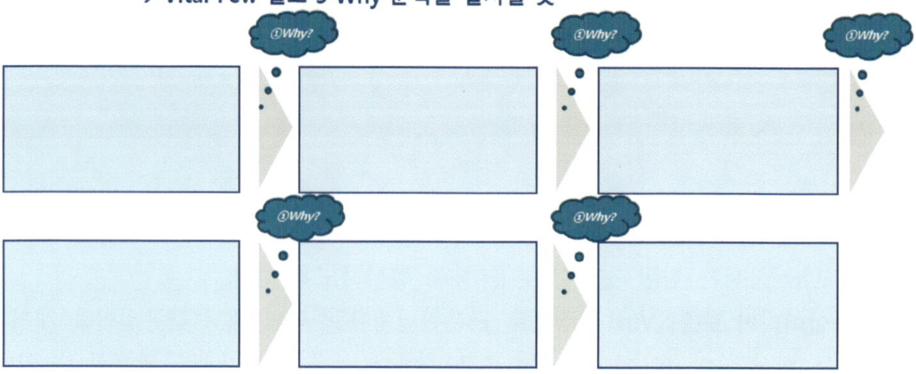

→ 해결안:

개선안 도출

✓ 개선 아이디어 도출

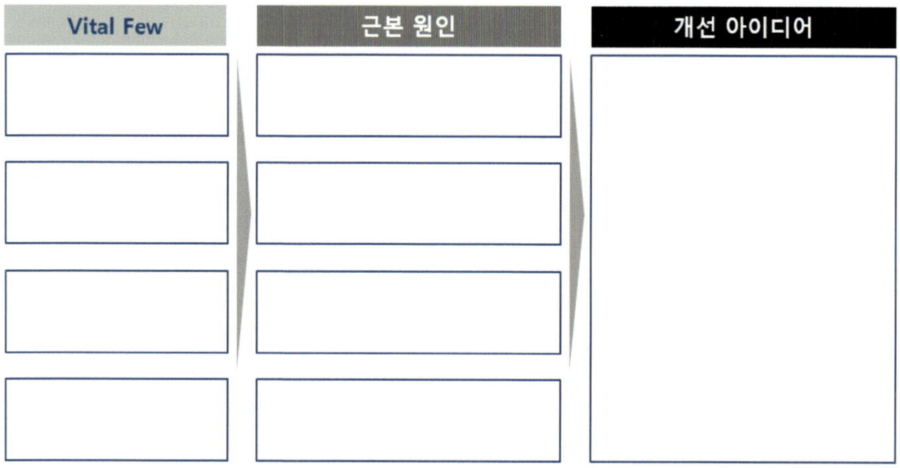

Workbook

Task 7. 개선안 도출	수행 템플릿
Activity 13. 개선안 도출 Activity 14. 개선안 평가	

개선안 평가

✓ 개선안 평가 – PICK 차트

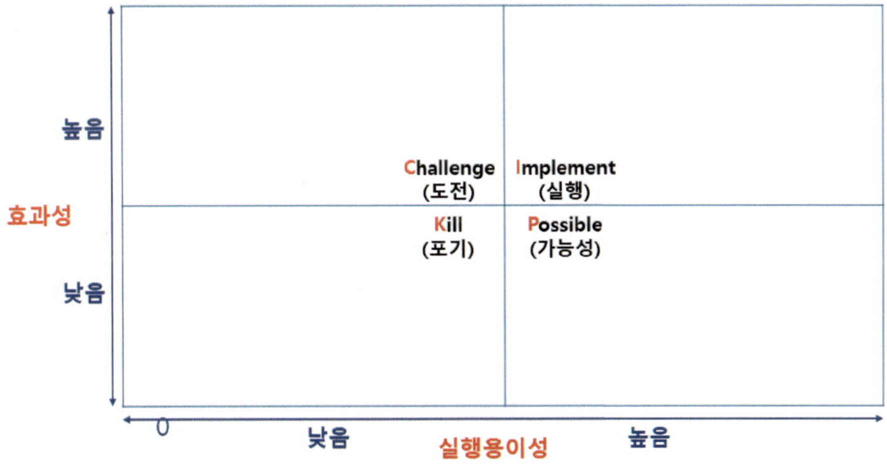

3.4.2 Task 8. 개선안 상세화

[Task 8. 개선안 상세화]는 앞 태스크에서 도출한 개선안 각각에 대해 개선안을 상세화시키고 개선효과를 검정하는 것을 주요 목적으로 한다.

(가) Activity 15. 개선안 정의

선정된 개선안에 대해서는 그 상세한 내용이 표현될 수 있도록 개선안 정의서를 작성한다. 개선안 정의서에는 아래의 사항들을 포함시키는 것이 좋다.

- 개선안의 상세 내용
- 개선 전과 후의 비교
- 개선안의 실행방법
- 개선안의 효과(CTQ에 미치는 효과, 재무적 효과, 정성적 효과)

[그림 3-42]에 위에서 제시한 내용들을 포함한 개선안 정의서 예시를 나타내었다. 앞서의 예시와 같이 피자가게의 배달시간을 지체시키는 핵심 원인인 Vital Few 중 하나에 대한 개선방안의 예시이다.

✓ 개선안: 숙련도 향상 프로그램 개발(교육 및 매뉴얼)

현재(As-Is)

① **신입직원의 낮은 업무 숙련도**
- 신입직원의 비중이 높음(40.2%)
- 고객클레임의 대부분이 신입직원에 대해 발생(72.%)
- 신입직원에 대한 사전 교육 부재
- 선임자로부터의 인수인계로 교육 대체

② **기존 직원 간 업무 숙련도 격차 발생**
- 직원 간 업무수행 능력의 차이가 큼
- 매니저 승진 시 관리자 교육(2일)이외 전문교육 부재

개선 후(To-Be)

①**교육 콘텐츠 개발**
- 신입 직원용 업무 소프트랜딩 과정
- 경력 직원용 서비스/기술 강화 과정

② **교육계획 수립**
- 매장 별, 개인 별 교육계획 수립 및 평가

③ **정기적 교육 실시**
- 신입 직원 업무 입문 교육(2일)
- 일반 직원 업무 강화 교육(반기 1회)

④ **운영 매뉴얼 개발 및 활용**
- 직무별 운영 매뉴얼 / 매니저용 매뉴얼
- 매장운영절차 매뉴얼

기대 효과
- **신입직원에 대한 업무 교육실시를 통해 업무숙련도 향상**
- **일반직원에 대한 업무역량 강화를 통해 직원 간 업무숙련도 격차 해소**
- **고객클레임 감소(30%), 직원이직률 감소(20%), 직원만족도 증대(1.5점)**

✓ 개선안: 숙련도 향상 프로그램 개발(교육 및 매뉴얼)

실행계획

①**교육 콘텐츠 개발**
- 기간: 2022년 8월 ~ 12월
- 개발과정: (i)신입 직원용 업무 소프트랜딩 과정(2일), (ii)경력 직원용 서비스/기술 강화 과정(3일)
- 개발담당: 본사 인력개발부
- 파일럿 시행: 2023년 상반기 5개 매장 대상
- 파일럿 성과평가: 2023년 7월
- 전사 확산: 2023년 하반기

② **교육계획 수립**
- 매장 별, 개인 별 교육계획 수립: 매년 1월
- 매장 별, 개인 별 교육이수 평가: 매년 12월

③ **정기적 교육 실시**
- 신입 직원 업무 입문 교육(매월 신입직원 채용 시)
- 일반 직원 업무 강화 교육(매년 6월, 12월)
- 담당부서: 본사 인력개발부

④ **운영 매뉴얼 개발 및 활용**
- 개발매뉴얼: (i)직무별 운영 매뉴얼, (ii) 매니저용 매뉴얼, (iii) 매장운영절차 매뉴얼
- 개발일정: 2022년 10월 ~ 2022년 12월
- 개발담당: 본사 서비스사업본부

[그림 3-42] 개선안 정의서 예시

(나) Activity 16. 개선효과 검정

〈Act 16. 개선효과 검정〉은 개선안 정의서에 상세히 서술된 개선안들에 대한 개선효과를 확인하는 액티비티이다. 본 액티비티에서는 검증계획 수립 →시범적용→개선효과 검증의 순으로 수행한다.

- 검증계획 수립 : 최적안의 선정은 아직 가설수준의 상태이며, 이를 실제 수행을 통해 개선효과가 있다는 것을 데이터로 입증해야만 비로소 전사로 확산할 수 있는 개선안으로 확정할 수 있다. 따라서 최적안이 선정된 후에는 반드시 검증절차를 거쳐야만 한다. 이를 위해 시범적용—파일럿 테스트라고도 한다—을 수행할 검증계획을 수립한다. [그림 3-43]에 검증계획의 예시를 나타내었다. [그림 3-43]의 예시의 검증계획에는 Vital Few별로 최적안, 검증방법, 검증일정, 담당자 등이 식별되어 있다. 프로젝트의 성격에 따라 응용하면 좋을 것이다.

Vital Few	최적안	검증방법	검증일정	담당자	비고
재료 준비 시간	• 신선도 별로 원재료/부분품 등 구분 보관 • 수요예측에 따른 반제품 선 제조	• 조리실적보고서 • 수요예측보고서	• 00년 00월 00일		
업무 숙련도	• 신입직원 업무 입문 교육 실시 • 표준업무매뉴얼 개발 및 활용	• 고객클레임보고서	• 00년 00월 00일		
...	....	...	...		

[그림 3-43] 검증계획 예시

- 시범적용 및 개선효과 검증 : 앞서 수립한 검증계획을 바탕으로 시범적용—파일럿테스트—을 수행한다. 전국 매장을 대표할 수 있는 샘플 매장을 선택하여 시범적용하거나 시뮬레이션[35) 등을 이용할

35) 범용적으로 사용하거나 산업별로 특수한 상황에 맞게 개발되어 있는 컴퓨터 시뮬레이션 도구들을 활용하여 예측해 볼 수 있다. 예를 들어, ARENA와 같은 프로세스 시뮬레이션 소프트웨어를 사용하면 산업별 특성이 반영된 템플릿을 활용할 수 있으며, 특수한 상황에 맞게 개발하기 위해 LabView 같은 소프트웨어를 활용하기도 한다.

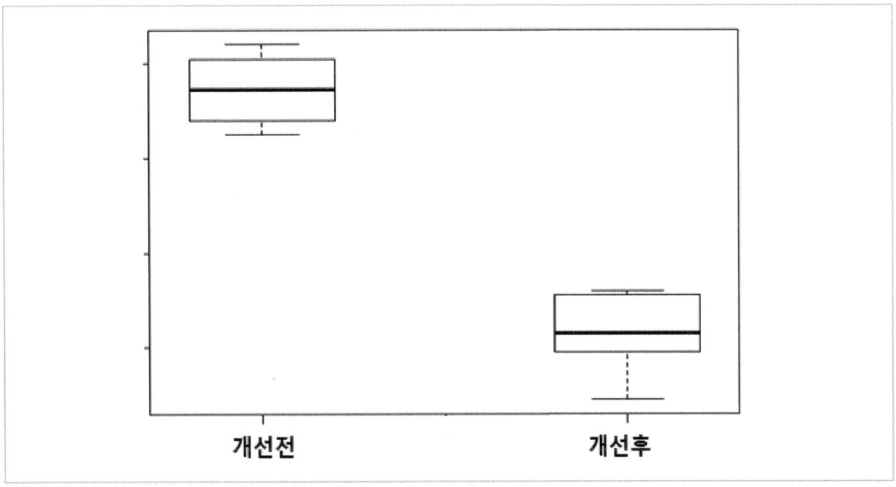

[그림 3-44] 개선효과 검증의 예

수 있다. 그리고 개선효과의 검증은 데이터로 입증해야 한다. 흔히 개선 전과 개선 후의 평균값에 대한 비교를 통해 개선이 얼마나 이루어지는지, 또 개선의 효과가 통계적으로 의미가 있는지 등을 검증하게 된다. [그림 3-44]와 같은 상자그림(boxplot)을 이용하여 통계량을 시각적으로 표현하여 개선 전과 개선 후의 성능을 비교할 수도 있다.

Task 8. 개선안 상세화 Activity 15. 개선안 정의 Activity 16. 개선효과 검정	수행 가이드

〈Activity 설명〉

최적안(개선안)별로 구체화하여 개선방안을 상세하게 작성한다. 본 태스크를 통해 개선안 정의서를 도출한다.

〈수행 가이드〉

① 최적안별로 개선안 정의서를 작성한다. 개선안 정의서에는 아래의 사항이 포함되도록 한다.

- 개선안의 상세 내용
- 개선 전과 후의 비교
- 개선안의 실행방법
- 개선안의 효과(CTQ에 미치는 효과, 재무적 효과, 정성적 효과)

Workbook

Task 8. 개선안 상세화 Activity 15. 개선안 정의 Activity 16. 개선효과 검정	수행 템플릿

개선안 상세화

✓ 개선안 ①:

현재(As-IS)		개선 후(To-Be)
	▶	

기대 효과	

개선안 상세화

✓ 개선안 ①:

실행계획

3.5 관리(Control)단계

앞 단계인 개선단계에서 최종적인 개선안을 정의하고 개선효과에 대해서도 검증을 완료하였다. 이렇게 검증된 개선안들은 조직 전체에 걸쳐 확산 적용되어야 하며, 조직 전체적인 성과를 낼 수 있도록 관리되어야 한다. 이러한 활동을 수행하는 단계가 관리단계이다. 관리단계는 [그림 3-45]에서 보는 바와 같이 [Task 9. 관리체계 수립]과 [Task 10. 공유 및 확산]의 두 가지 태스크로 구성되어 있으며, 각 태스크 또한 각각 두 가지의 액티비티로 구성되어 있다.

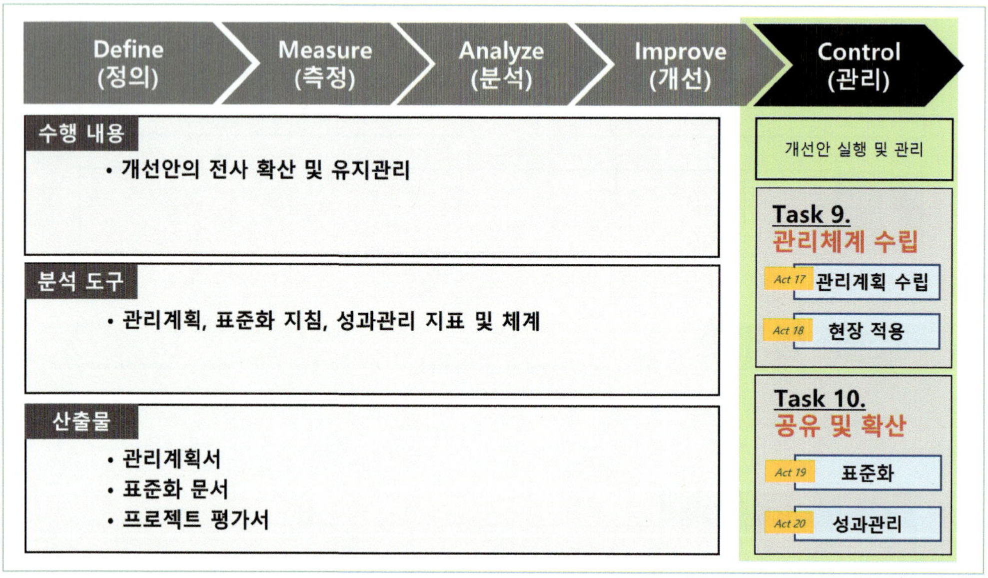

[그림 3-45] 관리단계 주요 내용

[Task 9. 관리체계 수립]에서는 조직 전체적으로 확산이 결정된 개선안에 대한 향후 관리계획을 수립하며, 실제적으로 현장으로 개선안의 수행을 이관하는 활동을 수행한다. 또한 [Task 10. 공유 및 확산]에서는 동일한 수행방법으로 현장에 확산하기 위해 표준화 작업을 수행한다. 그리고 현장에서의 성과를 확인하고 관리하기 위한 성과관리를 수행하게 된다.

3.5.1 Task 9. 관리체계 수립

(가) Activity 17. 관리계획 수립

앞선 단계에서 개선안을 정의하고 개선안의 효과에 대해서도 입증하면, 전사에 확산시켜야 할 개선과제로 확정된다. 그러나 이는 통제된 상황에서의 개선효과에 대한 입증이기 때문에 실제로 현업에 개선안을 적용한 상태에서 그 효과가 얼마만큼 나고 있는지를 모니터링하고 관리해야만 원래 의도했던 목표를 달성할 수 있다. 개선안을 정의하고 그 효과를 테스트한 인력과 상황이, 현업으로 넘어가게 되면 달라지기 때문에 관리계획을 수립하여 효과를 현장에서도 입증하고 현장에 내재화되기 위한 노력이 필요한 것이다. 이를 위해 관리계획을 수립해야 하며, [그림 3-46]에 예시적인 관리계획서를 나타내었다. [그림 3-46]의 관리계획서에는 관리지표, 관리한계, 관리담당자, 관리주기, 관리방법 등이 기술되어 있다. 이를 프로젝트 상황에 맞게 적절히 활용하면 좋을 것이다.

관리지표	관리한계	관리담당자	관리주기	관리방법
배달 시간	일 평균 30분	000	주간	• 배달 시간 추이 분석 • 시간대 별 배달 시간 추이 분석 • 예약방문주문 건 수 충족율 추이 분석
조리 시간	일 평균 10분	000	주간	• 조리 시간 추이 분석 • 반제품 재고부족률 분석 • 수요예측정확도 분석
고객만족도	4 이상 (5점 척도)	000	월간	• 고객만족도 추이 분석

[그림 3-46] 관리계획 예시

(나) Activity 18. 현장 적용

관리계획이 수립되고 나면 실제 현장에 적용한다. 앞서 언급한 바와 같이 개선안을 현장에 적용할 때에는 상황과 인력이 달라지기 때문에 개선안에 대한 이해도도 달라질 수 있으며, 기존의 일하는 방식에서 변화되는 사항이 발생하기 때문에 익숙함에 따른 저항도 생길 수 있다. 따라서 CTQ의 개선효과와 관리지표에 대한 모니터링 못지않게 현장적용 시 발생하는 문제점을 면밀히 관찰하고 의사소통하여 실질적인 효과를 발생시키고 조직에 개선안이 안착될 수 있도록 관리 및 조치해야 한다. 개선안을 실행하고 성공시키는 조직은 프로젝트 팀이 아니라 현업조직이라는 점을 명심하고, 현업부서의 협조를 이끌어 내는 방법, 현업부서에 대한 교육, 문제 발생 시 대응체계와 조치 등을 적극적으로 실시해야 한다. 개선안은 실질적인 성과를 달성하고자 하는 것이므로, CTQ와 관리지표뿐만 아니라 정성적 효과와 재무적 효과, 부수적 효과 등에 대해서도 확인해야 한다.

3.5.2 Task 10. 공유 및 확산

(가) Activity 19. 표준화

전사에 확산하기 위해서는 표준화 과정을 거쳐야 하며, 표준화를 통해 전사 확산과 아울러 이후 재사용 및 활용도 가능해진다. 사내표준화 방식이 존재하면 사내표준화 방식에 따라 표준화를 시키며, 사내표준화 방식이 존재하지 않을 경우 외부 벤치마킹을 통해 표준화 작업을 진행하는 것이 좋다. 표준화의 결과물은 문서형태로 정리되는데, 주기적으로 업데이트하는 등 표준화 항목의 유지관리가 중요하다는 점도 반드시 기억해야 한다.

(나) Activity 20. 성과관리

개선안이 현업으로 완전히 이관되어 개선성과가 확인되고 조직에 내재화가 이루어지면, 프로젝트 수행의 성과를 정리하고 프로젝트를 종료시킨다. 전사차원에서는 운영체계상에서의 성과관리로 전환시킨다.

부 록

부록 1. 프로젝트 최종발표보고서 작성 템플릿

수행한 프로젝트의 최종결과는 결과보고서로 제출해야 하며, 결과보고서의 핵심 내용을 요약하여 최종발표회를 진행한다. 최종발표회는 핵심 내용을 요약하여 문제에 대한 명확한 정의와 해결방안을 위주로 발표를 진행하는 것이 좋다. 세부적 분석 내용과 근거 데이터 등은 첨부문서나 부록문서로 준비를 해 두었다가, 질의응답 시 근거자료로 제시할 수 있도록 하는 것이 바람직하다. 최종보고서는 프로젝트를 수행하면서 작성하고 분석하였던 모든 문서가 포함되도록 정리한다. 아래에 최종발표 준비에 참조할 수 있도록 템플릿과 작성방법을 설명하였다.

Workbook

Final Task 최종발표 | 프로젝트 최종발표 템플릿

『OOO 품질개선 방안 보고』

-A 프로젝트 결과보고 발표-

조명: OOO조 | OOO
OOO
OOO
OOO

목 차

1. 프로젝트 추진 배경
2. 품질수준 평가 – SERVQUAL 분석
3. 품질문제의 정의 – VoC 분석
4. CTQ 정의
5. CTQ 근본원인 분석 – 특성요인도
6. Vital Few 선정
7. 개선 아이디어 도출
8. 개선안 평가 – PICK 차트 분석
9. 개선안 상세

Workbook

Final Task 최종발표	프로젝트 최종발표 템플릿

1. 프로젝트 추진 배경

[작성 요령]
- 프로젝트 대상 선정의 이유를 포함하여 **프로젝트 추진의 필요성과 배경**을 설명한다.
- 프로젝트 추진의 필요성을 입증할 수 있는 계량적 데이터가 포함되면 좋다.

2. 품질수준 평가 – SERVQUAL 분석

[작성 요령]
- 프로젝트 대상에 대한 전반적인 서비스 수준을 조사한 **SERVQUAL분석의 결과를 제시**한다.
- 그래프 혹은 표로 정리해서 나타내고, SERVQUAL 분석의 결과를 명확히 제시한다.

  예) 분석 결과의 예시

  : SERVQUAL 분석 결과 기대치와 경험치의 차이가 가장 큰 유형성 부분이 품질개선이 가장 필요한 영역으로 식별되었다.

Workbook

Final Task 최종발표	프로젝트 최종발표 템플릿

3. 품질 문제의 정의 – VoC 분석

[작성 요령]
- VoC 수집 내용과 **VoC분석의 결과를 제시한다(파레토 차트 활용할 것)**.
- VoC 분석의 결과를 명확히 제시한다.
  → 예시) VoC 분석 결과 고객의 불만이 가장 많은 000 문제(전체 00%)를 개선하기로 함.

4. CTQ 정의

[작성 요령]
- VoC 분석의 결과를 바탕으로 **CTQ도출과정**을 설명하고 **CTQ정의서**를 제시한다.

Workbook

Final Task 최종발표 | 프로젝트 최종발표 템플릿

5. CTQ 근본원인 분석 - 특성요인도

[작성 요령]
- 잠재원인분석 결과인 **특성요인도를 작성**한다.
- 특성요인도 상에 **CNX분류한 결과를 표시**한다.

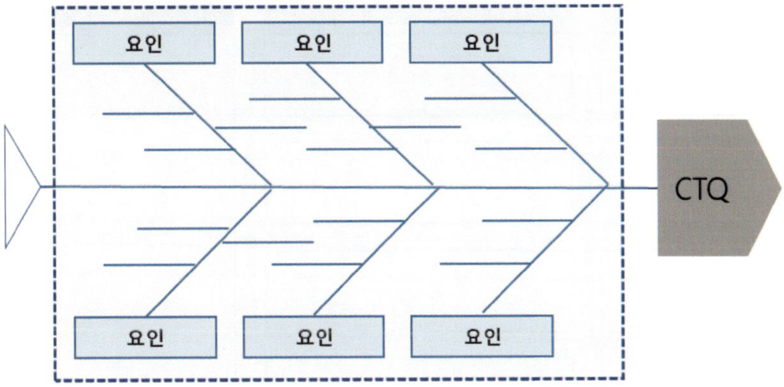

6. Vital Few 선정

[작성 요령]
- Vital Few 선정 결과와 근거를 제시한다.

순번	Vital Few 항목	선정 근거
1		
2		
3		
4		
5		

Workbook

Final Task 최종발표 | 프로젝트 최종발표 템플릿

7. 개선 아이디어 도출

[작성 요령]
• 5-Why분석을 통해 파악한 **Vital Few 별 근본원인**을 기술하고 **Vital Few별로 개선아이디어**를 기술한다.

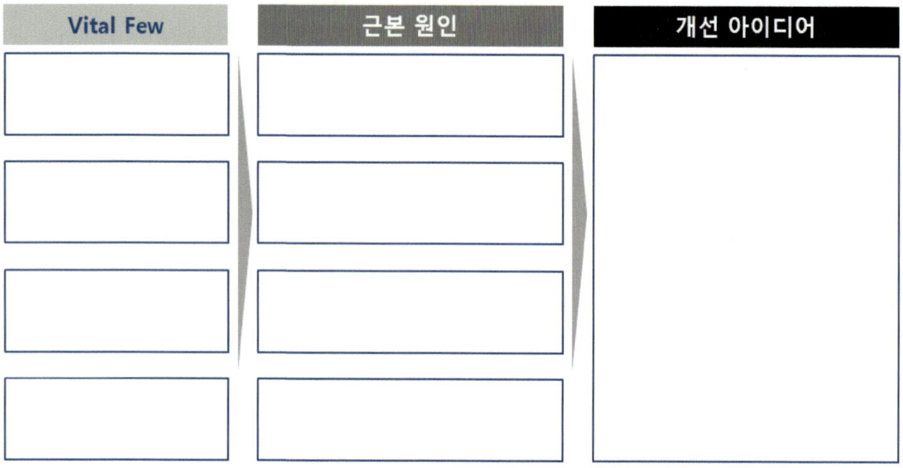

8. 개선안 평가 – PICK 차트 분석

[작성 요령]
• 개선안들을 **PICK차트를 통해 평가한 결과**를 제시한다.

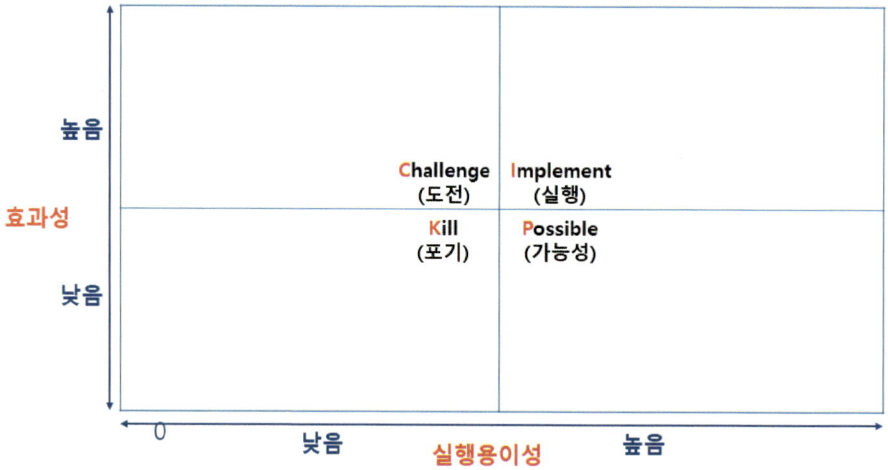

Workbook

Final Task 최종발표 | 프로젝트 최종발표 템플릿

9. 개선안 상세

✓ 최적안(개선안) 상세화

→ 최적안(개선안)별로 구체화하여 개선방안을 상세하게 설명할 것
(개선안 별로 1장 이상씩 작성할 것)

[작성 요령]
- **개선안 별로 상세 내용**을 작성한다.
- 개선안 별로 아래의 내용을 상세히 설명한다.
  - **개선안의 상세 내용 / 개선 전과 후의 비교 / 개선안의 실행방법 / 개선안의 효과(CTQ에 미치는 효과)**

Q & A

부록 2. 캡스톤디자인 프로젝트 수행 사례

캡스톤디자인 프로젝트로 한 학기 동안 학생들이 수행한 실제 사례 세 가지를 소개한다. 본서에서 제시한 DMAIC Task-10 방법론의 절차와 도구에 따라 학생들은 통상 한 학기 동안 프로젝트를 수행하는데, 태스크별 세부적인 수행내용 모두를 소개하기에는 지면상 제약이 있어 학기말에 수행하는 최종발표회의 발표 장표만을 소개한다. 내부직원이 아닌 학생들이 외부자의 관점에서 소비자와 공급자 모두를 대상으로 인터뷰 및 설문 조사 등을 실시하고, 수차례에 걸친 현장 실사 등을 수행하여 진행한 프로젝트들이다. 학생 신분으로 접근할 수 있는 정보의 제약이 많아 프로젝트 수행에 애로가 많을 수밖에 없고, 프로젝트 결과가 구체적으로 나오기에는 한계가 많이 존재한다. 그럼에도 불구하고 방법론을 실제 적용하기 위한 흐름과 결과에 대한 참조자료가 될 수 있어 본서에 소개한다.

- 사례 1 : 맥도날드 KIOSK 품질개선 프로젝트
  - 본 사례는 매장을 운영하는 기업들이 2018년에서 2019년 동안 인건비 절감을 위해 매장 종업원 수를 줄이고 자동화 설비를 한창 도입하던 시기에, 매장 종업원 수 감소에 따라 소비자들의 불만이 증가하고 서비스 품질의 저하가 발생되고 있다는 점을 발견하여 학생들이 한 학기 동안 패스트푸드 매장의 품질개선을 위해 수행한 프로젝트이다.

- 사례 2 : 대동하늘공원 품질개선 프로젝트
  - 본 사례는 시에서 운영하는 소규모 근린공원의 서비스 품질과 만족도를 개선하고자 수행한 프로젝트이다.

- 사례 3 : 즉석 토스트가게 품질개선 프로젝트
  - 본 사례는 ○○대학교 후문 근처에서 운영되고 있는 소규모 즉석 토스트가게의 품질문제를 식별하고 개선하고자 수행한 프로젝트이다.

맥도날드 KIOSK 품질개선 프로젝트

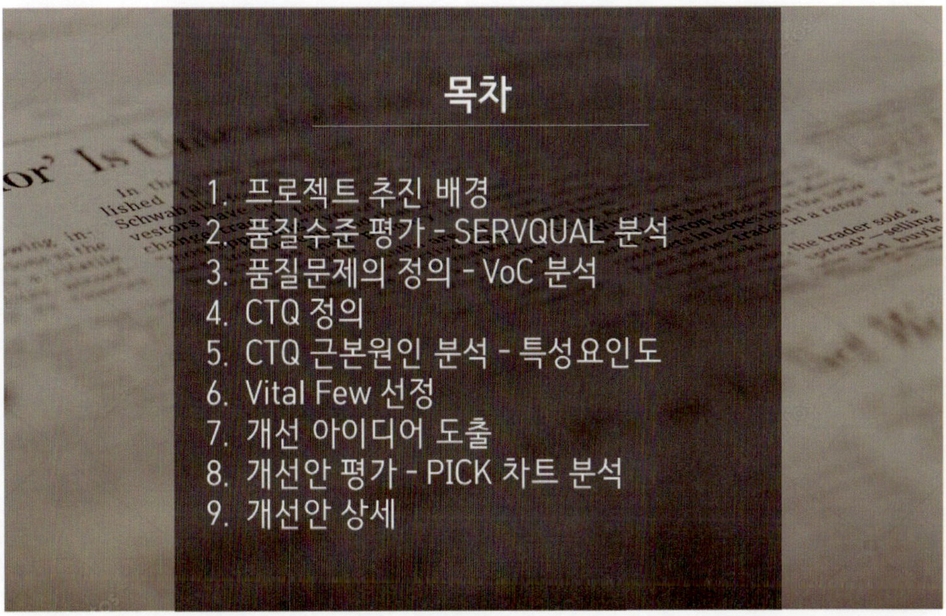

프로젝트 수행 사례 ①

맥도날드 KIOSK 품질개선 프로젝트

프로젝트 대상 선정
[대상 후보 도출]

대상 후보	예상되는 품질 이슈
OO도시철도 공사	지하철 1호선의 한정적인 노선
배달서비스	배달원의 음식 빼먹기 문제
OO대학교 셔틀버스	셔틀버스의 한정적인 노선과 드문 운행시간
OO대학교 교내안내 서비스	교내 시설 안내 서비스 및 캠퍼스 안내도 미흡
무인주문 서비스 시스쳄 (KIOSK)	고연령층의 진입장벽 및 처음 사용하는 고객의 사용 미숙
카 쉐어링 서비스	차량 상태 관리 및 청결 문제
배달음식점 서비스	배달음식점 특성으로 인한 주방 청결 화인 문제

프로젝트 대상 선정
[대상 선정 평가]

대상 후보	예상 품질문제	대상 선정 (평가)				순위
		접근 가능성	정보획득 가능성	중요성	합계	
OO광역시 도시철도공사	한정적인 노선과 역 간의 넓은 간격	8 9 7	5 7 7	7 9 7	21.9	2
배달 서비스	배달원의 음식 빼먹기 문제 및 서비스 품질 개선	7 5 6	5 4 4	8 9 9	17.9	4
무인주문 서비스시스템 (KIOSK)	고연령층의 높은 진입장벽 및 처음 사용하는 고객의 사용 미숙	10 9 9	9 9 9	8 8 7	25.9	1
카 쉐어링 서비스	차량의 상태 및 청결 문제 개선	8 7 7	6 7 7	8 7 8	21.5	3

프로젝트 수행 사례 ①

맥도날드 KIOSK 품질개선 프로젝트

프로젝트 대상 선정 [맥도날드 KIOSK 의 예상되는 품질 문제]

품질속성	예상되는 품질 이슈
신뢰성	기계의 예기치 못한 오류로 인한 주문 실패
대응성	고객의 미숙한 사용으로 인한 주문 시간의 지연 및 고객의 수요보다 적은 서비스 제공 제품의 수
확신성	사용법에 대한 정보제공의 어려움 및 직원과 고객 사이에 GAP이 존재
공감성	고연령층의 높은 진입장벽과 이를 해결해야 할 직원의 부재
유형성	터치 스크린의 청결 문제 및 카드 리더기의 통신

프로젝트 대상 선정 [대상 선정 결과]

프로젝트 대상	무인 주문 서비스 시스템 (KIOSK)
선정 이유	▪ 어려운 사용법으로 주문에 어려움을 겪는 고객을 위해서 선정했다. ▪ 카드 리더기의 오류, 터치스크린의 오류로 인하여 주문 실패가 빈번하게 일어나는 것을 개선하기 위해서 선정했다. ▪ 사용의 어려움을 겪고있는 고객이 있어도 이를 방치하고 있는 직원의 불친절한 서비스 태도를 개선하기 위해서 선정했다. ▪ 직원과 고객의 대면 주문보다 느린 주문 시간으로 인한 효율성을 개선하기 위해서 선정했다. ▪ 다양한 문제점으로 인한 고객의 불만사항을 수집하기 용이했다. ▪ 터치 스크린의 특성으로 인하여 세균과의 접촉이 쉽고, 요즘과 같은 상황에서 청결이 더욱 중요시 되었기 때문이다. ▪ 많은 음식점들이 사용하고 있지만, 고객의 수요가 적은 음식점과 고객의 수요가 많은 음식점들이 야기하는 문제점들이 달라 이를 개선하기 위해서 이다.

프로젝트 수행 사례 ①

맥도날드 KIOSK 품질개선 프로젝트

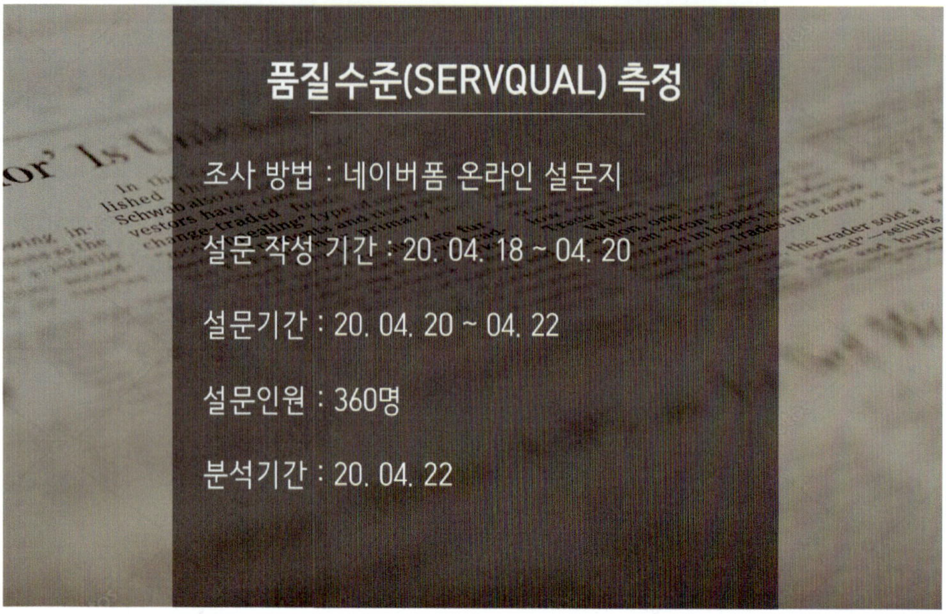

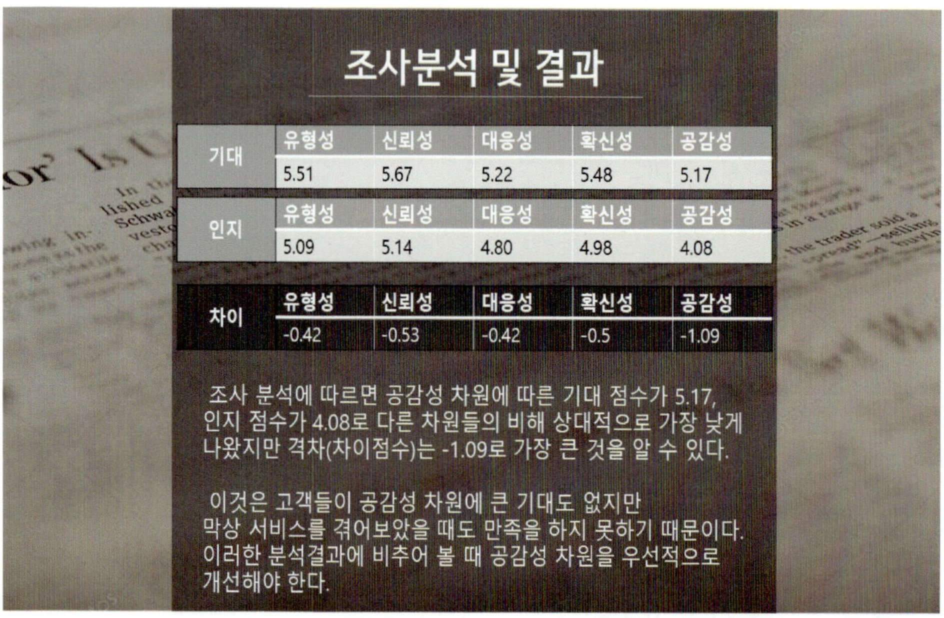

맥도날드 KIOSK 품질개선 프로젝트

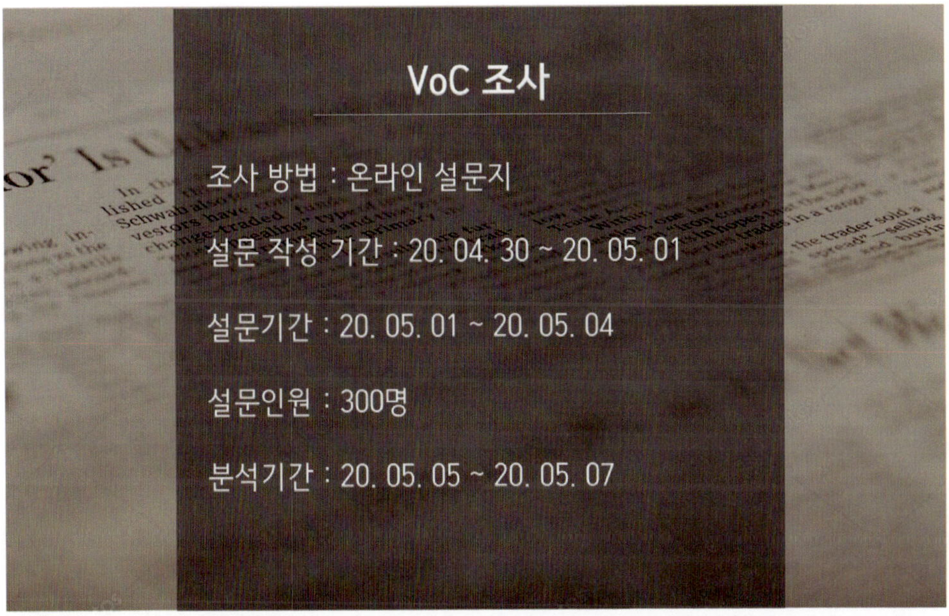

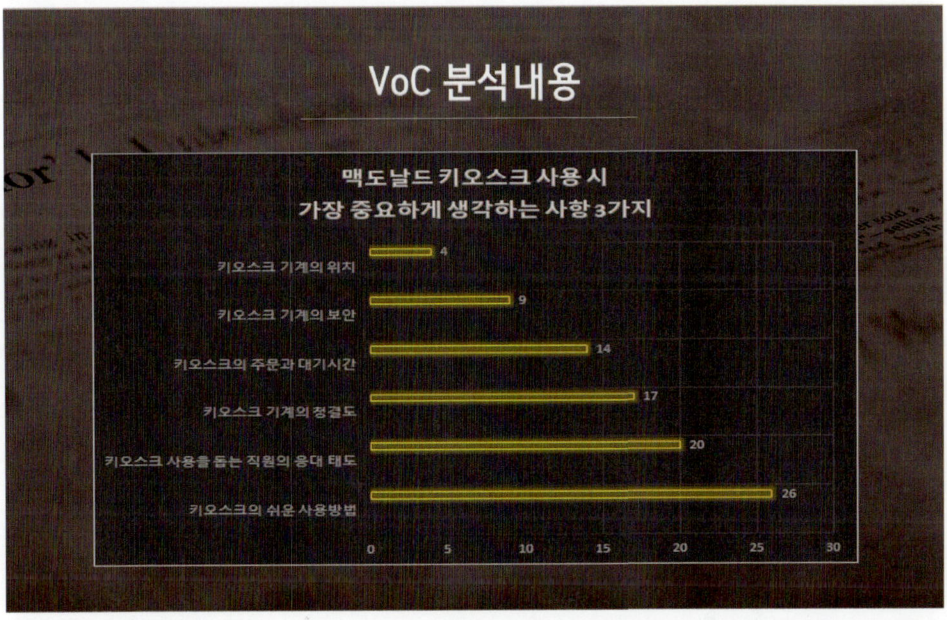

맥도날드 KIOSK 품질개선 프로젝트

VoC 분석내용

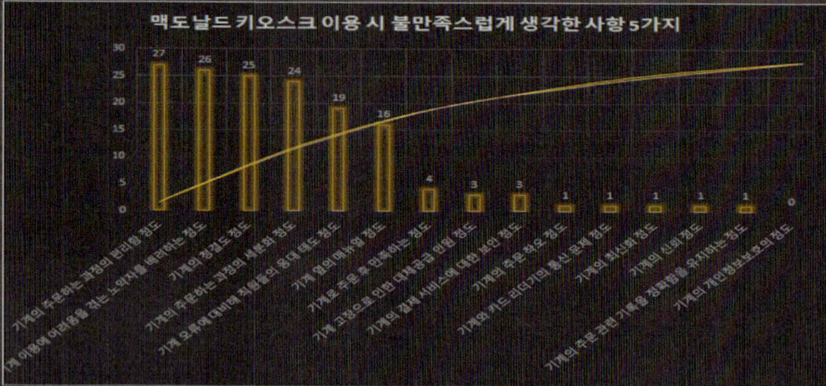

가장 큰 불만사항은 키오스크 주문하는 과정의 편리함 정도이나
단기적으로 소프트웨어를 바꿀 수 없다 예상되어 다음 항목인
키오스크 이용에 어려움을 겪는 노약자를 배려하는 정도로 개선 항목 선정

CTQ 계통도

VOC	CCR	CTQ
1. 키오스크 기계 이용에 어려움을 겪는 노약자를 배려하는 사항	- 키오스크 사용의 어려움 - 키오스크 사용법에 대한 안내 부족 - 노약자를 위한 해결책 부족 - 고객에 대한 응대성 부족	- 노약자들의 키오스크 사용에 걸린 시간 측정 - 고객들의 평균 주문 속도 측정 - 직원 도움 요청 정도

프로젝트 수행 사례 ①

맥도날드 KIOSK 품질개선 프로젝트

CTQ 선정표

항목	중요성	시급성	측정가능성	총점	순위
노약자들의 키오스크 사용에 걸린 시간 측정	4	4	5	13	1
고객들의 평균 주문 속도 측정	4	5	4	13	1
직원 도움 요청 정도	4	3	4	11	3

CTQ 선정 : [노약자들의 키오스크 사용에 걸린 시간 측정]

1. 모든 노약자들의 이용 시간을 측정하여 알맞은 제도를 도입한다.
2. 노약자들을 위해 간편화 순서나 큰글씨모드를 도입하여 이용에 편리함을 제공한다.
3. 휠체어를 이용하는 손님을 위해 키오스크 기계의 눈높이를 맞춘다.

프로젝트 수행 사례 ①

맥도날드 KIOSK 품질개선 프로젝트

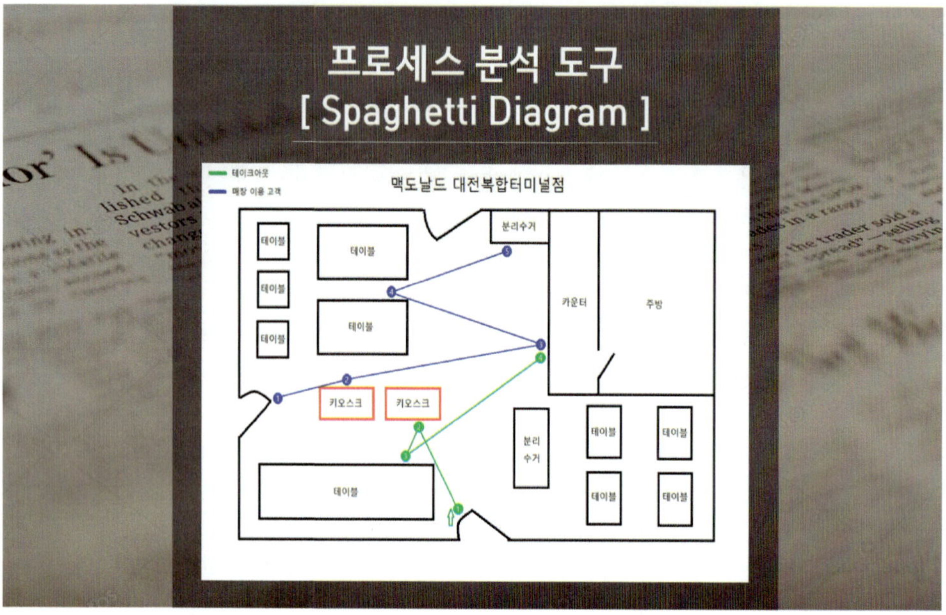

프로세스 매핑 - 실패 / 대기

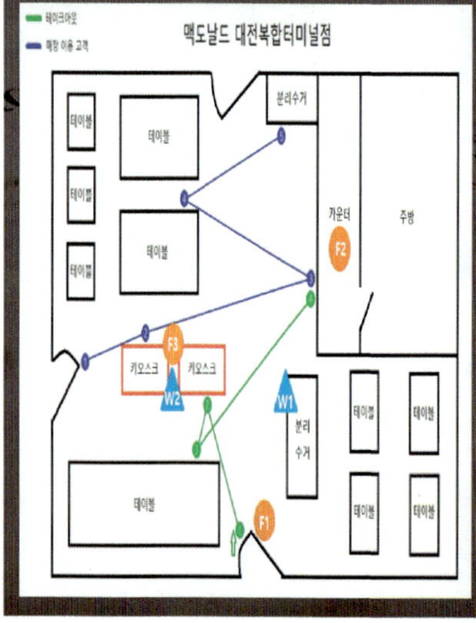

번호	발생단계	실패가능점 / 대기가능점 내용	개선 방안
F1	고객의 입장	고객이 매장에 입장 후 키오스크 기계를 찾지 못하는 경우가 빈번히 발생	입구에서부터 키오스크까지 바닥에 유도선을 따라 그려놓기
F2	주문	키오스크 기계의 고장이나 사용법 미숙으로 인해 호출할 직원의 부재	카운터에 2명 이상의 직원 배치 또한 키오스크 전담 인력 배치
F3	주문 접수	키오스크 기계 사용 미숙으로 인한 주문 실수가 일어남	키오스크 기계 사용 매뉴얼 도입
W1	분리수거	매장 이용 고객이 쓰레기를 처리할 시 분리수거가 잘 되지 않아 쓰레기가 쌓여있는 경우가 종종 발생	분리수거를 고객 스스로 하지 않고 쓰레기를 카운터에 직접 가져다 주는 캠페인 활성화
W2	키오스크	노약자들의 키오스크 사용 방법 미숙으로 인해 발생하는 주문 지연으로 고객의 대기시간이 길어짐	직원 호출 버튼이나 간편 모드 도입으로 사용 방법이 미숙한 고객들에게 도움을 줄 수 있는 방안을 마련한다.

맥도날드 KIOSK 품질개선 프로젝트

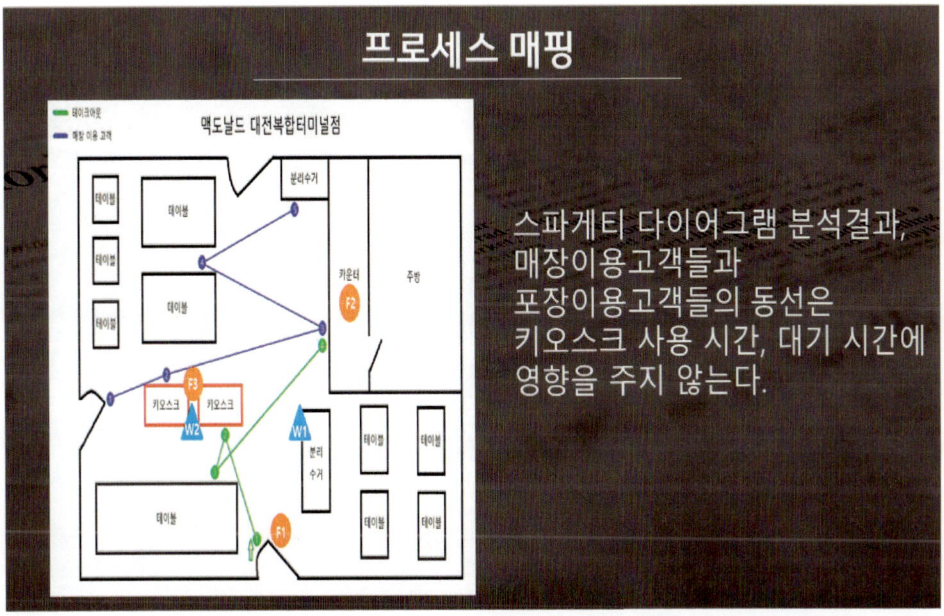

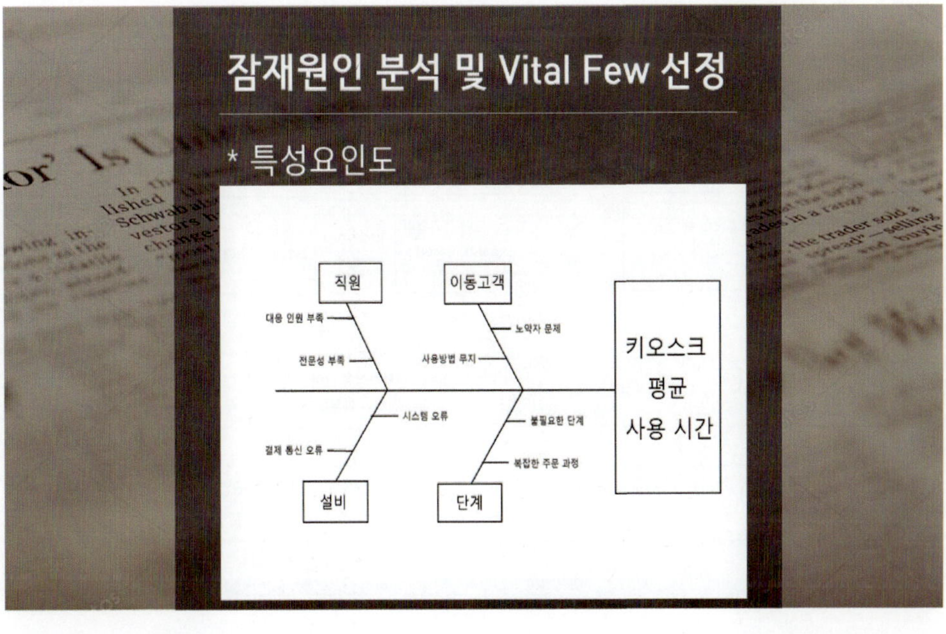

●● 프로젝트 수행 사례 ①

맥도날드 KIOSK 품질개선 프로젝트

CNX 분류표

잠재원인	CNX 분류	현 수준	개선 방향
대응인원	C	추가 채용 불가능	직원의 효율적인 재배치
전문성 부족	C	없음	기계의 고장 등 비상상황 대처 교육
시스템 오류	N	기술자(A/S)에게 의뢰	소프트웨어 업그레이드
결제통신오류	N	기계의 리부팅	카드 리더기의 청소 및 노후 기기의 변경
사용방법 무지	X	직원 도움 기다림	사용 매뉴얼 배치
노약자 문제	X	도움을 요청 시 기계가 아닌 카운터에서 주문 받음	큰 글자 모드나 간편 모드 도입
불필요한 단계	X	없음	간편 모드 도입
복잡한 주문 과정	X	없음	사용자(ID제도 도입)에 따른 맞춤 메뉴 추천

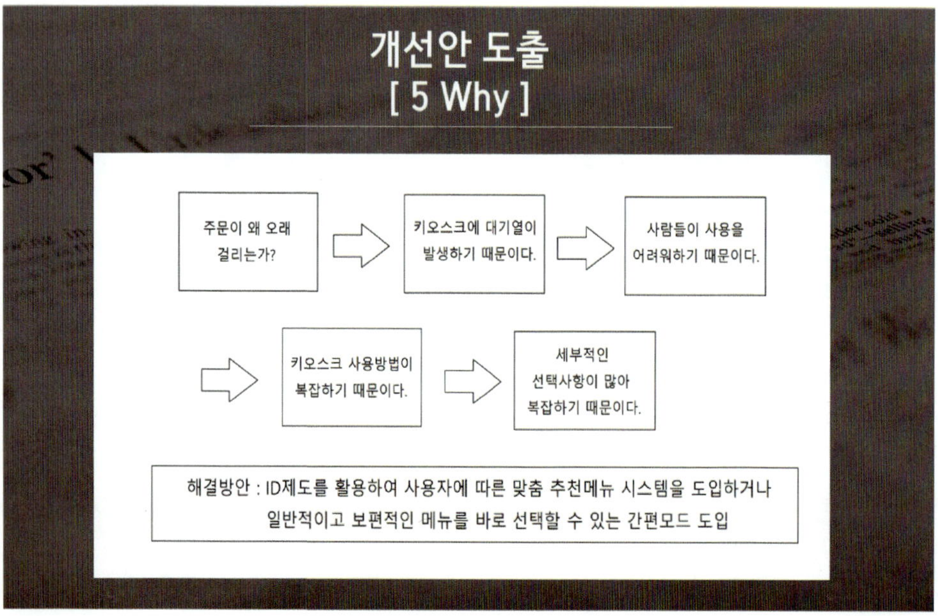

프로젝트 수행 사례 ①

맥도날드 KIOSK 품질개선 프로젝트

개선 아이디어 도출

바이탈 뷰	근본 원인	개선 아이디어
대응성 부족	- 체계적인 직원 교육 부족 - 대응 인원 부족	- 직원 교육 체계 확립 - 대응 작업 매뉴얼 개발 - 키오스크 기계의 사용방법 안내 매뉴얼 부착 - 직원 호출 버튼 도입 - 노약자를 위한 큰 글자 모드 도입 - 바쁜 현대인들을 위한 간편 모드 도입 - 스타벅스와 같이 사이렌 오더 도입 - 대응 인원 배치
노약자 문제	- 도입된 지 얼마 안 된 새로운 기계에 대한 어려움 - 사용 방법 무지	
불필요한 단계	- 주문, 포인트적립, 할인, 결제 등 너무 세세하게 나눠진 소프트웨어 사용 - 복잡한 주문 과정	

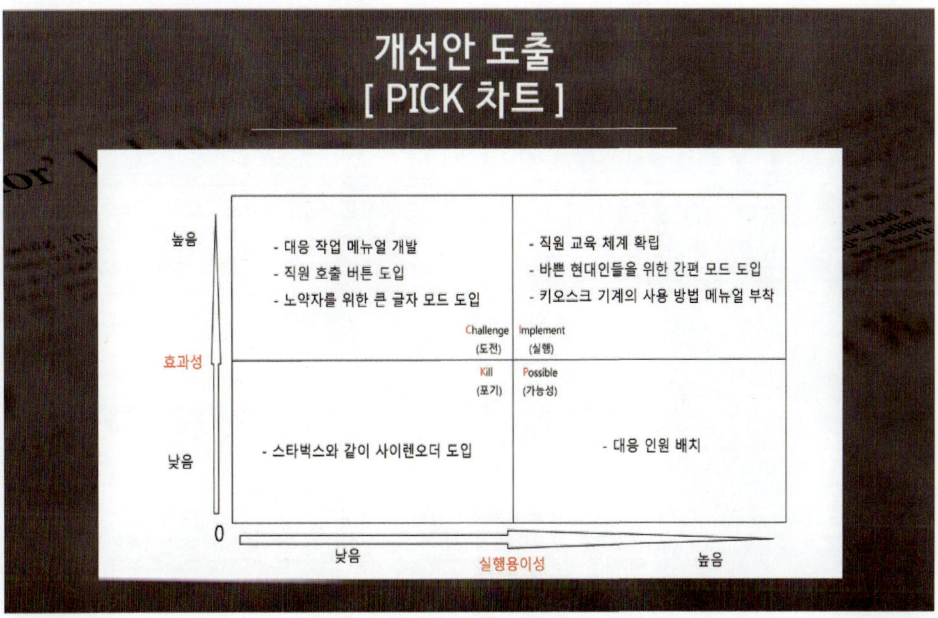

프로젝트 수행 사례 ①

맥도날드 KIOSK 품질개선 프로젝트

개선안 상세화

NO. 1	직원 교육 체계 확립
현재	키오스크 고장 시 A/S 직원을 부르고 고객들이 키오스크 앞에서 헤매도 나서서 도와주지 않고 있다.
개선 후	기계의 고장 시 직원들이 직접 해결하고 한 고객이 키오스크 기계 앞에서 오랜 시간 머물 시 도움이 필요한지 물어본다.
기대효과	기계 고장 시 기계를 방치하는 시간이 줄어들어 효율성이 높아짐과 동시에 대기 고객들이 줄어들어 주문 시간을 단축하고 친절한 직원의 태도에 매장(또는 브랜드)평판이 좋아진다.
실행 계획	잔고장 같은 기계의 오류 시 해결 방안을 직원들에게 직접 교육 시키고 서비스 품질을 올리는 교육 매뉴얼 개발과 동시에 직접 적용

개선안 상세화

NO. 2	바쁜 현대인들을 위한 간편 모드 도입
현재	불필요하고 복잡한 주문 과정으로 주문 시간이 길어지고 대기 시간 또한 길어진다.
개선 후	회원 정보를 통해 고객 맞춤으로 빠른 주문이 가능하고 주문 시작 전 간편모드와 일반모드를 나누어 각자 상황에 알맞게 사용이 가능하다.
기대효과	간편모드 도입으로 주문 시간이 짧아지면서 고객은 시간을 아낄 수 있고 고객 회전율이 높아지면서 매장은 매출을 높일 수 있다.
실행 계획	회원정보 입력 시 빅데이터를 기반으로 고객의 주문 패턴을 저장 후 추천하는 방식으로 불필요하고 복잡한 주문 과정을 생략하며 세분화된 주문 과정이 필요한 고객들을 위해 일반모드 / 간편모드로 나눈다.

프로젝트 수행 사례 ①

맥도날드 KIOSK 품질개선 프로젝트

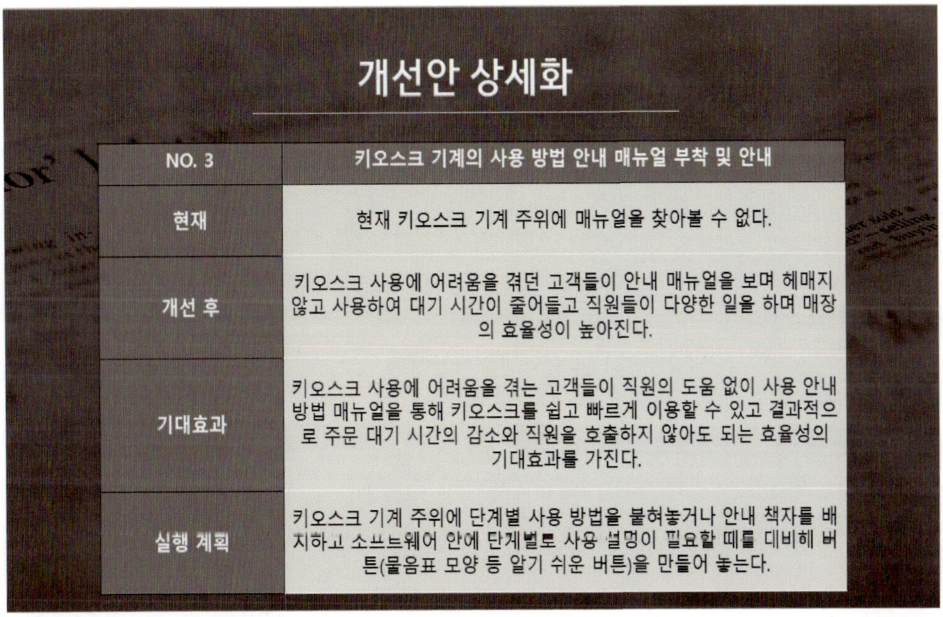

개선안 상세화

NO. 3	키오스크 기계의 사용 방법 안내 매뉴얼 부착 및 안내
현재	현재 키오스크 기계 주위에 매뉴얼을 찾아볼 수 없다.
개선 후	키오스크 사용에 어려움을 겪던 고객들이 안내 매뉴얼을 보며 헤매지 않고 사용하여 대기 시간이 줄어들고 직원들이 다양한 일을 하며 매장의 효율성이 높아진다.
기대효과	키오스크 사용에 어려움을 겪는 고객들이 직원의 도움 없이 사용 안내 방법 매뉴얼을 통해 키오스크를 쉽고 빠르게 이용할 수 있고 결과적으로 주문 대기 시간의 감소와 직원을 호출하지 않아도 되는 효율성의 기대효과를 가진다.
실행 계획	키오스크 기계 주위에 단계별 사용 방법을 붙혀놓거나 안내 책자를 배치하고 소프트웨어 안에 단계별로 사용 설명이 필요할 때를 대비해 버튼(물음표 모양 등 알기 쉬운 버튼)을 만들어 놓는다.

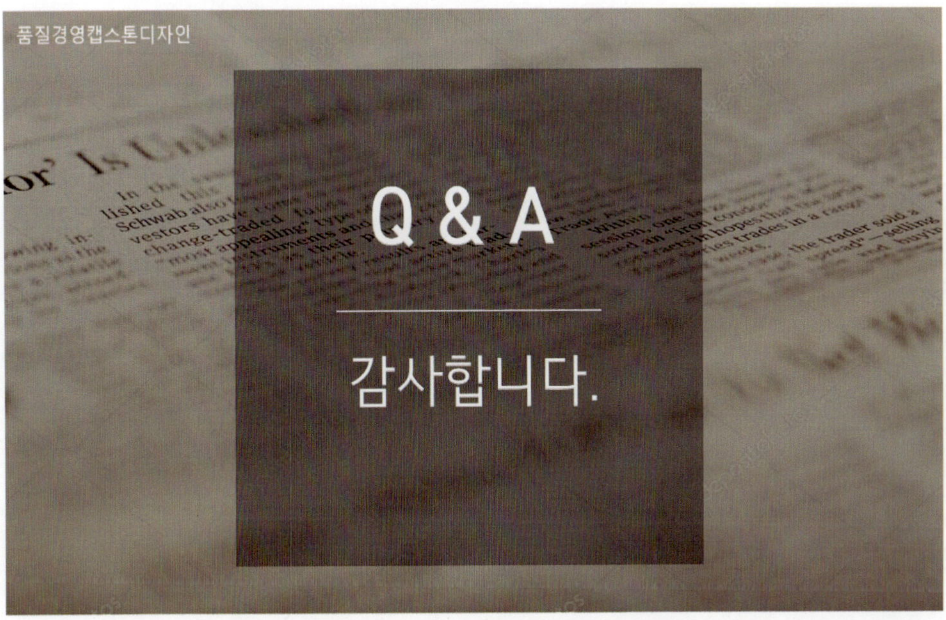

프로젝트 수행 사례 ②

대동하늘공원 품질개선 프로젝트

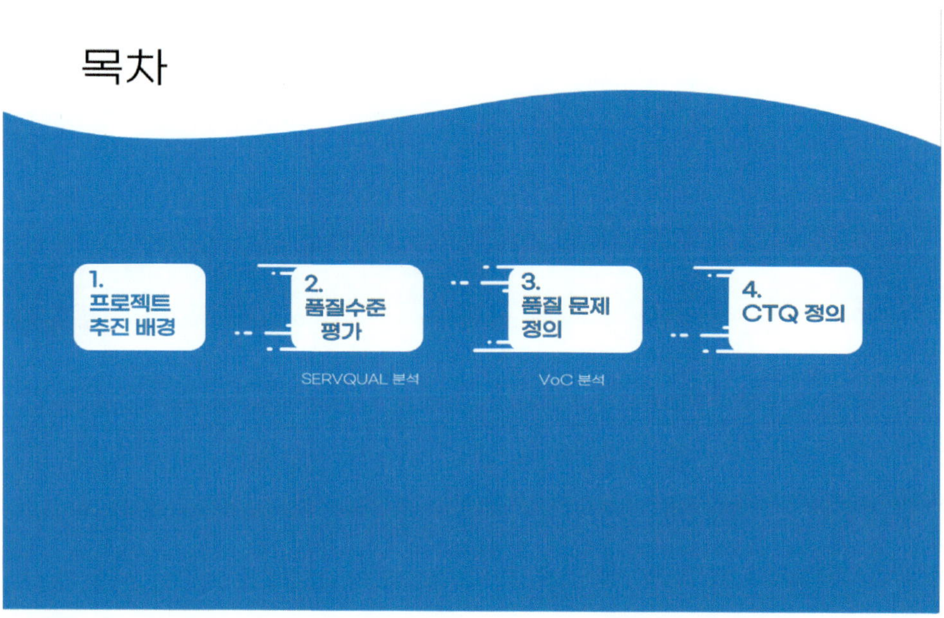

프로젝트 수행 사례 ②

대동하늘공원 품질개선 프로젝트

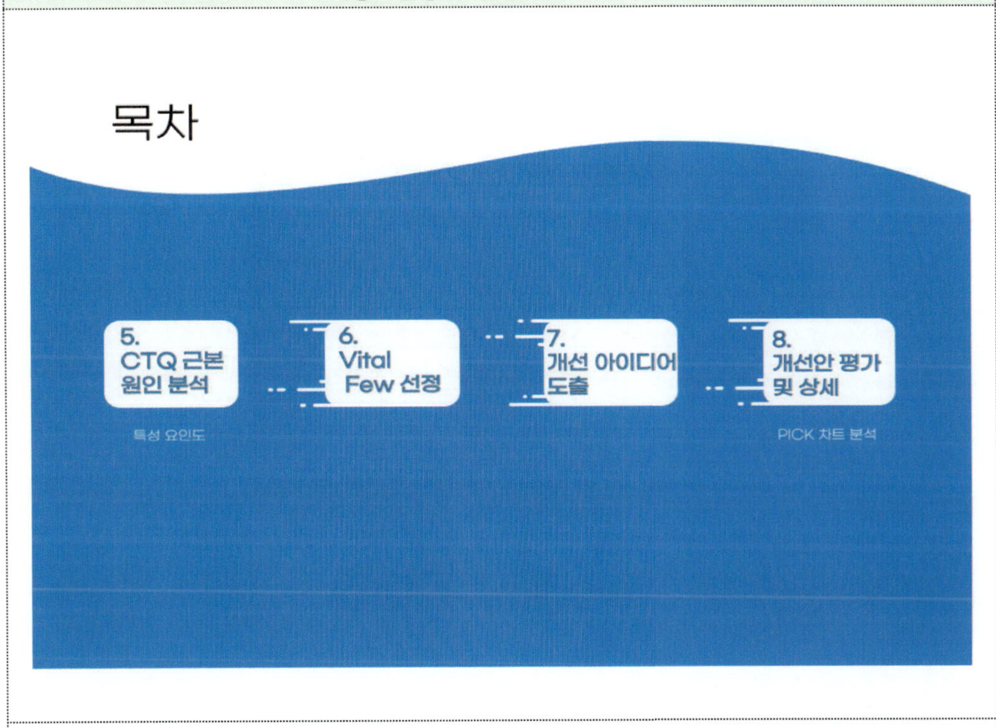

대동하늘공원 품질개선 프로젝트

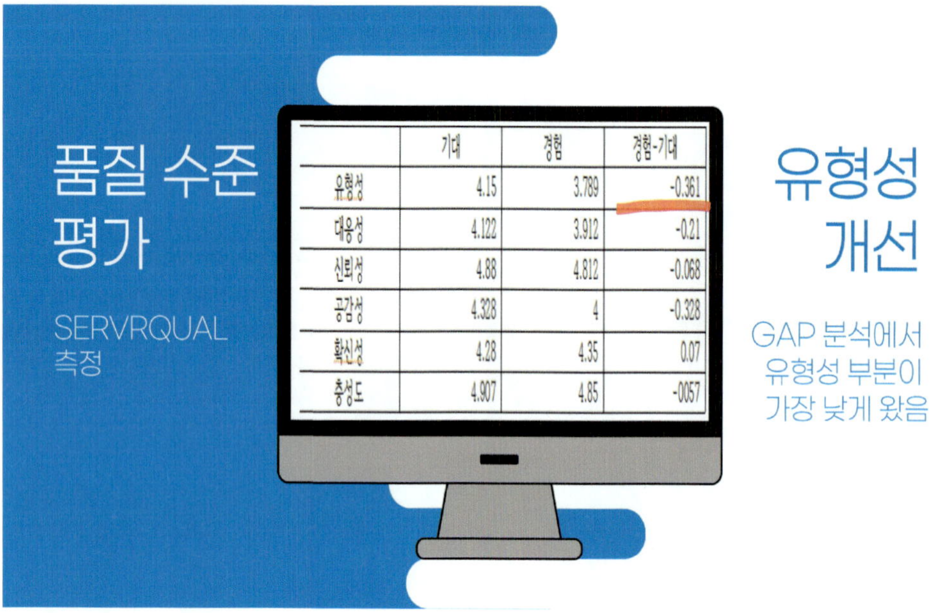

	기대	경험	경험-기대
유형성	4.15	3.789	-0.361
대응성	4.122	3.912	-0.21
신뢰성	4.88	4.812	-0.068
공감성	4.328	4	-0.328
확신성	4.28	4.35	0.07
충성도	4.907	4.85	-0057

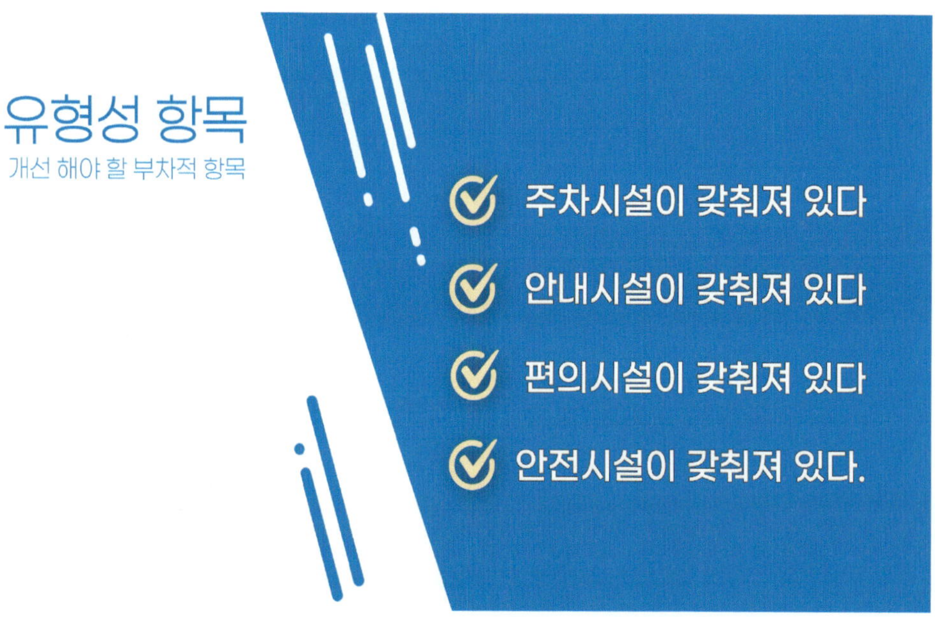

대동하늘공원 품질개선 프로젝트

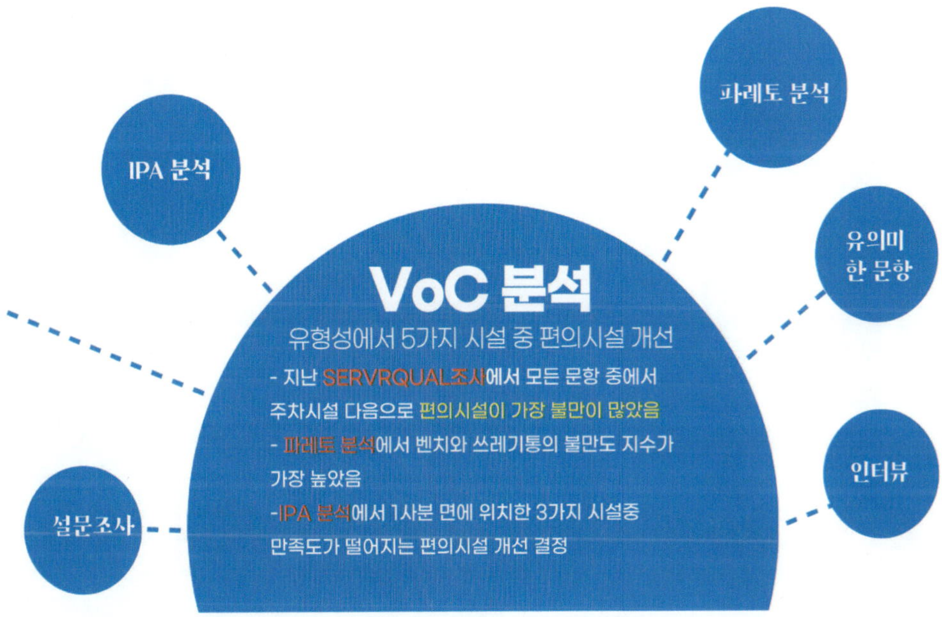

유형성 항목

SERVRQUAL 결과

시설/결과값	기대수준	경험수준	GAP 차이
주차시설	3.47	2.89	-0.578
편의시설	4.63	4.21	-0.421
안전시설	4.31	3.47	-0.21
안내시설	4.21	4.10	- 0.263

- 주차시설이 갖춰져 있다
- 안내시설이 갖춰져 있다
- 편의시설이 갖춰져 있다
- 안전시설이 갖춰져 있다.

프로젝트 수행 사례 ②

대동하늘공원 품질개선 프로젝트

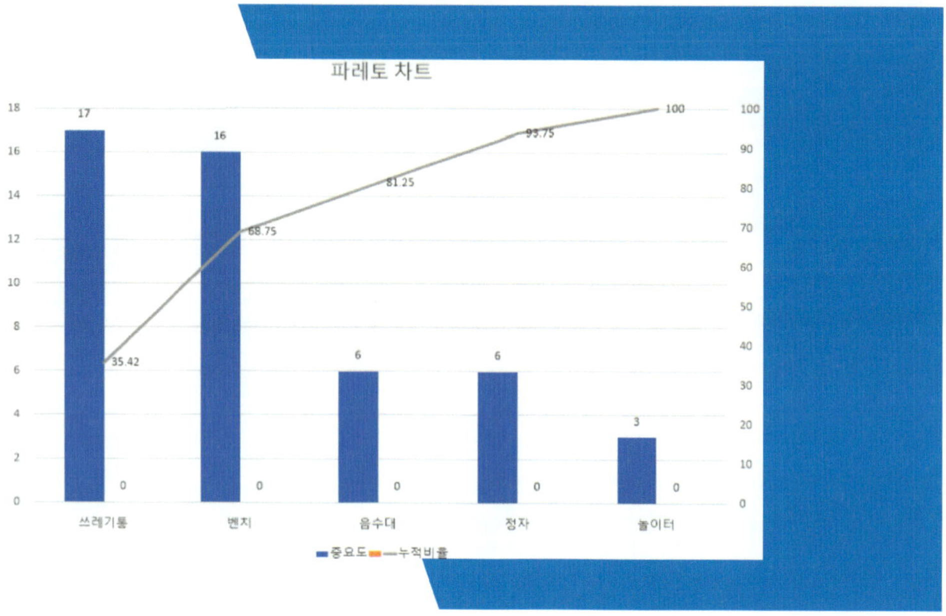

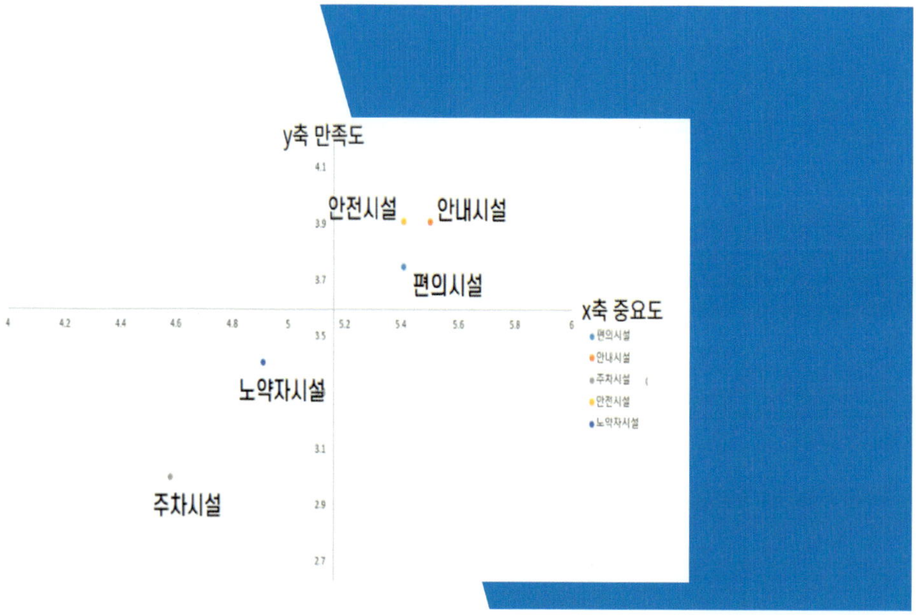

프로젝트 수행 사례 ②

대동하늘공원 품질개선 프로젝트

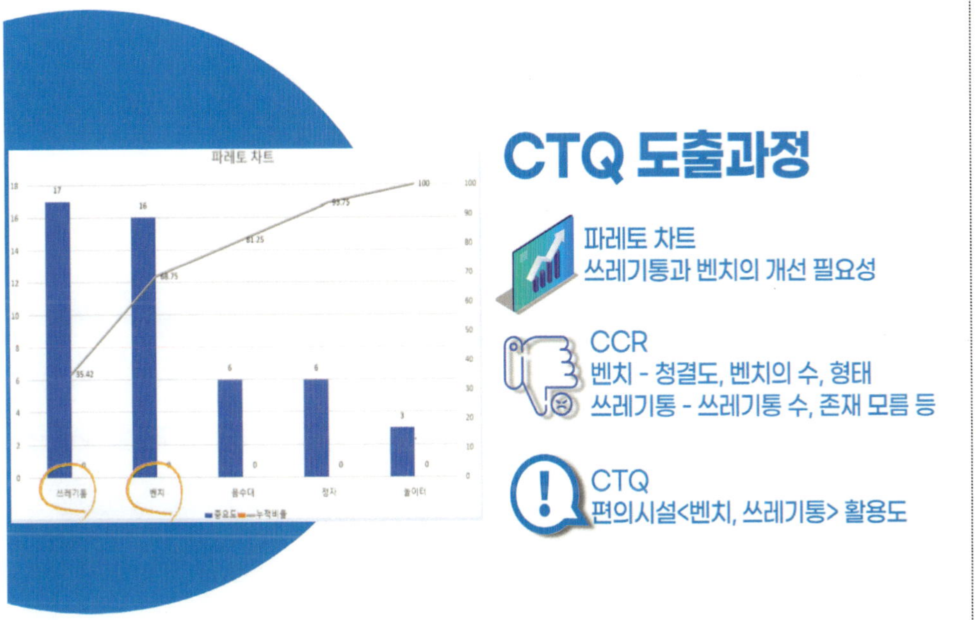

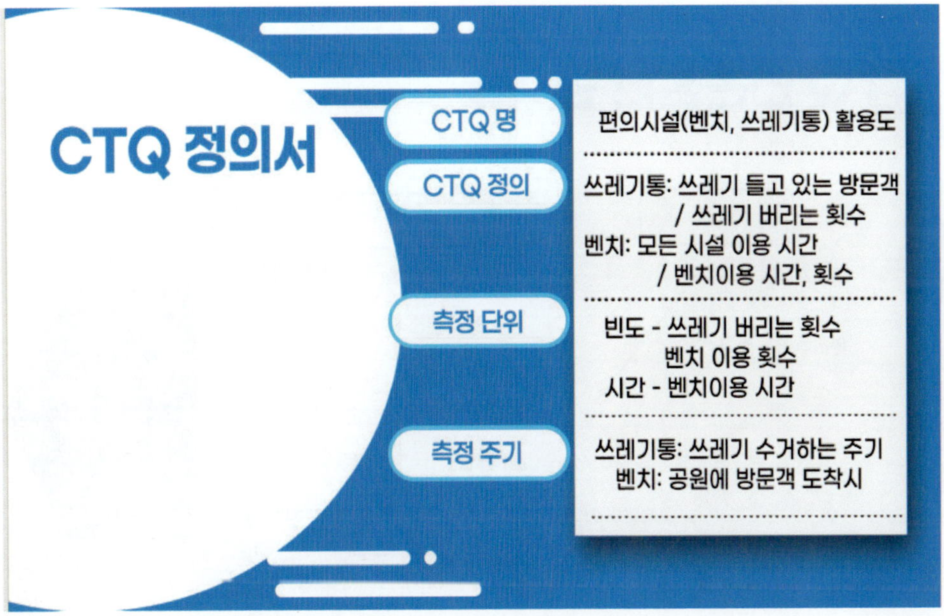

대동하늘공원 품질개선 프로젝트

CTQ 근본원인 분석도

특성요인도 작성 (벤치)

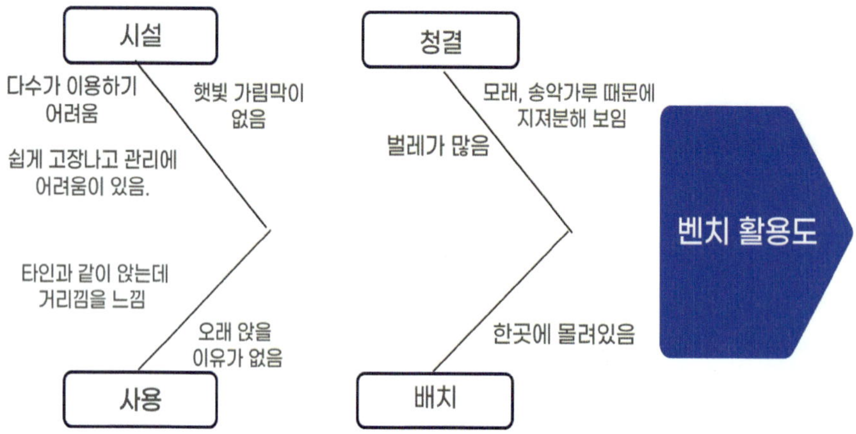

CTQ 근본원인 분석도

특성요인도 작성 (벤치)

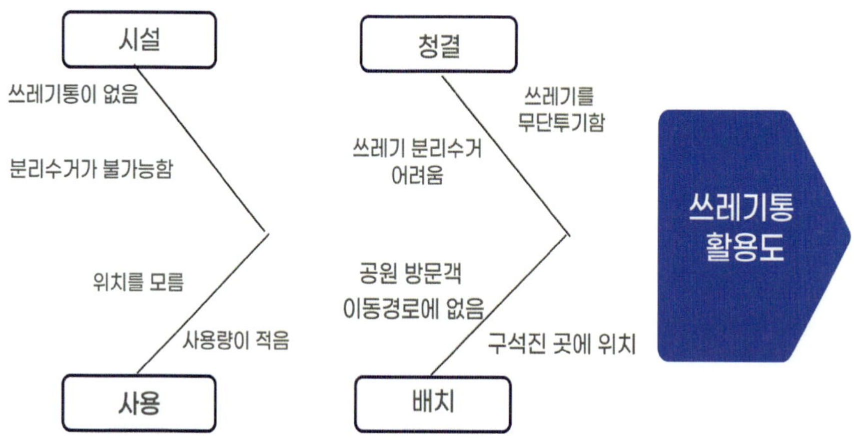

대동하늘공원 품질개선 프로젝트

CTQ 근본원인 분석도

CNX 분석을 통한 근본원인 분석

CNX 분류

시설	잠재원인 변수 X	CNX	현 수준	개선 방향
정각	사각형 판자로 되어있어 다수가 이용하기 어렵다.	N	벤치 형태 불편	새로운 형태의 정각을 바꾼다.
	소수가 앉아있으면 다른 사람이 앉지 않는다.	N	벤치 형태 문제	새로운 형태의 벤치로 바꾼다
오각형 벤치	벌레가 많아 기대기 어렵다.	X	벤치에 벌레가 많다	벌레 기피제를 설치한다. 가로등의 위치를 바꾼다
벤치 1, 2	모래바람과 송악 가루 때문에 지저분해 보임	X	벤치 청결도 낮음	벤치의 교체 (돌릴 수 있는 벤치)
	그늘막이 없음	N	벤치 사용 불만도 높음	그늘막을 설치한다
	다른 벤치가 더 편해보임	N	다른 벤치보다 만족도 낮음	른 벤치와 같은 수준의 벤치를 설치하거나 더 좋은 벤치를 설치
	다른 시설에 비해 활용도가 떨어짐	N	이용객 적음	벤치를 제거하거나, 벤치의 배치를 바꿈
쓰레기통	쓰레기통이 없다.	X	시설의 부재	쓰레기통 설치
	분리수거가 안된다.	X	시설의 부재	분리수거가 가능한 쓰레기통 설치
	안내판이 없어서 쓰레기 어디에 버려야 하는지 모른다.	X	안내시설의 부재	저렴한 안내판 설치
	구석진 곳에 있다. 쓰레기 봉지가 어디 있는지 모른다.	X	쓰레기통의 존재를 모름	이동 경로에 쓰레기통 설치
전반적인 벤치 시설	주변 카페에서 이야기 나눌 수 있기 때문에, 공원에서 오래 앉을 이유가 없다	N	벤치 이용목적	경치를 볼 수 있는 곳에 벤치를 설치
	벤치의 위치가 한 곳에 몰려있다.	N	벤치의 위치 집중화	벤치의 위치 분산 혹은 재배치
	모든 벤치가 나무로 되어있어서 쉽게 고장나고 관리하기 힘들다	N	나무로 만든 벤치	새로운 재료를 사용한 벤치

Vital Few 선정

NO.	Vital Few 항목	선정 이유
1	정각의 형태	CTQ 실사 나갔을 때, 정각에 다수가 앉을 수 있음에도 불구하고 소수의 이용객만 이용하는 모습을 계속해서 봄. 그럼에도 벤치 시설 중에서도 가장 높은 순위를 보여 더 개선하고자 함.
2	벤치 1, 2의 청결도	벤치 시설에서 가장 이용 순위가 낮았기 때문이다.
3	벤치의 위치나 배치	공원 방문 목적이 전망 관람과 휴식인데, 공원의 약도를 보면 벤치의 배치가 전망대 뒤로 몰려있다.
4	쓰레기통의 부재	쓰레기통이 존재하지 않으며, 쓰레기 봉지가 간이로 설치되어 있다.
5	쓰레기통 위치	CTQ 측정 과정에서 공원 이용객이 쓰레기를 들고 있으나 쓰레기통에 버리지 않음

프로젝트 수행 사례 ②

대동하늘공원 품질개선 프로젝트

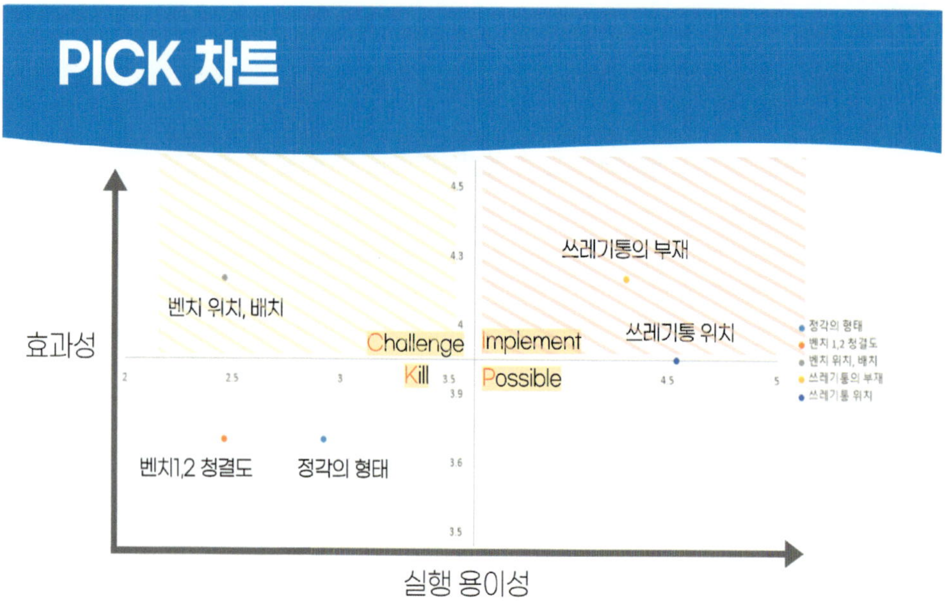

프로젝트 수행 사례 ②

대동하늘공원 품질개선 프로젝트

프로젝트 수행 사례 ②

대동하늘공원 품질개선 프로젝트

개선방안

1) 쓰레기통
방안: LED 조명으로 공원 바닥에 무단투기 금지 알리기

현재	개선 후

개선방안

1) 쓰레기통
방안: CCTV 설치, 쓰레기통 설치
방안: LED 조명으로 공원 바닥에 무단투기 금지 알리기

실행계획

> CCTV 설치 비용 > 쓰레기를 많이 버리는 공간(정각 뒤, 계단 등)
> LED 조명 설치비용 : 대전대학교 산업협력 > 나무 혹은 정각 지붕 이용
>쓰레기통 설치 비용 > 공용 화장실 관리 함께

대동하늘공원 품질개선 프로젝트

개선방안

1) 쓰레기통
방안: CCTV 설치, 쓰레기통 설치
방안: LED 조명으로 공원 바닥에 무단투기 금지 알리기

기대효과

✓ CCTV 설치로 방문객이 무단투기에 대한 경각심을 만듦
✓ 공원 내 안전하고 깨끗한 분위기 조성
✓ LED 조명으로 밤에도 안내 내용을 볼 수 있으며, 집중할 수 있음
✓ 공원의 미적 환경을 망치지 않는 선에서, 공원을 관리할 수 있음

개선방안

2) 벤치
방안: 사용하지 않는 벤치를 제거, 다수가 이용가능한 벤치 설치

현재

개선 후

대동하늘공원 품질개선 프로젝트

개선방안

2) 벤치
방안: 포토 벤치 설치, 풍차 개조하여 전망관람

현재

개선 후

개선방안

2) 벤치
방안: 사용하지 않는 벤치를 제거, 다수가 이용가능한 벤치 설치
방안: 포토 벤치 설치, 풍차 개조하여 전망관람

실행계획

> 벤치 제거 비용
> 벤치 설치 비용 > 유지 및 관리: 태양열 LED 벤치 / 청결: 밑에 LED 달기
> 포토벤치 설치 비용
> 풍차 개조 비용

대동하늘공원 품질개선 프로젝트

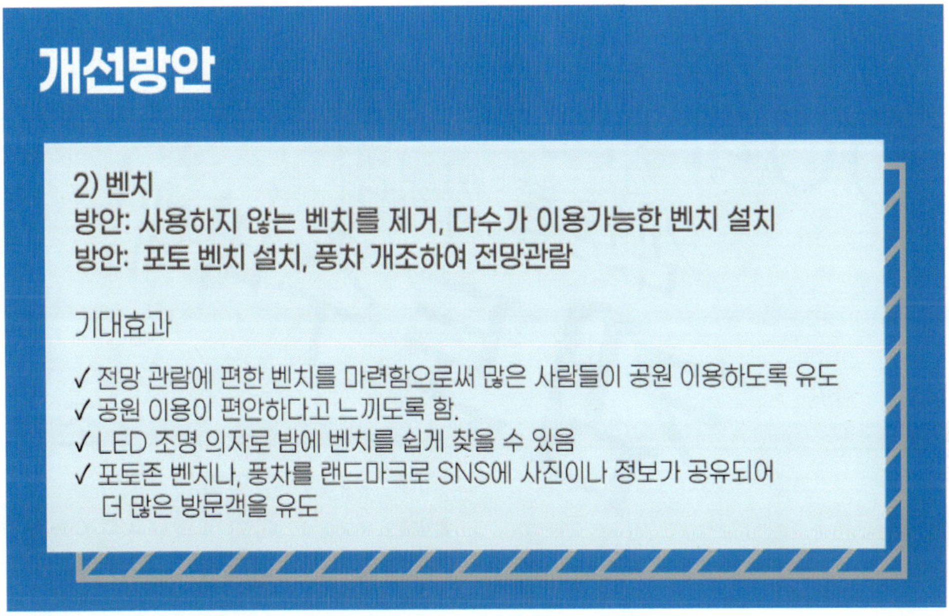

즉석 토스트가게 품질개선 프로젝트

목차

1. Define
2. Measure
3. Analyze
4. Improve
5. Control
6. Q&A

프로젝트 수행 사례 ③

즉석 토스트가게 품질개선 프로젝트

Define

1. **선정배경**
2. **개선기회파악**
3. CTQ **정의**
4. **프로세스 분석**
5. **목표 및 성과예측**
6. **팀 구성 및 일정계획**

선정배경

OO대학교 서문에 있는 캠토라는 **토스트가게**는
개업한지 얼마 되지 않아 문제점이 많이 발생하고 있어 이를 개선하고자 함.

고객에게 설문조사를 해본 결과 **가장 큰 불만사항**은 **대기시간**이라는 것을 알 수 있었음.

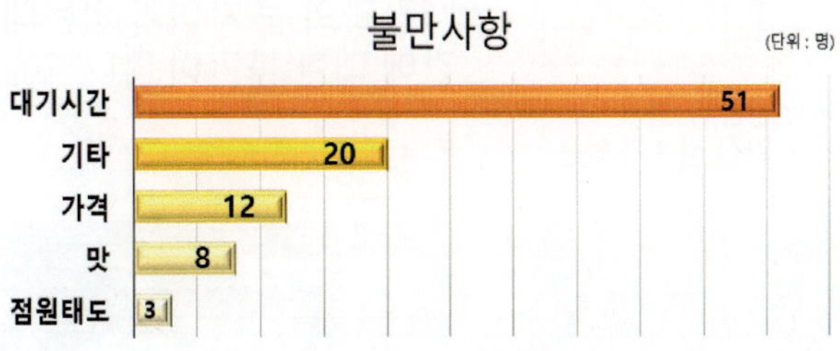

즉석 토스트가게 품질개선 프로젝트

개선기회 파악

문제점

긴 대기시간
- 주문이 밀리는 경우 기다리는 시간이 배로 늘어나 고객들의 불만이 커진다.

지루함
- 기다리는 동안 할 일이 없어 기다리는 시간이 더 오래 느껴진다.

놓치는 고객들
- 긴 대기줄 탓에 다시 되돌아가는 고객들이 종종 있다.

개선기회

시간 단축
- 프로세스 분석을 통해 요소마다 낭비되는 시간을 줄이고자 한다.

심리적 대기시간 단축
- 주위 환경을 고려해 거기에 맞는 서비스를 제공해 심리적 대기시간을 줄이고자 한다.

잠재적 고객손실 회복
- 대기시간을 단축함으로써 몇몇 놓쳤던 고객들을 다시 불러들이고 보다 많은 단골손님들을 유치하고자 한다.

CTQ정의

요구항목	합계	우선순위
가격	9.6	2
대기시간	12.85	1
맛	6.5	4
친절도	6.75	3

❖ CTQ를 정하기 위해 **우선순위**를 매겨본 결과 **대기시간**이 가장 점수가 높음

주문이 밀릴 경우 대기시간은 배가 된다.

▶**물리적 대기시간 개선**

고객이 원하는 대기시간과 실제 대기시간과의 큰 차이가 없는데도 대기시간에 대한 불만이 많다.

▶**심리적 대기시간 개선**

CTQ : 대기시간

프로젝트 수행 사례 ③

즉석 토스트가게 품질개선 프로젝트

프로세스 분석

가게에 도착했을 때부터 토스트를 받기까지의 과정을 프로젝트 범위로 정했다.

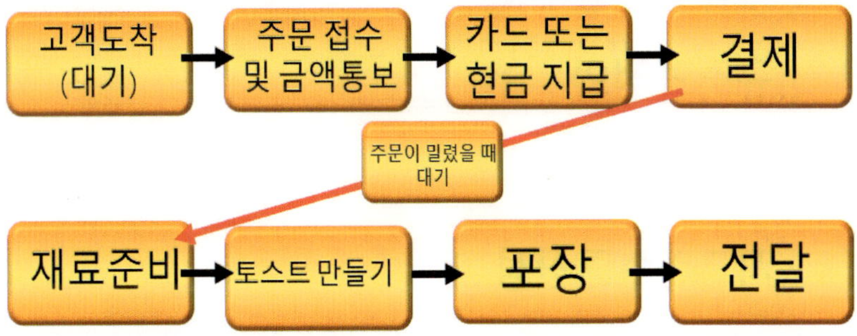

프로젝트 범위 : 가게 도착 ~ 토스트 전달까지의 서비스 시간

목표 및 성과예측

목표	방안	예상효과
고객이 느끼는 대기시간의 단축. 물리적 대기시간과 더 나아가 심리적 대기시간도 단축.	식스시그마 분석과 DMAIC 방법론을 통한 구체적이고 수치화 할 수 있는 자료를 토대로 문제에 접근하여 해결	고객 만족도 상승 재구매율 상승 87.4% → 93% 단골 고객 유치

즉석 토스트가게 품질개선 프로젝트

Measure

1. 데이터 수집계획
2. 규격의 정의
3. 기술통계량
4. 시그마수준 산정
5. 목표 구체화

데이터 수집계획

수집대상 대기시간 : 가게에 도착한 후 토스트가 나오기까지의 대기시간
만족도 : 토스트를 받고 나가는 고객 중심으로 설문조사

수집장소 대기시간 : 토스트 집 앞에서 스톱워치로 측정
만족도 : 토스트를 받고 나가는 고객 중심으로 설문조사

수집방법 대기시간 : 요일별/시간별 랜덤 측정
만족도 : 대기시간 측정대상을 중심으로 설문조사

수집기간 2017.5.11.~5.18

샘플크기 대기시간 11개 / 설문조사 31개

즉석 토스트가게 품질개선 프로젝트

데이터 수집계획

실제 대기시간과 심리적 대기시간과의 관계와
대기시간에 대한 고객들의 만족도 조사를 위해 설문조사를 실시함.

실제 대기시간 – 평균 7**분**46**초**686
심리적 대기시간 – 평균 10**분**19**초**355
고객이 원하는 대기시간 – 평균 8**분**
만족도(5**점 만점**) **– 평균** 3.2

- **조사결과 고객이 원하는 대기시간과 평균적인 실제 대기시간과는 큰 차이가 없음**
- **앞의 대기인원이 많을수록 실제 대기시간이 크게 증가함**
- **실제 대기시간과 심리적 대기시간 간의 차가 있음**

규격의 정의

고객이 만족하는 대기시간을 찾기 위해 설문조사를 실시함.
평균을 구해 CTQ**로 정한 대기시간의 규격을** 8**분으로 정함.**

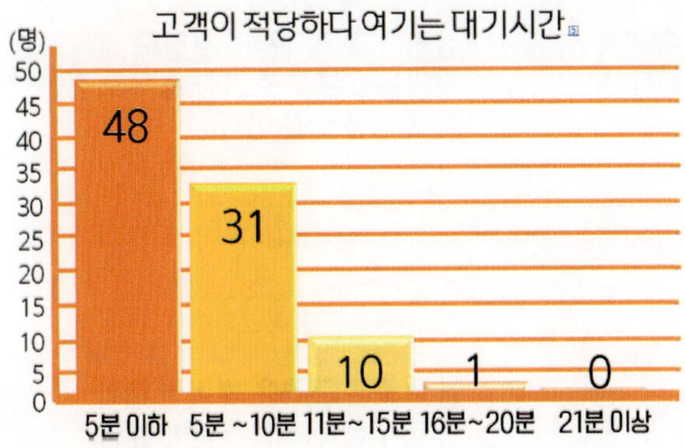

CTQ: **대기시간**

규격: 8**분 이내**

즉석 토스트가게 품질개선 프로젝트

기술통계량

실제 대기시간의 평균은 약 7분46초
→ 하지만 **규격을 벗어나는 범위가 너무 넓어 좁혀줄 필요가 있다.**

고객들이 느끼는 **심리적 대기시간은 평균 10분19초**
→ **실제 대기시간과 차이가 있으므로 개선이 필요하다.**

시그마수준 산정

물리적 대기시간

물리적 대기시간의 결함에 대한 정의는 8분을 초과한 경우로 정함.
즉 규격은 8분 이하

규격 = 8분
물리적 대기시간 평균 = 7분46초686
표준편차 = 2분24초747
시그마수준 = 0.092

현 수준은 편차가 심하므로 개선이 필요!

심리적 대기시간

심리적 대기시간의 결함에 대한 정의는 10분을 초과한 경우로 정함.
즉 규격은 10분 이하.

규격 = 10분
심리적 대기시간 평균 = 10분19초355
표준편차 = 4분06초603
시그마수준 = -0.078

현 수준은 규격을 벗어난 데다 편차가 심하므로 개선이 필요!

프로젝트 수행 사례 ③

즉석 토스트가게 품질개선 프로젝트

목표 구체화

물리적 대기시간
실제 대기시간과 이삭토스트에서의 대기시간을 고려하여 목표수준을 결정함

심리적 대기시간
고객이 원하는 시간과 실제 대기시간을 참고하여 결정함

측정지표	물리적 대기시간			심리적 대기시간			만족도 (5점만점)
	시간	표준편차	시그마 수준	시간	표준편차	시그마 수준	
현재수준	7분46초 686	2분24초 747	0.092	10분19초 355	4분06초 603	-0.078	3.2
목표수준	5분	2분	1.5	7분	3분	1	4

표준편차를 줄여 시그마 수준을 높이는 것을 목표로 구체화 하였음

Analyze

1. **잠재원인 도출**
2. **후보원인 선별**
3. **검정계획 수립**
4. Quick Action
5. **가설검정 및 그래프 분석**
6. Vital Few

즉석 토스트가게 품질개선 프로젝트

잠재원인 도출

고객 대기시간에 영향을 주는 잠재원인을 도출하기 위해 브레인스토밍을 수행하고, 특성요인도를 작성함.

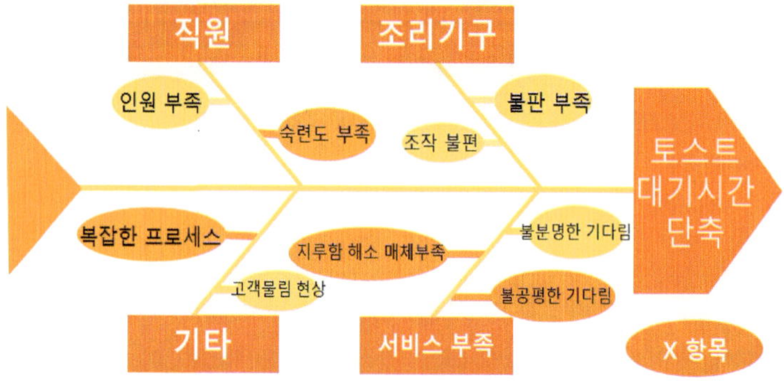

후보원인 선별

잠재원인변수에 대해 CNX 분류를 실시하고, 잠재원인에 대해 구조화를 실시함.

잠재원인 변수X		CNX구분	현재 관리방법	개선방안
직원	숙련도부족	X	직원교육 부족	직원교육 강화
	인원 부족	N		
조리기구	불판 부족	C	불판 수 부족	불판 보충
	조작 불편	C	장갑미착용	장갑착용
서비스부족	지루함 해소매체 부족	X	없음	해소매체구매
	불분명한 기다림	N		
	불공평한 기다림	X	무질서함	대기줄 유도
기타	고객몰림현상	N		
	복잡한 프로세스	X	무질서함	체계적으로 변환

프로젝트 수행 사례 ③

즉석 토스트가게 품질개선 프로젝트

검정계획 수립

1차 선별된 후보 원인에 대하여 그래프 분석 및 통계적 분석을 위한 검정 계획을 수립함 검정을 수행하기 위해 수준 구분 및 데이터 수집계획을 수립하고 실험 및 현장 관측을 실시함.

요인(잠재X)	1 수준	2 수준	결정방법
지루함 해소매체 부족	-	-	Quick action 실시
불공평한 기다림	-	-	Quick action 실시
숙련도 부족 - 가게 내 직원	여직원	남직원	2-sample t
숙련도 부족 - 경쟁업체	캠토	이삭토스트	Box plot
복잡한 프로세스	-	-	프로세스별 분석

Quick Action

지루함 해소매체 부족 : 지루함 해소 매체 부족은 사장님과 협의하여 즉시 개선을 실시하도록 함.

고객들이 주문 후 대기시간 동안 지루함을 크게 느껴 실제 대기시간보다 더 오래 기다린 것처럼 느껴 **프리보드를 설치해 심리적 대기시간을 단축하기로 함.**

대기시간 동안 할 것이 없어 휴대폰을 하는 것이 전부인 것을 확인하여, **프리보드를 설치해 고객이 가게에 대한 의견이나 기타 하고 싶은 말을 적을 수 있게 하고 다른 고객이 적은 글을 읽을 수 있도록 하여 해결하기로 함.**

즉석 토스트가게 품질개선 프로젝트

Quick Action

불공평한 기다림 : 고객들에게 주문하기 전 대기줄을 서도록 안내글을 붙이기로 함.

매장을 직접 방문하여 조사해본 결과, **주문 순서가 불규칙하게 이루어지고 있었음.**
불공평한 기다림은 대기시간과 만족도에 악영향을 미치므로, **사장님과 협의하에 고객들이 줄을 설 수 있도록**
안내글을 붙이기로 함.
메뉴를 다 골라 주문하려는 고객이 있을 자리를 따로 정해놓고 안내글을 붙여 그 자리에서부터 줄을 서게 해 직원이 그 자리에 있는 고객부터 순서대로 주문을 받을 수 있도록 함.

가설검정 및 그래프 분석

① 가설검정 : 숙련도 부족 – 가게 내 직원

직원의 숙련도(여직원 vs 남직원)에 따른 대기시간의 차이는 2-sample t 검정을 실시 직원에 따른 대기시간과의 관계는 없는 것으로 분석되었다.

t-검정: 이분산 가정 두 집단

여직원, 남직원[11]

	변수 1	변수 2
평균	469.1166667	465.77375
분산	20973.58163	23935.06543
관측수	3	8
가설 평균차	0	
자유도	4	
t 통계량	0.033457489	
P(T<=t) 단측 검정	0.487456367	
t 기각치 단측 검정	2.131846782	
P(T<=t) 양측 검정	0.974912734	
t 기각치 양측 검정	2.776445105	

P-value = 0.975 로 유의수준 0.05보다 큰 값을 가지므로, 직원에 따른 대기시간은 관계가 없다는 것을 알 수 있음
→ Vital Few 제외

프로젝트 수행 사례 ③

즉석 토스트가게 품질개선 프로젝트

가설검정 및 그래프 분석 ② 프로세스별 분석 - 시간

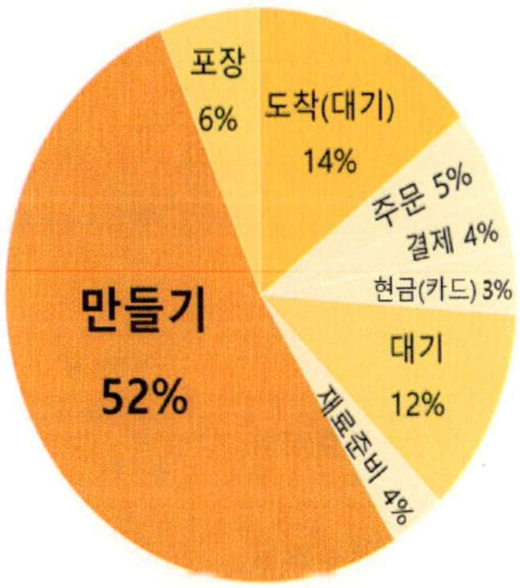

프로세스 분석 결과 총 대기시간 중
토스트를 만들 때 걸리는 시간의 비중이 가장 크다.
→ 병목

가설검정 및 그래프 분석 ③ 그래프 분석 : 숙련도 부족 – 경쟁업체

경쟁업체와의 고객의 대기시간 차를 알기 위해 대기시간(캠토 vs 이삭토스트)을 조사
고객 대기시간의 비교 결과 이삭토스트의 대기시간이 짧은 것으로 분석되었다.

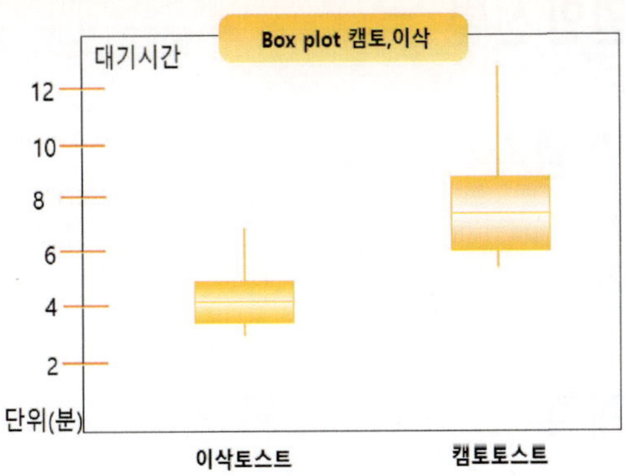

즉석 토스트가게 품질개선 프로젝트

Vital Few 선정

CNX 분류에서 1차 선별된 후보 원인들에 대해 통계분석 결과로부터 Vital Few 2개를 선별했음.

1차 선별 X's	분석 도구	분석 결과	판정	비고
지루함 해소매체 부족	Quick action 실시	-	-	조치완료
불공평한 기다림	Quick action 실시	-	-	조치완료
숙련도 부족 – 가게 내 직원	2-sample t	P-value = 0.975	직원별 차이 없음	Uncontrollable
숙련도 부족 – 경쟁업체	Box plot	차이발생	캠토가 느림	Vital Few
복잡한 프로세스	프로세스별 분석	만들기 52%	만드는 시간이 가장 길다	Vital Few

Improve

1. **후보원인 선별**
2. **개선안 평가**
3. **최적안**
4. **검증계획**

프로젝트 수행 사례 ③

즉석 토스트가게 품질개선 프로젝트

후보원인 선별

분석 단계에서 선정된 Vital Few에 대한 근본 원인과 개선 아이디어를 팀원들의 토론으로 도출했음

Vital Few	근본 원인	개선 아이디어
숙련도 부족- 경쟁업체	느린 속도 재료준비 미흡 교육부족	재료들간의 경로 단순화 보다 세세한 재료준비 직원교육 강화 만들기 예행연습 레시피 간결화 표준작업 메뉴얼 개발
복잡한 프로세스 – 토스트 만들기	비교적 복잡한 경로 프로세스 체계화 미흡	

개선안 평가

도출된 개선 아이디어를 PICK 차트를 이용해 개선의 우선순위를 선정했음.

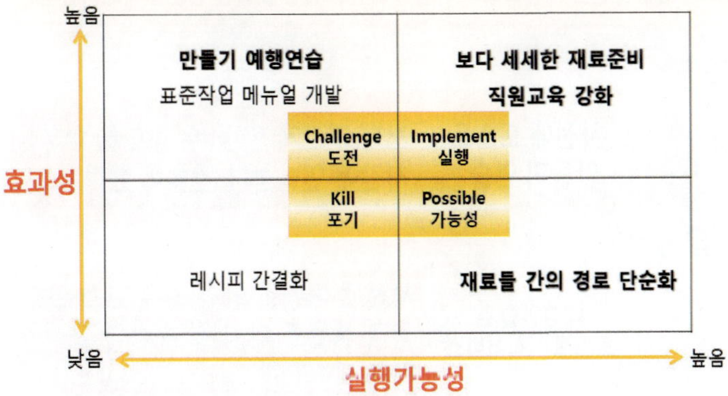

즉석 토스트가게 품질개선 프로젝트

최적안

1.직원교육 강화

직원들의 숙련도 부족에 대한 개선방안으로 직원들의 교육 및 실습을 실시하였다.

교육계획 수립

교육내용 : 체계적인 프로세스의 순서 및 요령

교육대상 : 캠토토스트 대전대 서문점 직원

교육일시 : 매주 토요일 저녁6시

교육방법 : 사장 - 이론강의
직원 - 예행연습

운영 메뉴얼 개발

개발목적 : 인원교체시 업무 매뉴얼로 활용

개발담당 : 대전대 서문점 캠토 사장님

개발기간 : 2017년6월 ~ 2017년9월

최적안

2.만들기 예행연습

토스트를 사전에 만들어 봄으로써 직원의 숙련도 향상을 위한 접근을 시도하였다.

예행연습

사전에 토스트 만들기 연습	보다 빠르게 만들 수 있도록 여유 시간에 연습삼아 만들어 본다.
예행연습 겸 토스트 시식서비스	사전에 예행연습 겸 만든 토스트를 작게 샘플로 나눠 홍보 삼아 고객들에게 나눠준다.

프로젝트 수행 사례 ③

즉석 토스트가게 품질개선 프로젝트

최적안

3.재료들 간의 경로 단순화

재료들 간의 경로를 단순화하여 토스트를 만드는 과정의 시간을 단축시키기로 하였다.

경로 단순화

- **배치 순서 바꾸기**[13]: 재료통의 배치를 제일 자주 사용되는 계란>햄>치즈>양배추>부가적인재료 순으로 놓아서 토스트 생산시간을 단축시킴.
- **보냉통 구매**: 기존에 햄과 치즈는 뒤쪽의 냉장고에 보관하고 있었지만 보냉통을 구매해 햄과 치즈를 바로 옆에서 꺼내 쓸 수 있도록 함.

최적안

4. 보다 세세한 재료준비

재료준비를 미리 해놓아서 토스트 생산의 대기시간을 축소시키기로 하였다.

세세한 재료준비

- **보다 세세한 재료준비**: 계란 같은 경우 즉석으로 깨서 지단을 부치는데 시간이 걸린다. 이것을 단축시키기 위하여 계란을 미리 깨놓고 컵에 부어 넣는다.

즉석 토스트가게 품질개선 프로젝트

검증계획

핵심인자에 대한 최적안, 검증방법 등 개선 아이디어의
검증계획을 수립하였음.

핵심인자	최적안	검증방법
숙련도부족 - 경쟁업체	만들기 예행연습 직원교육 강화	교육 및 현장실습
복잡한 프로세스	재로들 간의 경로 단순화 보다 세세한 재료준비	현장 모의 실험

Control

1. CTQ 자체효과

2. 재무적 성과

3. 정성적 성과

프로젝트 수행 사례 ③

즉석 토스트가게 품질개선 프로젝트

CTQ 자체효과

시뮬레이션을 해본 결과 물리적인 대기시간과 심리적인 대기시간이 줄어들었다.

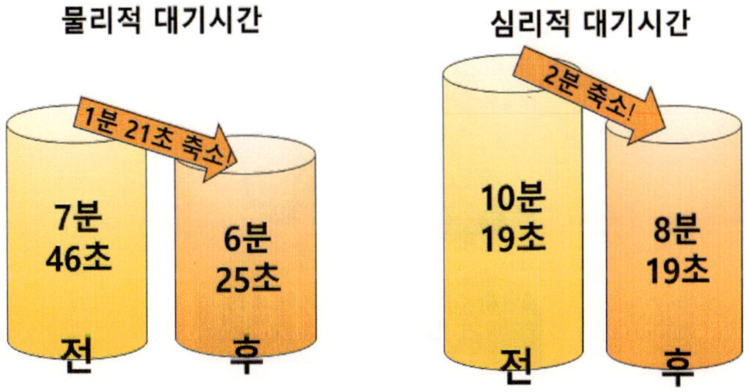

재무적 성과

매출

하루 고객 10명이 증가할 것이라 가정하고 시뮬레이션 해본 결과 매출 20,000원 이상 상승

즉석 토스트가게 품질개선 프로젝트

정성적 성과

만족도가 3.2에서 4.0으로 늘 것으로 보임.

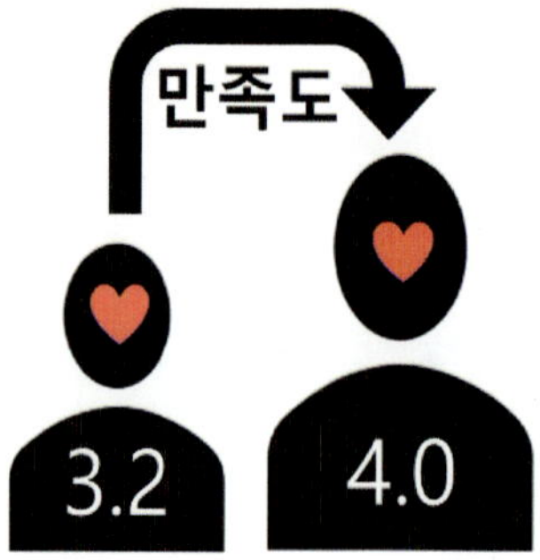

첨부

[1]설문조사 내용 및 결과1 (총 90명)

1. 캠토를 지금까지 몇 회 정도 이용하셨습니까?
① 1회(25명) ② 2회~4회(30명) ③ 5회~7회(15명)
④ 8회~10회(11명) ⑤ 11회초과(9명)

2. 캠토를 이용하는 설문자분 께선 어떤 신분이십니까?
① 대전대학교 학생(63명) ② 인근주민(12명)
③ 대전대학교 교직원(10명) ④ 기타(5명)

3. 캠토를 이용하시는 이유는 무엇입니까?
① 가격이 저렴하기 때문에(24명)
② 짧은 시간에 먹기 편해서(37명)
③ 캠토 가게 토스트 맛이 좋아서(8명)
④ 개인적으로 토스트를 좋아해서(24명)
⑤ 기타(6명)

4. 캠토에 비교적 불편한 사항이 있다면 무엇이라고 생각하십니까?
① 가격(12명) ② 대기시간(51명) ③ 맛(8명)
④ 점원태도(3명) ⑤ 기타(20명)

5. [5]토스트를 기다리는 시간은 몇 분 까지가 적당하다 생각하십니까?
① 5분이하(48명) ② 6분~10분(31명) ③ 11분~15분(10명)
④ 16분~20(1명) ⑤ 21분~25분(0명)

6. [3]재구매 의향이 있습니까?
① 있다(76명) ② 없다(14명)

[2] 우선순위 평가

(15점 만점)

평가기준 / 요구고객	개선효과	실행가능성	시급성	측정가능성	합계	우선순위
	30%	25%	10%	35%	100%	
가격	9	7	6	13	9.6	2
대기시간	13	12	14	13	12.85	1
맛	8	7	6	5	6.5	4
친절도	7	11	5	4	6.75	3

[4]설문조사 내용 및 결과2 (총 31명)

1. 캠토를 이용하는 설문자분께선 어떤 신분이십니까?
① 대전대학교 학생(24명) ② 인근 주민(6명)
③ 대전대학교 교직원(1명) ④ 기타(0명)

2. 캠토를 이용하는 설문자분께선 성별이 어떻게 되십니까?
① 남자(16명) ② 여자(15명)

3. [10]토스트를 기다리는 대기시간에 대해 어느 정도로 만족하십니까?
① 매우 불만족(2명) ② 불만족(7명) ③ 보통(10명)
④ 만족(7명) ⑤ 매우 만족(5명)

4. [7]토스트를 기다리는 시간이 몇 분 정도로 느껴지십니까?
03분-1명 05분-4명 07분-1명 08분-2명 10분-11명
12분-2명 13분-2명 15분-4명 20분-2명

프로젝트 수행 사례 ③

즉석 토스트가게 품질개선 프로젝트

첨부

[8]심리적 대기시간과 만족도간의 관계

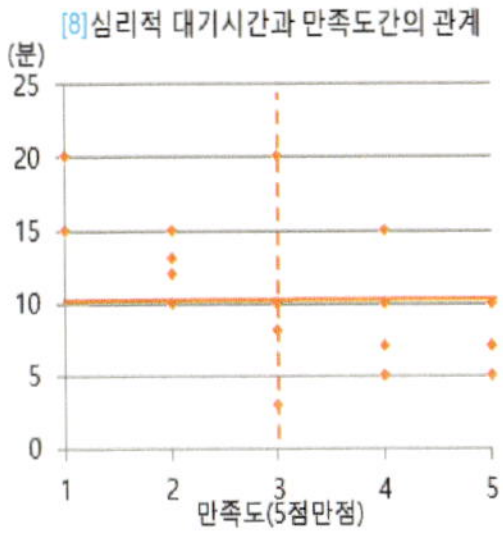

[9]이삭토스트 총 대기시간
4분32초
4분45초
3분12초
5분12초
4분52초
5분07초
3분25초
5분12초
3분54초
4분27초
7분32초
평균 : 4분44초545454

[13]자주 주문하는 메뉴 : 햄치즈토스트
주로 쓰는 재료 : 햄, 계란, 치즈

기존배치
양배추>부가적인 재료> 햄> 치즈>계란

재배치
계란>햄>치즈>양배추>부가적인 재료

[14]물리적 대기시간 시뮬레이션	
대기시간	7분46초6854545
계란준비	-1초5
재배치	-20초
교육&연습	-1분
줄어든 대기시간	6분25초1854545

심리적 대기시간 시뮬레이션	
심리적 대기시간	10분19초3548
프리보드	-1분30초
안내줄	-30초
줄어든 대기시간	8분19초3548

[13]메뉴	[11]직원	도착(대기)	주문	현금(카드)지급결제		대기	재료준비	만들기	포장	[6]총 대기시간
로얄토스트	여	1분03초41	04초52	04초13	12초72	20초00	08초70	05분42초38	24초99	08분00초85
로얄토스트	남	15초31	02초88	04초55	13초08	03초26	02초07	04분26초36	14초97	05분22초84
로얄토스트	여	14초46	09초52	06초65	11초52	01분01초78	02초54	04분18초35	32초93	06분37초75
햄치즈토스트	여	46초08	02초39	12초97	16초19	05분26초22	19초36	06분29초26	19초28	13분51초75
햄치즈토스트	여	43초79	22초08	18초41	11초39	14초05	10초02	03분54초87	26초73	06분21초34
햄치즈토스트	여	02분21초37	33초32	12초52	17초44	26초97	20초79	03분41분70	13초54	08분07초65
로얄토스트	여	54초22	10초42	27초08	23초09	36초73	24초07	03분05초91	30초29	06분31초81
햄치즈토스트	남	01분42초71	01분 08초63	18초08	34초94	01분 05초45	45초91	04분07초48	28초24	10분12초44
햄치즈토스트	남	02분45초07	10초96	15초58	18초86	21초25	18초37	03분00초56	41초42	07분52초07
햄치즈토스트	여	51초24	40초87	24초89	04초20	09초70	12초99	02분57초29	49초17	06분10초57
햄치즈토스트	여	42초17	39초25	23초29	25초76	12초24	17초40	03분02초99	40초37	06분24초47
	[12]평균	1분07초34818182	22초25818182	15초28636364	17초19909091	54초33181818	16초56545455	4분04초2863636	29초26636364	07분46초6854545

〈참고문헌〉

김용세(2009). 창의적 설계 입문. 생능출판사.

김태웅(2015). 품질경영의 이해(4판). 신영사.

박성현 · 박영현(2013). 통계적 품질관리(4판). 민영사.

박영택(1994). 품질시스템의 발전과 품질경영. 산업공학, 7(2), 11-19.

박영택(2014). 박영택 품질경영론. 한국표준협회미디어.

양인모 · 유춘번 · 오근태 · 황인극(2015). Business Process 경쟁력 강화를 위한 6 sigma 경영. 민영사.

유종관 · 조동길(2010). 굿모닝 식스시그마. 한국생산성본부.

홍인기(2015). 사례로 배우는 6시그마 레서피. 동명사.

Evans, J. R., and W. M. Lindsay(2017). *Managing for Quality and Performance Excellence*(10th ed). CENGAGE.

Fitzsimmons, J. A., and M. J. Fitzsimmons(2011). *Service Management: Operations, Strategy, Information Technology*(7th ed). McGraw-Hill.

Garvin, D. A.(1987). Competing in the Eight Dimensions of Quality. *Harvard Business Review*, 87, 101-109.

Kotler, P., and G. Armstrong(2001). *Principles of Marketing*. Prentice Hall.

Parasuraman, A., V. A. Zeithaml, and L. L. Berry(1988). SERVQUAL: A Multiple-Item Scale for Measuring Consumer Perceptions of Service Quality. *Journal of Retailing*, 64, 12-40.

Porter, M. E.(1985). *Competitive Advantage*. Free Press.

Simchi-Levi, D., P. Kaminsky, and E. Simchi-Levi(2007). *Designing and Managing the Supply Chain*(3rd ed.). McGraw-Hill.

Sower, V. E.(2011). *Essentials of Quality with cases and experiential exercises*. Wiley.

찾아보기

[ㅎ]

[기타]

저자소개

최도영

대전대학교 경영학과 부교수로 재직하고 있으며 생산관리, 품질경영 캡스톤디자인, 경영통계학, 머신러닝 등을 강의하고 있습니다. 서울대학교 경영학과를 졸업했으며 KDI 국제정책대학원에서 경영학 석사, 성균관대학교에서 경영학 박사(운영관리/경영정보)를 취득하였습니다. IBM Global Technology Services에서 IT인프라 최적화와 관련한 고객 서비스 및 기술영업을 담당하였으며, 이후 LG CNS(주)에서 데이터센터 해외사업팀장, IT아웃소싱 사업팀장을 거쳤습니다. 주요 연구분야는 경영의사결정 문제에 대한 에이전트기반모델링, 베이지안네트워크, 인공신경망, 뉴로사이언스 방법 등을 적용하는 것이며, 이와 관련한 다수의 논문을 발표하였습니다.

품질경영 캡스톤디자인

2022년 10월 20일 제 1 판 1쇄 인쇄
2022년 10월 25일 제 1 판 1쇄 발행

저 자 최 도 영
발 행 인 권 영 섭
발 행 처 (주)신 영 사
경기도 파주시 심학산로 12(출판문화단지)
등 록 : 1988. 5. 2 / 제406-1988-000020호
전 화 : 031-946-2894(代)
F A X : 031-946-0799
e - mail : sys28945@naver.com
홈페이지 : http://www.shinyoungsa.co.kr

저자와의 협의하에 인지생략

정가 23,000원
ISBN 978-89-5501-804-2